"跨境电商 B2B 数据运营" 1+X 职业技能等级证书配套教材
"跨境电子商务师"认证项目配套教材

海外社会化媒体营销

"跨境电商 B2B 数据运营" 1+X 职业技能等级证书配套教材编委会 组编

本书主编：冯　笑
本书副主编：罗　艳　邓志超
本书编委：胡　丹　王红梅　胡国敏　王　楠
　　　　　余云鹏　丁莲丽　梁秀清　李　莉

电子工业出版社
Publishing House of Electronics Industry
北京·BEIJING

内 容 简 介

本书定位为海外社会化媒体营销的入门读物，基于跨境电商营销人员的工作技能需要，以"跨境电商B2B数据运营"职业技能等级标准（中级）为依据，用理实一体化的教学理念组织编写。本书共分10章：第一章概论，简单介绍了社会化媒体营销的基本概念和背景知识；第二章给出了海外社会化媒体营销的基本范式；之后8章分别介绍了对跨境电商有价值的7种社会化媒体，包括Facebook（含基础营销和付费营销）、YouTube、Instagram、LinkedIn、Twitter、Reddit、WhatsApp，每种社会化媒体均按第二章给出的基本范式，讨论了其内容、受众和渠道特性，重点介绍了免费的内容营销和付费推广的技能点，通过案例和实操步骤，可以有效帮助读者踏上海外社会化媒体营销的实践之路。

本书适合作为应用型本科及高职高专院校的专业课教材，也可作为社会化媒体营销从业人员的基础教程。

未经许可，不得以任何方式复制或抄袭本书之部分或全部内容。
版权所有，侵权必究。

图书在版编目（CIP）数据

海外社会化媒体营销 /"跨境电商B2B数据运营"1+X职业技能等级证书配套教材编委会组编.
—北京：电子工业出版社，2021.8
ISBN 978-7-121-41913-3

Ⅰ. ①海… Ⅱ. ①跨… Ⅲ. ①电子商务－网络营销－职业技能－鉴定－教材 Ⅳ. ①F713.365.2

中国版本图书馆CIP数据核字（2021）第177755号

责任编辑：陈　虹
印　　刷：河北鑫兆源印刷有限公司
装　　订：河北鑫兆源印刷有限公司
出版发行：电子工业出版社
　　　　　北京市海淀区万寿路173信箱　邮编：100036
开　　本：787×1 092　1/16　印张：13.5　字数：345.6千字
版　　次：2021年8月第1版
印　　次：2024年12月第12次印刷
定　　价：48.50元

凡所购买电子工业出版社图书有缺损问题，请向购买书店调换。若书店售缺，请与本社发行部联系，联系及邮购电话：（010）88254888，88258888。
质量投诉请发邮件至zlts@phei.com.cn，盗版侵权举报请发邮件至dbqq@phei.com.cn。
本书咨询联系方式：chitty@phei.com.cn。

"跨境电商 B2B 数据运营" 1+X 职业技能等级证书配套教材编委会

主　　任：顾　明

执行主任：毛居华　姚　远　何　雄

委　　员：

陈一兵	邓焕玉	邓健宇	邓志超	杜晓燕
冯　笑	黄　康	胡新振	金　贝	刘学之
刘　颖	罗　艳	缪晨卿	马　宁	石　虎
孙孟洋	沈　萍	王红梅	王航鹰	王　娟
王　妮	万佳迪	温秋华	许绍宏	徐　薇
闫高杰	袁静波	杨　玲	郑辉英	周　丽

出版说明

随着"一带一路"倡议得到国际社会的广泛认可,以及互联网技术的迅猛发展,跨境电商企业面临前所未有的巨大机遇,网上丝绸之路已蔚然成势。在新业态、新技术的大背景下,人才瓶颈更为凸显,国际化、复合型数字贸易人才数量严重不足,已是制约跨境电商企业持续发展的首要问题。

为解决跨境电商企业用人难题,协助各高校、职业院校建设跨境电商专业,并满足"跨境电商 B2B 数据运营"职业技能等级证书的学习和考试需求,国家服务外包人力资源研究院联合阿里巴巴(中国)教育科技有限公司,以研究院"(跨境电商领域)应用技术型人才标准及认证体系研究"部级科技鉴定成果为基础(该成果填补国内空白,达到国际先进水平),结合跨境电商 B2B 数据运营职业技能等级标准,共同编撰开发了该套丛书。

该丛书共 7 本,其中《跨境电商 B2B 店铺运营实战》和《跨境电商视觉设计与营销》为初级考试配套教材,《跨境电商 B2B 店铺数据运营》和《海外社会化媒体营销》为中级考试配套教材,《跨境电商营销策划》、《海外客户开发与管理》和《国际搜索引擎优化与营销》为高级考试配套教材(说明:按照 1+X 考试原则,高等级考试范围涵盖低等级相关内容)。

该套丛书的出版得到了教育界和产业界的高度关注和支持。

因能力有限,时间紧迫,教材难免有疏漏甚至错误之处,敬请广大读者批评指正。

序

自我国 2013 年提出"一带一路"倡议以来,已有 200 多个国家、地区和国际组织参与和支持,联合国大会、联合国安理会等重要决议也纳入"一带一路"建设内容。"一带一路"倡议为全球经济贸易往来提供了难得的良好国际政商环境。

互联网技术的发展,为全球化贸易奠定了前所未有的信息技术基础。贸易的核心是信息,而互联网则实现了世界范围内的信息及时性、全透明、全覆盖。借助互联网上的信息,企业能够在原材料价格最低的地区购买,在加工成本最低的地方生产产品,并把产品卖给最需要的客户。

古时候,由于国家间交往的安全因素,以及信息的封闭孤立,客观上使得国际贸易只能是极少数冒险商人的专有发财机会;而在新时代,随着中国发起的"一带一路"倡议为广大国家地区和组织认可,随着世界各国的交通、通信等基础设施逐渐完善,随着互联网及其他新技术在全球普及应用,普通企业以跨境电商方式进行国际贸易成为可能。足不出户可知天下大事,身不出国可做全球贸易,新时代网上丝绸之路已成型,全球所有国家和企业都面临着前所未有的重大历史机遇。

现实亦是如此。近几年来,跨境电商快速发展,参与企业数量和贸易额每年都以两位数的速度增长。我国货物贸易出现了一般贸易、加工贸易和跨境电商三驾马车并驾齐驱的新局面,特别是在此次新冠肺炎疫情期间,跨境电商更是发挥了不可替代的独特作用,跨境电商已成为全球贸易不可或缺的重要模式。基于跨境电商的独特优势,相信其未来会有更大的发展。

不过,随着跨境电商的迅猛发展,人才瓶颈也日益凸显。据国家服务外包人力资源研究院在沿海城市的调研,超过 71%的跨境电商企业认为最大的发展瓶颈是"专业人才缺乏",远高于国际物流等其他问题。据估计,每年跨境电商人才缺口超过 30 万人,专业人员的不足,已极大地制约了跨境电商的发展。

"硬实力、软实力,归根到底要靠人才实力"。当前,培养既掌握新信息技术又通晓国际贸易规则和技能的复合型国际经贸人才(跨境电商人才),已是重中之重,对于企业发展,对于"一带一路"沿线各国经济繁荣,都有着非常紧迫和现实的意义。

多年来,国家服务外包人力资源研究院和阿里巴巴集团一直在致力于解决跨境电商新领域的企业发展和人才培养问题。我很欣慰地看到,跨境电子商务师技能产业认证工作已取得了相当大的进展,数万家企业因之获益。

在国家职业教育改革的大背景下，跨境电商相关职业技能正式列入教育部 1+X 证书系列，这是件好事。希望借此机会，能够在更高标准、更大范围内规模化、体系化地培养产业人才，扎扎实实解决院校教改和企业发展问题，踏踏实实解决大学生就业问题，为我国产业转型，为"一带一路"区域经济繁荣做出应有贡献。

商务部原副部长　魏建国

前　言

随着互联网技术的发展，社会化媒体在 Web 2.0 时代异军突起，网民真正成为虚拟世界的主导推动力量，虚拟世界俨然已成为物理世界的"平行宇宙"。数十亿人在社交媒体平台、网络社区交流意见、分享经验及创作，海量的信息快速产生、快速流动，社会化媒体营销已成为跨境电商的主要在线营销方式之一。

社会化媒体首先是海量"人"的聚集和链接，故具有鲜明的"社会化"属性。而海量的信息内容是其核心要素，是链接"人"的基础，社会化媒体的信息量之大，远超传统媒介，使得社会化媒体具有鲜明的"媒体"属性。加上社会化媒体载体是虚拟平台，内容的复制与传播速度远超物理介质，而网络平台又具有极强的"马太效应"，故基于互联网的社会化媒体在受众、内容和渠道等各方面均"碾压"传统媒体。以 Facebook 等为代表的社会化媒体平台，已成为全世界知名的"媒体"、有效的营销场所。如何有效展开社会化媒体营销，为客户创造价值，为商家带来利益，成为首席营销官们面临的新机遇和新挑战。

本书定位为海外社会化媒体营销的入门读物，基于跨境电商营销人员的工作技能需要，以"跨境电商 B2B 数据运营"职业技能等级标准（中级）为依据，用理实一体化的教学理念组织编写。

本书配套资料有 PPT 课件、线上课程和训练题库，可联系责任编辑（chitty@phei.com.cn）获取相关资源。

本书是典型的产教融合成果，作者团队由具备多年一线实战经验的企业项目经理及一线教学经验丰富的骨干教师组成，他们是深圳市赛维网络科技有限公司冯笑、南京信息职业技术学院王红梅、胡国敏、广州番禺职业技术学院邓志超、遵义职业技术学院王楠、四川现代职业学院余云鹏、浙江广厦建设职业技术大学胡丹、广东省外语艺术职业学院罗艳、宁波职业技术学院丁莲丽、烟台工程职业技术学院梁秀清和广东农工商职业技术学院商学院李莉。在编写本书的过程中，得到了中欧商学院王琪教授，Google 全球认证专家缪晨卿，阿里巴巴国际事业部金贝和孙孟洋，清华大学国家服务外包人力资源研究院何雄和杨玲，以及众多产业界朋友的帮助，在此一并表示感谢。

由于我们能力有限，且时间仓促，错误之处在所难免，敬请广大读者批评指正。

冯笑

目 录

第一章 概论	1
第一节 海外社会化媒体的发展历程	4
第二节 社会化媒体营销的理论基础	9
第三节 主流社会化媒体平台及其对跨境电商的价值	13
本章总结	16
本章习题	16

第二章 海外社会化媒体营销的基本范式 … 18
  第一节 受众 … 19
  第二节 内容 … 24
  第三节 渠道 … 25
  第四节 基本范式解析及其应用 … 29
  本章总结 … 31
  本章习题 … 31

第三章 Facebook 基础营销 … 32
  第一节 Facebook 公共主页及产品信息发布 … 33
  第二节 Facebook 内容营销 … 42
  第三节 Facebook 的受众分析与管理 … 44
  第四节 Facebook 内容营销成效分析与优化 … 47
  本章总结 … 50
  本章习题 … 50

第四章 Facebook 付费营销 … 51
  第一节 Facebook 付费广告简介 … 52
  第二节 Facebook 付费广告设计与投放 … 58
  第三节 解读 Facebook 付费广告数据 … 69
  第四节 Facebook 付费广告评估与优化 … 71
  本章总结 … 73
  本章习题 … 73

第五章 YouTube 营销应用 … 74
  第一节 YouTube 概述 … 75
  第二节 YouTube 基础操作 … 81
  第三节 与拍客合作推广 … 89
  第四节 YouTube 营销数据分析与优化 … 96

本章总结	105
本章习题	105

第六章　Instagram 营销应用 · 107

第一节　Instagram 概述	108
第二节　Instagram 账户注册与内容发布	111
第三节　Instagram 基础营销	116
第四节　Instagram 付费广告	126
本章总结	131
本章习题	132

第七章　LinkedIn 营销应用 · 133

第一节　LinkedIn 概述	133
第二节　LinkedIn 公司主页创建与专区管理	134
第三节　LinkedIn 基础营销应用	138
第四节　LinkedIn 付费广告	142
本章总结	151
本章习题	152

第八章　Twitter 营销应用 · 153

第一节　Twitter 概述	154
第二节　Twitter 账户创建与内容发布	157
第三节　Twitter 专页管理	162
第四节　Twitter 营销管理工具	167
本章总结	173
本章习题	174

第九章　Reddit 营销应用 · 175

第一节　注册 Reddit	176
第二节　内容创建与互动	180
第三节　Reddit 付费广告	185
本章总结	192
本章习题	192

第十章　WhatsApp 营销应用 · 193

第一节　概述	193
第二节　WhatsApp 营销功能及应用	195
第三节　WhatsApp 群组营销活动	200
第四节　WhatsApp 营销成效分析	202
本章总结	203
本章习题	203

参考文献 · 205

第一章　概论

社会化媒体营销成为挖掘增长曲线的重要手段。

案例

YesWelder 的社会化媒体营销

2018 年上线的 YesWelder 是专注于焊机、焊帽等焊接类目产品的 DTC（Direct To Consumer，即直接面对消费者）品牌。从最早的 OEM 转型亚马逊 B2C 模式之后，近两年 YesWelder 开始发力品牌建设，以直接面向消费者的形式，通过社交媒体和内容营销等方式，尝试打造一个消费者认同感和忠诚度极高的品牌。令人惊讶的是 YesWelder 作为一个工业产品品牌，在社交媒体和内容营销方面独具一格，收获了一大批忠实粉丝。目前，YesWelder 在 Instagram 社交应用上累积了 4.7 万个粉丝，如图 1-1 所示。许多用户还会积极与品牌互动，在社交媒体上分享他们和 YesWelder 的故事，自发成为品牌大使，甚至还在焊机上贴上标新立异的贴纸来彰显自己对产品的理解、诠释个性、表达对品牌的信任和喜爱，让更多人认识 YesWelder。

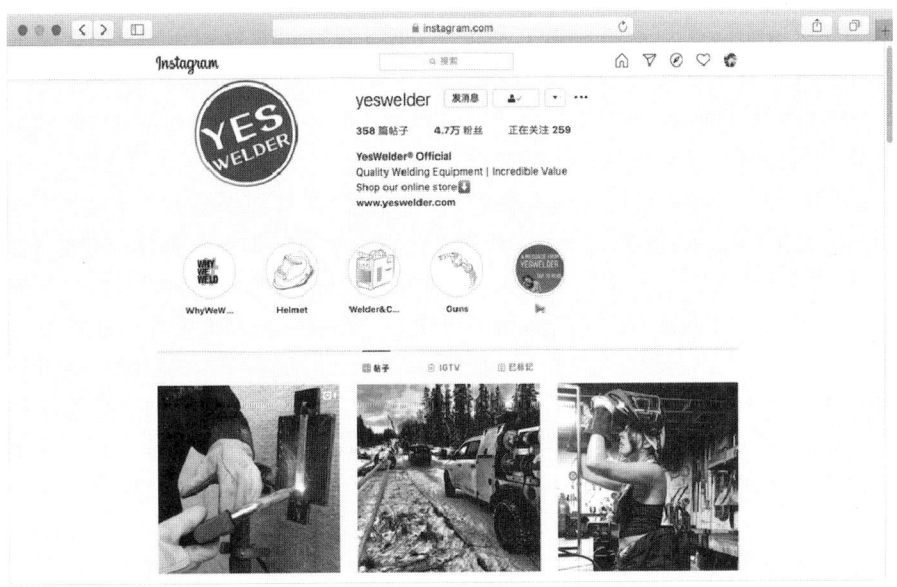

图 1-1　YesWelder 的 Instagram 页面

YesWelder中文意为叶氏焊接，5位创始人有着十多年焊接类目OEM经验，长期为国外焊机品牌提供产品加工服务，也擅长运营海外电商平台，如ebay等。

YesWelder从2019年开始进行品牌建设，最初是通过谷歌广告投放提升品牌认知，每月流量保持在30%~50%的增长。但在2020年新型冠状肺炎疫情爆发时，因为谷歌误判YesWelder的焊帽产品关键词为"Mask"，因而它的Google Merchant Center（商家中心）账户被封。当时Google是YesWelder最大流量来源，创始团队本以为这会对品牌销量造成很大的影响，然而在销售停滞的两三周过后销量再次回升和增长。YesWelder从Shopify后台看到是因为Facebook和Instagram等社交媒体为其带来了相当高的销售转化；此外，刚启动不久的YesWelder博客内容也大受欢迎；YesWelder的邮件营销因为更注重内容而非推广，也获得较高的点击率。

焊工是一类职业荣誉感很强也富有个性的群体，如果品牌辐射到这群人，那么能让其对品牌产生极高的忠诚度并口碑相传。目前焊机受众集中在一部分黏性较强的40~60岁男性，YesWelder希望通过社交媒体吸引年轻男性和少部分女性。YesWelder开始重视Facebook主页、Instagram、Pinterest等社交媒体的运营和内容输出，摸索不同平台的受众群体特点，传播品牌内容。

Instagram是YesWelder运营时间最长的社交媒体平台。Instagram的用户群广泛，更为年轻化，女性用户占比高。早期YesWelder通常都发布一些符合焊机产品调性、非常"硬核"的照片，此后，YesWelder在Instagram上发布了许多用户使用YesWelder产品的短视频，这些短视频播放量很高，播放量从5万次到几十万次不等——为品牌官网带来许多自然流量和转化，一定程度上也提高了YesWelder的Facebook广告投放效果。

在Pinterest网站上，YesWelder分享的内容更多的是技巧应用类型的图片和视频的干货——如何更换电池、如何设置焊机等实用性问题。目前YesWelder也开始尝试在TikTok上做原创内容，不断地尝试新的平台，获得新的受众，也根据不同平台的用户特点和平台属性创造匹配相应平台的社交媒体内容。

平台多样，不同平台的内容调性、分发规则也各不相同，使得原创内容生产和分发成为耗时耗力的大工程——YesWelder开始尝试把产品赠送给不同平台的KOC（Key Opinion Consumer，关键意见消费者）网红，通过博主的内容生产能力分享到更多社群中。YesWelder也和这批网红逐渐建立社交关系，渗透他们的粉丝群。

以YouTube为例，YesWelder经常赠送一些产品给YouTuber试用，并且不限制和约束其创作内容，YouTuber完全可以用自己擅长或喜欢的方式拍视频或照片，如图1-2所示。焊工是一个非常垂直细分的人群，博主为YesWelder创作的视频聚焦于如何使用焊机产品或者技术教学视频，给用户带来有价值的学习内容，使得视频观看量很可观。在海外许多人把YouTube当作技能学习的视频平台，在YouTube专门搜索焊工视频的人通常也是购买意向很大的潜在客户，这是YouTube成为YesWelder流量第二大来源的主要原因。

除了KOC为YesWelder带来的成效，YesWelder还发现一些用户在个人博客自发撰写的焊机产品测评对比文章，为品牌带来了很高的流量——在谷歌搜索"Best welder"关键词时，这类测评文章会出现，也对YesWelder的销量带来很大帮助。

现在，越来越多的KOC主动寻求和YesWelder合作，这些KOC认为YesWelder的粉丝基础也能为他们带来流量、内容和曝光率。

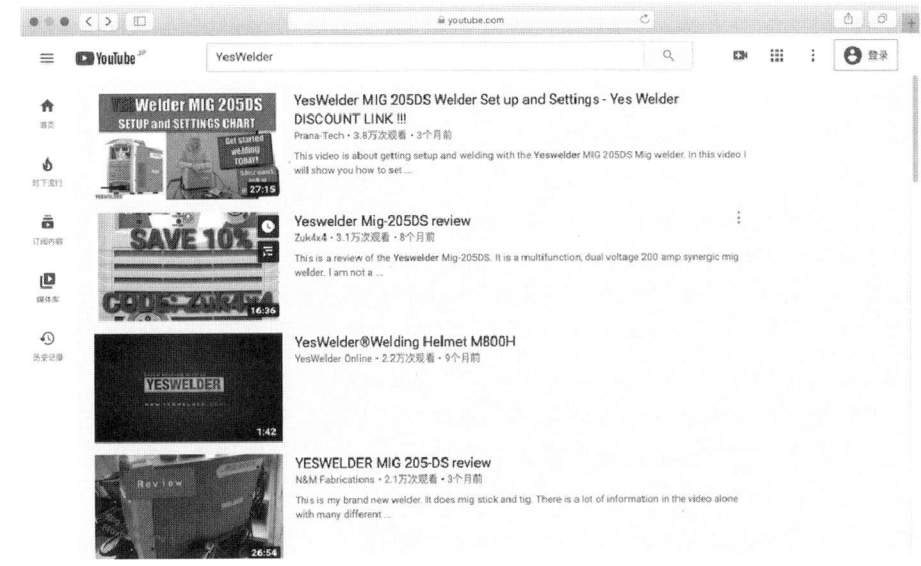

图 1-2　YouTube 上 YesWelder 的开箱及测评视频

WhyWeWeld 是 YesWelder 的博客，是品牌官网旗下的内容栏目。起初 YesWelder 想单独建立围绕不同的焊工故事的博客网站，基于 YesWelder 还需要累积更多自然流量的考虑，目前该栏目也整合在品牌官网中，如图 1-3 所示。

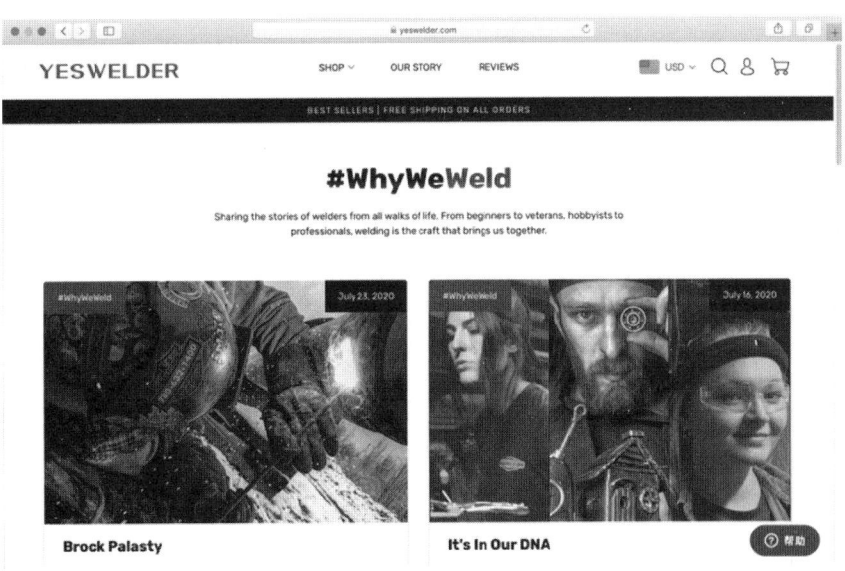

图 1-3　深入焊工人群故事的 WhyWeWeld 博客

WhyWeWeld 博客已经持续更新 7 期内容，这些故事中的焊工主角们热爱自己的工作，并引以为豪——有开设 Welding Workshop（焊接车间）的创业者，也有以焊机作为工具的 DIY（Do It Yourself，自己动手做）爱好者，也有以焊工谋生的人；甚至在"男性主导"的焊工行业，WhyWeWeld 栏目还报道了三位女性焊工的故事，展现了女性焊工独特的力量和魅力。这个群体的人有着这个行业丰富多彩的故事，每个人在焊工这条路上也有独特的故事。创始人朱程丰想通过人物采访的方式把这个行业中"有趣的灵魂"传递出去。

这些故事中的主角一部分来源于YesWelder的粉丝，他们有的仅仅是一个焊接爱好者，有的是焊接初学者，也有在行业内深耕几十年的资深焊工。YesWelder多维度地去呈现这个群体的故事，展现焊工这个群体的多样性，并以平易近人的方式呈现出来。

在这些内容中，YesWelder几乎不会呈现任何产品广告，也并不以博客内容带来的销售转化作为这些内容的效果考评。朱程丰认为"品牌更看重用户对这些内容的感知度（如文章阅读量、互动数和文章停留时长等数据）和通过这些内容对YesWelder建立的品牌认知度。"

YesWelder的品牌运营在社交媒体和内容营销上摸索出以下心得。

①"因地制宜"做内容——在不同平台采取不同的内容策略，多渠道展示YesWelder的内容，在不同平台尽可能尝试内容形式的多样化，如短视频、博客、图片等；并及时通过平台的数据反馈和效果进行调整。

②做目标消费者感兴趣的内容，而不仅仅是营销产品。通过教程、焊工人物故事等内容让YesWelder受众群感兴趣，而不是把内容作为营销工具。

③保持学习心态。做好现有平台的同时积极尝试其他平台，如TikTok和Twitter。勇于尝试，不断创新。

第一节 海外社会化媒体的发展历程

2020年1月14日，海关总署发布2020年全年外贸进出口情况。据统计，2020年，我国货物贸易进出口总值321556.9亿元人民币，比2019年增长1.9%。其中，出口179326.4亿元人民币，同比增长4%；进口142230.6亿元人民币，同比下降0.7%。2020年，有进出口实绩企业53.1万家，增加6.2%。其中，民营企业进出口14.98万亿元，增长11.1%，占我国外贸总值的46.6%，比2019年提升3.9个百分点。根据WTO和各国已公布的数据，2020年前10个月，我国进出口、出口、进口国际市场份额分别达12.8%、14.2%、11.5%，均创历史新高。2020年我国外贸新业态蓬勃发展，逆势增长强劲。其中，跨境电商全年进出口1.69万亿元人民币，增长31.1%，其中出口1.12万亿元人民币，增长40.1%。跨境电商已经成为"稳外贸"的重要力量。随着信息与通信技术的不断发展，企业在海外树立和传播国内品牌的过程中，社会化媒体起着越来越重要的作用。

一、社会化媒体及社会化媒体营销

1. 定义

社会化媒体（Social Media），也称为社交媒体，指允许人们撰写、分享、评价、讨论、相互沟通的网站和技术。社会化媒体是采用移动技术和网页技术而创建的高度互动平台，个体间和社群间都可以通过该平台分享、共创、讨论和修改原创内容。社会化媒体允许用户通过在线主页进行信息共享来联系彼此，已经成为人们在网络社区、人际网络中创造、分享、交换信息和意见的重要途径。

社会化媒体营销是一种利用社会化媒体来进行市场营销、维护公共关系、销售、开拓及服务客户的方法。企业借助社会化媒体，倾听用户的声音，宣传自己的产品，在潜移默化中去影响客户，这就是社会化媒体营销。

社会化媒体营销是内容营销的一种延伸——将相关信息分享给"合适的"人群。因此，海外社会化媒体营销=受众×内容×渠道。

2. 社会化媒体营销的作用

如今，基于移动互联网的社会化媒体成为最贴近人们生活的信息传播平台。在社会化媒体时代，消费者正在变得更加精明、更有主见、更具有怀疑精神。通过社会化媒体的信息创作和分享传播的行为与方式，使得消费者之间相互联系，拥有了更大的力量。随着移动支付功能的普及，社会化媒体不仅直接影响消费者的购买决策，而且还引导并促成消费者在社会化媒体平台上直接购买。

社会化媒体用户在作为接收端的同时，更是内容制造、分享与传播者。消费者会发布海量的原创评论与信息，在多向互动中理解品牌价值，基于社会化媒体的品牌传播更是关系链的传播。因此，社会化媒体营销可以通过口碑传播的形式获得免费的媒体报道，从而为品牌积累价值。对企业来说，社会化媒体营销有以下作用：

（1）满足企业不同的营销策略

作为一个不断创新和发展的营销模式，越来越多的企业尝试在SNS网站上施展拳脚，无论是开展各种各样的线上活动进行产品植入，还是市场调研（在目标用户集中的城市开展调查，了解用户对产品和服务的意见）以及病毒营销等（植入了企业元素的视频或内容可以在用户中像病毒传播一样被迅速地分享和转发），所有这些都可以在这里实现。为什么这么说呢？因为社会化媒体最大的特点就是可以充分展示人与人之间的互动，而这恰恰是一切营销的基础。

（2）有效降低企业的营销成本

社会化媒体营销的"多对多"信息传递模式具有更强的互动性，受到更多人的关注。随着网民网络行为的日益成熟，用户更乐意主动获取信息和分享信息，社区用户显示出高度的参与性、分享性与互动性。社会化媒体营销传播的主要媒介是用户，主要方式是"众口相传"。因此与传统广告形式相比，社会化媒体营销无须大量的广告投入；相反，因为用户的参与性、分享性与互动性的特点，它很容易加深用户对一个品牌和产品的认知，容易形成深刻的印象，形成好的传播效果。

（3）实现目标用户的精准营销

社会化媒体营销中的用户通常都是认识的朋友，用户注册的数据相对来说都是较真实的。企业在开展网络营销的时候，可以很容易对目标受众按照地域、收入状况等进行筛选，找出哪些是自己的用户，从而有针对性地与这些用户进行互动。

二、主流社会化媒体平台的出现和发展

在互联网技术较为先进、市场经济较为活跃的美国，基于公司注册或商业交流的社会化媒体工具在20世纪末即开始出现。进入21世纪后，世界范围内的社会化媒体在工具种类、用户范围、信息功能、交互方式等方面都经历了较大幅度的飞跃。表1-1是国内外主要社会化媒体出现时间，图1-4为国外主流社会化媒体信息图。

表 1-1　国内外主要社会化媒体出现时间[1]

年　份	社会化媒体名称
1997	Six Degress. com
1999	Live Journal, BlackPlanet, Asian Avenue
2000	Lunar Storm, Mi Gente
2001	Cyworld, Ryze
2002	Fotolog, Friendster, Skyblog
2003	LinkedIn, Tribe.net, Open BC / Xing, Couchsurfing, My Space, Last.FM, Hi5
2004	Orkut, Dogster, Multiply, a SmallWorld, Catster, Hyves, Dodgeball, Care2, Flickr, Piczo, Mixi, Facebook
2005	YouTube, Xanga, Bebo, Ning, Cyworld, Yahoo! 360, Asian Avenue, BlackPlanet（Relaunch）
2006	QQ, Windows Live Space, Twitter, Facebook（Everyone）, Wy Church
2009	人人网，新浪微博（中国）
2011	微信，陌陌（中国）
2012	Line

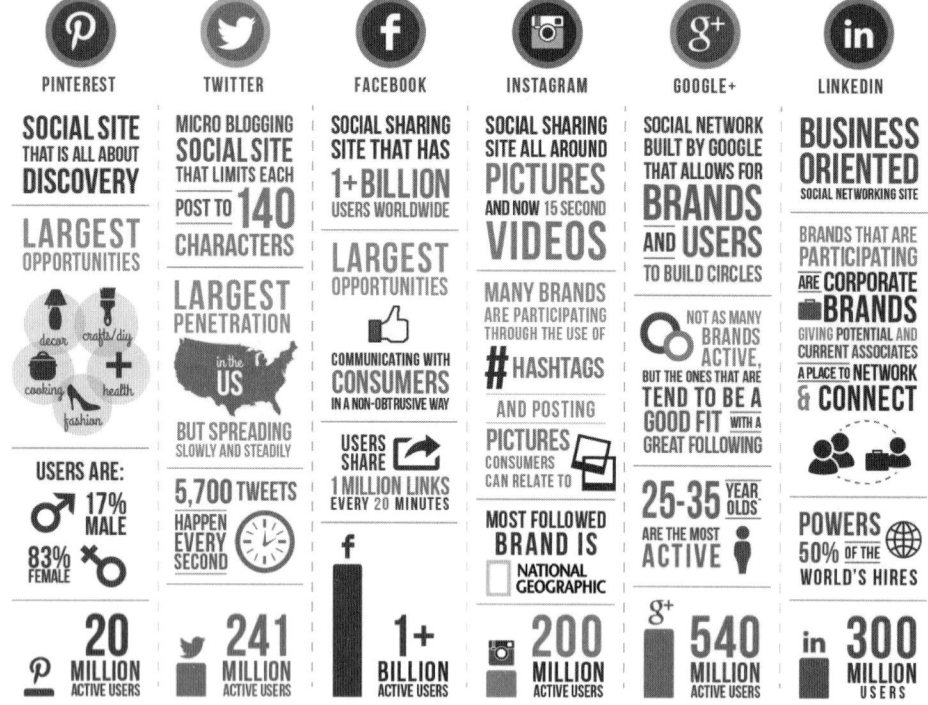

图 1-4　国外主流社会化媒体信息图

三、社会化媒体的社交和媒体功能进化

社会化媒体是帮助用户在虚拟的网络空间中发布与获取信息、建立人际联系、形成虚拟

---

[1] 赖炜. 中外社交媒体发展历史之比较研究[J]. 青年记者，2019,(32):20-21.

社区的重要工具。随着信息技术、通信技术的不断发展，移动智能终端的不断普及，社会化媒体的影响力日益扩大，并逐渐成长为用户创造内容、维护关系、分享与搜寻信息的主要平台。

人与人之间的关系，从沟通互动的频率来看，可以简单划分为强联系和弱联系。

强联系最可能产生于个人与核心家庭成员、挚友、工作搭档、事业合作伙伴和主要客户之间，表现为在生活和工作中有较多的互动机会。

与强联系相反，弱联系的范围更为广泛。弱联系是指人们由于交流和接触产生联系较弱的人际交往纽带，表现为互动次数少、感情较弱、亲密程度低、互惠交换少而窄。与同学、朋友、亲友、邻居之间都有可能产生弱联系，甚至曾经的强联系也会因为沟通、互动机会的减少而沦为弱联系，主要是由于个人的时间、经验和沟通机会造成的。弱联系在社会结构中起着非常重要的作用，是不同社会集群之间传递信息的有效桥梁。互联网提供了让原本素不相识、地理距离和社会距离都很遥远的陌生人互相结识和交谈的机会，非常适合"弱联系"的建立和增长，对于强化整个社会的信息共享精神具有非常积极的意义。在基本的社交网络形成与维护方面，大多数社会化媒体平台在维护已有社交关系的同时，也会为陌生人建立虚拟空间中的弱联系或形成活动小组创造机会。

有些社会化媒体可以吸引很宽泛的范围内不同类型的用户（如 Facebook、Twitter 等），但另外一些会基于语言、种族、性别、宗教信仰及国籍等方面的相似性帮助人们建立联系。除此之外，社会化媒体的不同之处还体现在它们可以在多大程度上吸纳新的信息与通信工具（如 WeChat，它逐步支持文字、语音、视频分享、即时通话等信息与通信功能），主要包括与手机的联通性、图片与视频的分享等。

四、未来社会化媒体的发展

1. 新技术与未来社会化媒体的结合

基于物联网和社交网络的双网结合，社会化媒体未来将会呈现万物互联的生态。从微信的发展上可以看到该生态的萌芽。微信为商户和团队组织开放便捷的服务接口，同时越来越多的便民服务接入，这使微信看起来更像一个社交媒体、社交网络服务、移动商业应用、政民工作服务的"超媒体"生态系统。社会化媒体现有的网络基础将会为之后连接和分享不同的信息、提升公共服务措施、优化教育医疗管理系统等提供实现的途径。

大数据、云计算、AR、VR 等技术也将进一步促进社会化媒体的智能化。社会化媒体的智能化将使社会服务、电商体系、娱乐游戏和移动支付全面升级。目前在智能技术的发展上，国外的发展依旧处于领先位置。美国以谷歌、微软、亚马逊、Facebook、IBM 五大巨头为代表形成人工智能合作伙伴关系。而英国将人工智能的发展与行业紧密结合，产学研共进。虽然当前我国在人工智能领域的发展与国外相比仍然差距不小，但是我国在创新创业的政策东风下人工智能发展迅猛。我国各大省市提出人工智能企业的扶持激励计划，高等院校也成立人工智能研究院。人工智能的发展也必然会助力社会化媒体进行技术升级，打造智能化的万物互联生态。

2. 未来社会化媒体的发展趋势

在未来社会化媒体的发展中，将会出现什么样的趋势？Talkwalker 团队与 HubSpot 合作，采访了 70 位全球专家和一线专业人士，了解他们对 2021 年之后的社会化媒体营销的看法和预测，并总结了以下 10 大趋势[1]。

（1）具有社会意识的受众将带来影响。

在 2020 年，我们能明显看到具有社会意识的一代（以及未来的 Alpha 世代，即 2010 年之后出生的人）对品牌、政治及社会都有着重要影响。在 2021 年，品牌公司要么不得不更多地参与如心理健康、包容性和社会正义这类的话题中，要么就得面对自己将变得无关紧要、脱离时代的事实。

（2）网络虚假信息的兴起。

从 Instagram 上高度美化过的生活博文，到 Twitter 上的恶搞账户，社会化媒体一直都模糊了事实和虚构的界线。在新型冠状肺炎疫情危机下，虚假信息的议题已经被推到了最前线。社会正面临着一个不确定的未来，这种不确定为虚假信息创造了温床，而那些谎言又推动着一些人做出人生的重大决定。在 2021 年后，品牌和社会化媒体渠道将会重点强调事实、消音"假新闻"。

（3）社会化媒体巨头适应新常态。

当回顾社会化媒体发展趋势时，我们常常会看到有些人大呼某平台正走向消亡，或者说另一个平台马上就要取而代之。针对这一趋势，预测显示当下几个主导社会化媒体平台将在 2021 年甚至数年后都依然占据重要地位。它们可能会发展出新功能，以自己的方式适应各类趋势，但在未来几年内，它们的重要性不大可能会有所缩减。

（4）旧营销，新市场。

某些趋势只是昙花一现，另一些则循环往复，时不时地重回大众视线当中，营销技巧也是如此。我们以前见过的策略现在都有可能突然重新出现，尤其是在动荡时期。因为那些传播领域从业人士在一些有争议的点子上，重新用起了那些经过实践检验的营销方法。在 2021 年，品牌将折返回去使用更简单的方式来吸引消费者，我们也会见到"老派营销"的兴起。

（5）社交游戏大有潜力。

随着疫情防控措施常态化，人们开始将电子游戏作为另一种消遣方式。各类游戏论坛和团体逐渐出现，创造出许多完整的游戏社群，它们各自专注于不同的粉丝群体。我们逐渐了解玩家是如何从游戏中获益的，并发展出在真实世界中同样有价值的能力。随着品牌越来越关注游戏社群，我们也将看到热度上涨的游戏领域成为焦点。

（6）再多一点对话。

市场营销是一条"双向行车道"。品牌不能光冲着空气大喊它们的品牌信息，然后满怀希望等待结果。相反，一切都与交流对话和建立关系有关——与消费者交流对话，建立起双方关系，从而创造销量。疫情将这一点推到了最前沿。面对消费者，销售不再是头等大事。信息、互动、社会议题才是推动消费者参与和未来留存率的关键所在。将这些信息内容联系起来才是品牌在 2021 年的重点。

（7）怀旧营销。

"美好往日"带来的积极情绪有助于带动当下情绪，怀旧营销的吸引力也就显而易见。它能够给品牌附上强烈的正向情感，促进品牌情感的培养。在充满不稳定因素和经济下行的时期，这种营销方式的运用更加频繁，因为消费者希望通过回味幸福时光，来分散自己当下的注意力。

1　Social Media Trends 2021 Report, The 10 Trends to Follow For Brand Survival, Talk walker & HubSpot

（8）媒体模因化。

忘掉 emoji 吧，把你电脑桌面上的动图都清理掉。模因（meme）才是当下流行的交流方式。表情包等模因形式传遍网络，成为一种融入社群的有趣方式，但它们并不都是积极可爱的。和任何一种交流方式一样，模因可以被用来操纵观众的思维方式，将一些极端行为正常化，如外部机构干预选举或其他大事。2021 年，品牌需要注意保护自己不受这些模因的影响。

（9）疫情背景下的 4C。

疫情的影响有可能持续数年。新型冠状肺炎疫情带来的阴影很可能会继续存在，消费者或许也难以忘记其后果。品牌则需要根据这一点来调整传播方案。疫情环境下的创作内容包含 4 个 C：社群（Community）、零接触（Contactless）、干净（Cleanliness）、同情心（Compassion），它们塑造了接下来一年的品牌调性。

（10）新 UGC 形式——Remix。

UGC（User Generated Content，用户生成内容），并不是什么新鲜事，新鲜的是这些内容如何被创作出来、通过什么渠道生产的，以及如何分享出去。Remix 指的是一种利用已有的版式、模板、点子，对它们进行再创作的艺术方法，能够帮助用户表达自己的个性和想法，在 TikTok、Koji 和 Instagram Reels 上都很流行。2021 年将给 Remix 视频带来更多机会，品牌也会吸引用户参与进来，创作出更多与众不同的内容。

第二节　社会化媒体营销的理论基础

一、社会化媒体的传播学基础

1．5W 模式

大众传播最初被认为仅是一种发送者向接受者传递讯息的普通过程。1948 年美国政治学家哈罗德·拉斯维尔在《传播社会中的结构与功能》一文中提出了"5W 模式"，该模式将人类传播活动概括为 5 个环节和要素，任何传播行为都可以通过回答 5 个"W"问题来描述：谁（Who），说什么（Says What），通过什么渠道（In Which Channel），给谁（To Whom），取得什么效果（With What Effect），如图 1-5 所示。

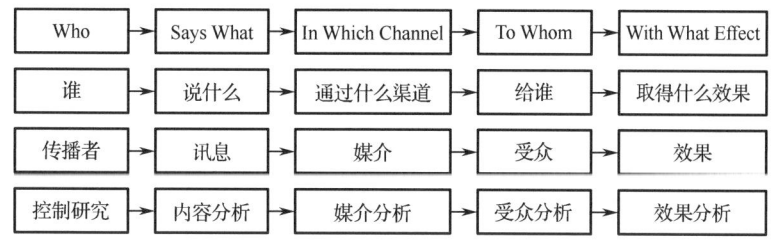

图 1-5　5W 模式示意图

"谁"就是传播者，在传播过程中担负着收集材料、加工信息、传递信息的任务，可以是个人也可以是机构。"说什么"是指传播内容，传播内容是由有意义的符号组成的讯息组合，符号既包括语言符号，也包括非语言符号。"渠道"是信息传递必须经过的中介或者借助的物质载体，可以是信件、电话等人际间的媒介，也可以是报纸、广播、电视等大众传播媒介。"给谁"就是传播的受众，是传播的对象和目的。"效果"是信息到达受众后在其认知、情感、行为等各个方面所引起的反应，是检验传播活动是否成功的重要标准。在关于社会化媒体的研究中，可以用 5W 模式理论来研究社会化媒体传播的过程。

2．AIDMA 法则

AIDMA 法则是在 1898 年由美国广告学家 E.S.刘易斯最先提出的。AIDMA 法则的含义为：A（Attention）为引起注意；I（Interest）为产生兴趣；D（Desire）为培养欲望；M（Memory）为形成记忆；A（Action）为促成行动。所谓 AIDMA 法则，是指在消费者从看到广告到发生购物行为之间，动态式地引导其心理过程，并将其顺序模式化的一种法则。其过程是消费者首先注意（Attention）到该广告，其次感到有兴趣（Interest）而阅读下去，接着产生想买来试一试的欲望（Desire），然后记住（Memory）该广告的内容，最后产生购买行为（Action）。这种广告发生功效而引导消费者产生的心理变化，就被称为 AIDMA 法则。

在社会化媒体营销中，AIDMA 法则经常被用来解释消费心理过程，通过运用这一法则可以准确了解消费者的心理和行为，制订有效的营销策略，提高成交率。

3．AISAS 模式

AISAS 模式是由电通公司针对互联网与无线应用时代消费者生活形态的变化，而提出的一种全新的消费者行为分析模型。在目前的互联网环境中，营销方式正从传统的 AIDMA 营销法则逐渐向含有网络特质的 AISAS（Attention 注意→Interest 兴趣→Search 搜索→Action 行动→Share 分享）模式转变。在全新的营销法则中，两个具备网络特质的"S"——Search（搜索）和 Share（分享）的出现——指出了互联网时代下搜索（Search）和分享（Share）的重要性，而不是一味地向用户进行单向的理念灌输，充分体现了互联网对于人们生活方式和消费行为的影响与改变。在社会化媒体时代，互联网信息传播不但停留在个人信息发布和群体信息共享，而且还涉及将新闻和企业信息（也包括广告）进行比较、讨论等各种各样的传播形式。信息发布从 B2C（由商家向消费者发布的模式）转化为 B2C2C（由商家向消费者发布之后，消费者向消费者发布与共享的模式）。

4．六度空间理论

一个数学领域的猜想名为"Six Degrees of Separation"，中文翻译为六度空间理论或小世界理论等。该理论指出，你和任何一个陌生人之间所间隔的人不会超过 6 个，也就是说，最多通过 6 个中间人你就能够认识任何一个陌生人。

20 世纪 60 年代，美国心理学家米尔格兰姆设计了一个连锁信件实验。米尔格兰姆把信件随机发送给住在美国各城市的一部分居民，信中写有一个波士顿股票经纪人的名字，并要求每名收信人把这封信寄给自己认为比较接近这名股票经纪人的朋友。这位朋友收到信后，再把信寄给他认为更接近这名股票经纪人的朋友。最终，大部分信件都寄到了这名股票经纪人手中，每封信平均经手 6.2 次。于是，米尔格兰姆提出六度空间理论，认为世界上任意两个人之间建立联系，最多只需要 6 个人。

二、社会化媒体营销效果评价

社会化媒体营销目标主要表现在提高品牌认知、促进销售、提升客户忠诚度三个方面，根据这三个基本目标可以下设多个度量维度和具体的度量指标，通过评估各指标来反映三个目标的实现程度，以检测企业社会化媒体营销的效果，如表1-2所示。

表1-2 社会化媒体营销效果评价指标体系[1]

提高品牌认知指标	曝光度量	内容印象数
		总覆盖量
		频道观看数
		搜索结果显示次数
	影响力度量	订阅数
		月平均浏览量
		关注人数
		粉丝数
		转帖者的关注人数
		互动者的朋友人数
		用户关注人数
	互动度量	订阅数
		关注数
		粉丝数
		分享数
		频道观看数
		评论数
		转发数
		私信数
		分享链接点击数
		喜欢数
		页面访问量
		标签数
		分享到社会化媒体的次数
促进销售指标	单次点击成本	
	单次访问成本	
	单次转化成本	
	转化率	
	单个潜在消费者获取成本	
	单笔销售成本	
	获取的收入	
	销售数	
	单个消费者收入	
	单个消费者利润	

---

[1] 王冰. 移动互联网时代国外媒体的传播效果测量体系研究[D]. 北京交通大学，2018.

续表

提升客户忠诚度指标	通过社会化媒体渠道接受客服的消费者数量 通过社会化媒体渠道挽回的消费者数量 服务成本 使用线上自助服务与线下客服的百分比 客户保留率 保留消费者平均活跃时间 消费者终身价值 社交渠道互动频率

1. 提高品牌认知指标

提高品牌认知指标主要有曝光度量、影响力度量、互动度量三个方面，如图1-6所示。

曝光度量包括：内容印象数；总覆盖量；频道观看数；搜索结果显示次数。

影响力度量包括：订阅数；月平均浏览量；关注人数；粉丝数；转帖者的关注人数；互动者的朋友人数；用户关注人数。

互动度量包括：订阅数；关注数；粉丝数；分享数；频道观看数；评论数；转发数；私信数；分享链接点击数；喜欢数；页面访问量；标签数；分享到社会化媒体的次数。

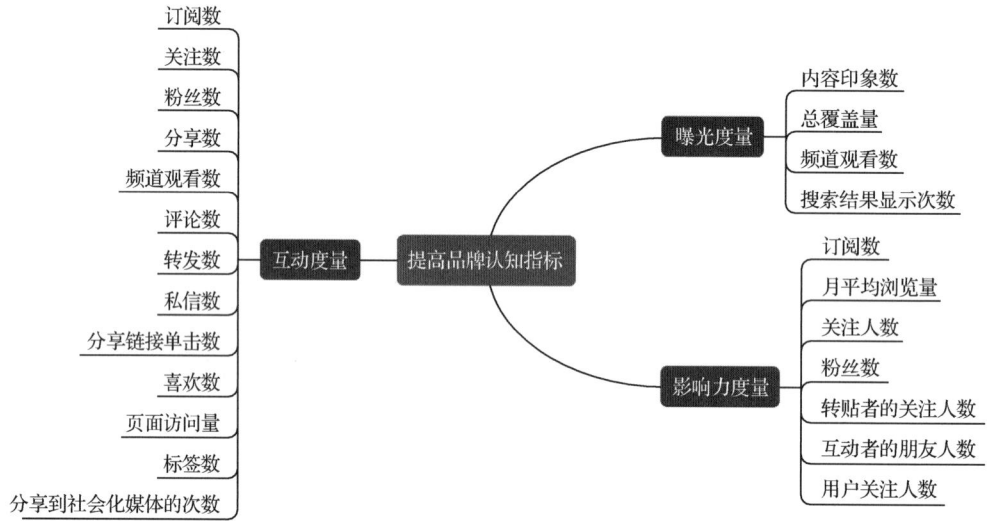

图1-6 提高品牌认知指标

2. 促进销售指标

促进销售指标包括：单次点击成本；单次访问成本；单次转化成本；转化率；单个潜在消费者获取成本；单笔销售成本；获取的收入；销售数；单个消费者收入；单个消费者利润。

3. 提升客户忠诚度指标

提升客户忠诚度指标包括：通过社会化媒体渠道接受客服的消费者数量；通过社会化媒体渠道挽回的消费者数量；服务成本；使用线上自助服务与线下客服的百分比；客户保留率；

保留消费者平均活跃时间；消费者终身价值；社交渠道互动频率。

第三节　主流社会化媒体平台及其对跨境电商的价值

一、主流社会化媒体平台的分类及特点

学者们对社会化媒体类型进行了研究，Mayfield将社会化媒体分为6种基本类型：博客、维基、播客、论坛、社交网络和内容社区。常见的社会化媒体有社交网络、商务社交、视频分享、图片分享、社会化书签、百科、微博、博客和论坛。

本书按照跨境电商营销的特点，将主流社会化媒体平台按内容分为：社交网络类、图片分享类、视频分享类、论坛社区类、博客类、口碑点评类、百科类和问答类。

1. 社交网络类

社交网络类社会化媒体平台主要包括Facebook、Twitter、LinkedIn。其中Facebook每月活跃用户数为23.8亿，Twitter每日活跃用户数为1.26亿，LinkedIn用户数超过5亿。

社交网络可能是最传统的社会化媒体形式，包含各种主题图片视频等内容，进行着发布、转发、评论等各式各样的互动。这样的平台提供有一定社会关系的人群，如好友，在社交网络平台上互动，例如Facebook、人人网、VK等。像Facebook、Twitter和LinkedIn这样的平台通常被称为社交网络平台，因为它们允许用户账户以各种不同的方式交互。

除了社交互动，常见的社交网络平台上的信息通常是文本和视觉效果的混合，而不是一种主要的内容类型。这种灵活性使社交网络平台易于实施社交策略，因为企业可以尝试不同形式的内容。像Facebook和Twitter这样的平台也开始更多地鼓励原生视频和照片上传。最近，Facebook甚至调整了算法，以支持实时视频和图像上传。

2. 图片分享类

图片分享类社会化媒体平台主要包括Instagram、Pinterest。Instagram每月活跃用户数达10亿，Pinterest每月约有2.5亿活跃用户。人们在该类平台主要以上传、观看、评论、分享图片的形式进行互动。与社交网络平台一样，用户可以通过标签、喜欢、评论或直接发消息与他人互动。

3. 视频分享类

视频分享类社会化媒体平台主要包括YouTube、TikTok、Vimeo。其中YouTube每月活跃用户超过数19亿，TikTok每月活跃用户数超过12亿，Vimeo每月活跃用户数为2.4亿。

人们在该类网站上主要以上传、观看、评论、分享视频的形式进行互动。大约83%的企业表示，视频分享平台的投资回报率非常高。企业社会化营销策略中选择视频平台可以使企业品牌黏性增强，在与同类型平台的竞争中增加竞争壁垒。视频分享类的平台适用于大多数行业。

4. 论坛社区类

论坛社区类社会化媒体平台主要有Reddit，每日活跃用户数达5200万。

此类平台提供在线讨论问题的平台，为人们提供讨论各式题材或者分享资源的地方。通过这样的讨论网站，企业可以在与所在行业相关的讨论版上分享关于特定主题的链接或帖子，并了解用户的响应方式。如果企业希望鼓励讨论的主题还没有，那么也可以创建自己的板块。

5．博客类

博客类社会化媒体平台主要包括 Twitter、Tumblr。Twitter 每日活跃用户数为 1.26 亿，Tumblr 每月活跃用户数为 1840 万。

人们通过文字、图片、视频等各种形式在互联网平台上记录自己的看法及观点，以网络日记的形式分享自己的情感与思想，甚至结交同伴与朋友。

博客通常分为三类：第一类为最早诞生的传统博客，如 Blog 等；第二类为目前非常流行的微博，如 Twitter 等，该类博客承载的容量较传统博客小，其最大的特点是有字数的限制，如 Twitter 一直将 140 个英文字符作为限制；第三类为轻博客，内容的承载量介于传统博客和微博之间，代表平台为 Tumblr。

6．口碑点评类

口碑点评类社会化媒体平台主要包括 Yelp。Yelp 的每月活跃用户数达到 1.45 亿。这类平台会收集产品或者服务提供商的信息及呈现使用者的反馈。人们可以在平台上进行搜索，从而获取产品或者服务（如餐饮、商店等）的评价等信息。

7．百科类

百科类社会化媒体平台主要包括 Wikipedia。

维基站点就像一个公共数据库，人们可以在上面添加内容，或对现有的内容进行修订和增补。最著名的维基站点是 Wikipedia 维基百科——一本在线的百科全书，仅英文资料就有超过 150 万篇文章。（注：国内百科做得比较好的有百度百科、互动百科、和讯百科等。）

8．问答类

问答类社会化媒体平台主要包括 Quora，Quora 的每月活跃用户数达到 1.9 亿。

社会化问答网站，也称"社交问答网站"，是介于百科和传统问答（如百度知道）之间的问答类 SNS 网站，是一个公共的知识平台，它的价值在于重建人与信息的关系。用户提出问题，其他用户来回答。社会化问答网站更像一个社交网络，以社区形式来帮助用户解惑。社交问答弥补了对隐形知识的即时搜索。问答服务将宽泛的词条扩展为明确问题，通过用户的不断修正，实现了信息向知识的转化。它通过三大功能（关注话题、关注问题和关注一个用户的所有问答）来呈现最佳问题答案和全面的相关知识，并通过信息类聚使人群建立社交关系。

二、主流社会化媒体在跨境电商领域的应用及价值分析

1．Facebook

Facebook 与谷歌一起并称为在线广告业最主流的两家数字媒体公司。任何面向国外消费者营销的企业都会在其营销传播策略中加上 Facebook。在 Facebook 上企业可以进行付费内

容推广和展示广告，扩大传播范围。作为一家小企业，像 Facebook 这样的平台可能是开始企业社会化策略的好地方。

Facebook 在跨境电商营销中的应用主要包括三个方面：首先，企业在 Facebook 上可以创建官方品牌主页，发布营销内容；其次，品牌在 Facebook 上可以实现与消费者的互动；最后，Facebook 是企业获得社会化聆听与洞察的平台。

2. LinkedIn

LinkedIn（领英）是早期的社交平台之一，目前已经成为主流商务沟通平台，也是专业型社交网络平台，其使用人数仍在持续增长中。与其他社交媒体平台相比，LinkedIn 是非常独特的，平台中 1/3 的会员担任高级管理职位，而且 92%的财富 500 强企业员工在使用这个平台。LinkedIn 专注于职业相关的网络，对于希望提供专业服务的公司而言，LinkedIn 是更好的选择。如果想要建立来自某个行业的专业品牌，那么可以在 LinkedIn 创建业务档案，使用行业类型对其进行分类。企业可以发帖子或者发消息。企业还可以使用消息和评论功能与其粉丝或评论用户进行互动。因此，LinkedIn 是 B2B 市场营销人员的首选平台。

LinkedIn 在跨境电商营销中的应用主要有官方主页发布内容、获得"品牌提及"、B2B 营销、本土化广告。

3. Twitter

Twitter 在作为沟通渠道方面具有无可替代的重要性。Twitter 作为企业与用户之间的沟通渠道仍有发掘潜力。Twitter 账户适合从娱乐到电子商务等不同行业的公司。企业可以在 Twitter 上创建一个配置文件，列出网站链接和公司信息。企业还可以使用 Twitter 发布公司信息，更新状态，在帖子中标记公司或客户，转发正面的客户推文，并通过推特或直接消息回复客户问题。与 Facebook 一样，企业也可以发布照片或视频等内容。Facebook 和 Twitter 是所有企业都应当重视的两个社交媒体渠道，即便仅用于社会化聆听。

Twitter 在跨境电商营销中的应用主要包括官方账户发布内容、监测品牌提及率、挖掘推文价值。

4. Instagram

2012 年，Facebook 收购了广受欢迎的图片分享平台 Instagram，并取得巨大成功。到目前为止，Facebook 仍将 Instagram 作为一个独立的（而且非常成功的）社交网络运营。在 Instagram 上，用户可以发布包含照片和短视频的帖子，并附有标题。用户还可以发布实时视频或创建一天后消失的"Istst"故事。Instagram 已成为影响者营销的发源地，因为在 2018 年，93%的影响者活动都在平台上进行。它还能给企业提供广告和电商的机会。与其他社交平台不同，Instagram 强调视觉效果，不允许直接在帖子中进行链接共享。Instagram 上的基本用户只能在他们的简历中共享链接。经过验证的用户或拥有超过 10000 名粉丝的账户可以在其故事中发布链接。

Instagram 在跨境电商营销中的应用主要包括三个方面：首先，企业可以在 Instagram 上开通官方品牌账户，分享图片并进行内容营销；其次，可以使用图像分析在用户生成内容中识别品牌；最后，Instagram 的原生广告和付费推广都是优质的营销渠道。

5. YouTube

目前，视频内容营销领域内的竞争愈发激烈，其他专业社交媒体频道也在逐步改进其平台内视频功能，但 YouTube 仍然是目前海外视频内容产出的重要渠道。YouTube 是凭借视频内容为营销核心的网络影响者们（通俗来说就是 YouTuber）的首选平台，多数企业也选择这一平台发布视频媒体内容。如果视频属于企业的重点营销策略，或者企业想要与视频领域的网络影响者合作，那么 YouTube 将是非常重要的广告渠道。

YouTube 在跨境电商营销中的应用主要包括三个方面：首先，企业可以创建官方频道，进行视频内容营销；其次，在 YouTube 可以通过视频评论与消费者互动；最后，YouTube 的付费推广是优质的营销渠道。

本 章 总 结

本章首先介绍了海外社会化媒体的定义与发展历程，讲述了主流社会化媒体平台的出现时间和发展历程以及社会化媒体的社交功能发展，展望了未来社会化媒体的发展趋势。其次，介绍了社会化媒体营销的理论基础，阐述了 5W 模式、AIDMA 法则、AISAS 模式、六度空间理论，并说明了社会化媒体营销的效果评价指标。最后，介绍了 Facebook、LinkedIn、Twitter、Instagram、YouTube 等主流社会化媒体平台的分类及特点，并分析了主流海外社交媒体在跨境电商领域的应用及价值。希望通过本章的学习，读者能初步了解了海外社会化媒体及社会化媒体营销，为本书后续章节的学习奠定基础。

本 章 习 题

一、选择题

1. 以下关于强联系、弱联系的说法，错误的是（　　）。
A. 人与人之间的关系，从沟通互动的频率来看，可以简单划分为强联系和弱联系
B. 弱联系是指人们由于交流和接触产生联系较弱的人际交往纽带，表现为互动次数少、感情较弱、亲密程度低、互惠交换少而窄
C. 强联系最可能产生于个人与核心家庭成员、挚友、工作搭档、事业合作伙伴和主要客户之间，表现为在生活和工作中有较多的互动机会
D. 现实生活中的交往是强联系，互联网中的交往是弱联系
2. 以下选项会影响社会化媒体发展技术的是（　　）。
A. 物联网　　　　　B. 人工智能　　　　C. 大数据　　　　D. 云计算
E. AR　　　　　　　F. VR　　　　　　　G. 人体增强技术
3. 对企业来说，社会化媒体营销的作用有（　　）。
A. 社会化媒体营销可以满足企业不同的营销策略
B. 社会化媒体营销可以有效降低企业的营销成本
C. 社会化媒体营销可以帮助企业增加营业额
D. 社会化媒体营销可以实现目标用户的精准营销

4．AIDMA 法则的含义中不正确的是（　　）。

A．A（Attention）引起注意

B．I（Interest）产生兴趣

C．D（Desire）培养欲望

D．M（Memory）形成记忆

E．A（Analysis）分析

5．以下社交媒体比较类似国内的微博的是（　　）。

A．Yelp　　　　　　B．Foursquare　　　　C．Tumblr　　　　D．Twitter

6．以下海外社交媒体年轻人占比最高的是（　　）。

A．Instagram　　　　B．Facebook　　　　C．Twitter　　　　D．YouTube

7．最容易了解海外客户的邮箱及职位的海外社交媒体为（　　）。

A．Facebook　　　　B．Twitter　　　　C．LinkedIn　　　　D．Whatsapp

二、判断题

1．社会化媒体（Social Media），也称为社交媒体，指允许人们撰写、分享、评价、讨论、相互沟通的网站和技术。（　　）

2．人类传播活动概括为五个环节和要素，任何传播行为都可以通过回答 5 个 W 问题来描述：谁（Who），说什么（Says What），通过什么渠道（In Which Channel），给谁（To Whom），取得什么效果（With what effect）。（　　）

3．营销方式正从传统的 AISAS 营销法则逐渐向含有网络特质的 AIDMA 模式转变。（　　）

4．在社会化媒体时代，信息发布由 B2C2C（由商家向消费者发布之后，消费者向消费者发布与共享的模式）转化为 B2C（由商家向消费者发布的模式）。（　　）

第二章　海外社会化媒体营销的基本范式

海外社会化媒体营销=受众×内容×渠道。

> **案例**
>
> **华为的海外社会化媒体营销**
>
> 华为是全球领先的 ICT（信息与通信技术）基础设施和智能终端提供商，致力于把数字世界带给每个人、每个家庭、每个组织，构建万物互联的智能世界。作为一家传统的 B2B 技术型企业，华为在追求自身业务转型的同时，也在营销转型上做了很多探索。近三年，华为紧随时代发展趋势，开始布局数字营销。
>
> 海外社会化媒体营销作为数字营销的重要部分，华为应用其数字营销框架，在这个领域开展了优秀的实践。从底层平台建设、强大的数据分析技术平台，到深度内容制作与网站运营，再到所有渠道的选择和管理，包括搜索、投放、社交媒体，在保证品牌调性契合的前提下，展开合理布局，获取更大流量、更多曝光。在此过程中，华为与许多专家团队、海外社会化媒体营销企业展开合作。
>
> 华为的营销目标分 3 个层次：构建品牌影响力，构建品牌美誉度，以及挖掘潜在的销售机会。因此，华为通过受众、内容、渠道三个方面，来进行海外社会化媒体营销实践。
>
> **一、找准受众**
>
> 品牌触达首先要明白受众在何处。如今 B2B 决策往往由决策委员会完成，其包含不同部门的管理者、专家或技术人员等，由于决策牵涉到的是企业层面的结果，决策者在决策过程中必然还会受各种信息与多方力量的影响。
>
> 华为营销部门深刻懂得，受众不仅仅是客户，还有媒体等第三方，公司员工也是重要的受众。在各类社会化媒体营销平台，华为利用领英精准的定向技术将内容送达不同层级的客户和合作伙伴；鼓励公司员工传播品牌内容，获取并赢得媒体价值；在全面的职场生态中接触更广泛的受众，包括媒体、智库等。所有的受众都对客户的购买决策带来或多或少的影响。
>
> **二、规划内容**
>
> 华为十分重视树立思想领导力。有别于过去仅仅发布新闻式内容，华为更愿意推出品牌人文化的故事。久而久之，阅读内容的受众的体验得到提升，进而对华为品牌建立起更高的信任度和喜爱度。
>
> 华为还规划了不同层级的内容类型，以满足处在不同阶段的客户的需求。例如在公司

级的主页中，华为倾向于发布整合了思想领导力、品牌故事等多维度的内容，比如采用领英视频广告、轮播广告等可视化形式进行呈现，吸引关注者进行点击与互动。在业务单元级的主页中，华为会更多地发布具体的产品和解决方案，提供直接决策信息和购买方式。

三、选择渠道

华为的营销渠道包括自有平台、投放平台、合作平台三类。华为根据不同渠道的受众特征和平台调性，选择恰当的平台，对在其发布的内容也有着不同的定位。

例如，个人社交平台发布的内容应当更娱乐化、碎片化。而在领英这样的职场社交平台，华为面向的是期待获取有效信息的职场精英，因此可以发布更专业、有洞见的内容。经过无数次实践，华为总结出一条经验：要对受众负责，发布受众感兴趣的高质量的内容。

由于深刻理解了受众、内容、渠道海外社会化媒体营销的基本范式，华为的海外社会化媒体营销获得了良好的效果。更重要的是，它折射出华为与时俱进的管理意识、国际化与数字营销理念，以及与之匹配的实际行动。而正是这样的意识，才让华为成功突破国界线，真正走向全球，在未来，华为必将应用海外社会化媒体营销创造更多价值。

在众多的社会化媒体平台中，跨境电商企业如何选择正确的社会化媒体渠道进行营销？用什么方式进行营销？实践证明，有效的营销是用正确的内容、正确的渠道去传达给正确的受众。那么核心的本质问题可以归结为三个重要的维度：受众、内容、渠道。在本章中，我们将从这三个维度逐个进行分析，从而得出社会化媒体营销的基本范式。

第一节 受众

在海外社会化媒体营销上获得成功的个人或者品牌，并不单纯是因为推广技巧，而是有一个共同点——为用户带来了真正的价值，使自己的海外社会化媒体账户值得被关注，这样营销的内容才能被广泛传播。因此，在想办法获得更多关注和互动的同时，从用户的角度出发，思考品牌能够给用户带来什么独特的价值，这才是海外社会化媒体营销成功的根本之道。众多跨境电商企业在社交方面表现良好，因为它们了解明确目标受众的重要性。它们在海外社会化媒体上寻找目标受众，引导他们分享内容，并适当地对这类群体进行营销。要深度了解受众，首先需要了解各大社会化媒体营销平台受众画像，了解渠道特征；然后了解在社会化媒体营销平台进行受众定位的方法，以便实施精准营销；最后掌握基于海外社会化媒体平台进行客户关系维护的方法。

一、海外社会化媒体受众画像

1. 用户画像

任何社会化媒体营销活动的第一阶段都是确定目标受众。如果不知道"受众"是谁，那么当然无法从任何渠道找到"受众"，"营销"更无从谈起。深度了解受众，常用的方法是用户画像。

用户画像，即 persona，这里讨论的主要是 web persona，即针对网站目标群体真实特征的用户画像勾勒，是真实用户的综合原型。企业对产品使用者的目标、行为、观点等进行研究，将这些要素抽象综合成为一组对典型产品使用者的描述，以辅助决策和设计。用户画像一般包含个人基本信息，家庭、工作、生活环境描述，与网站使用相关的具体情境，用户目标或产品使用行为描述等，如图 2-1 所示。

图 2-1 领英典型用户画像

2. 创建用户画像的目的

创建用户画像的目的是理解用户到底需要什么，从而知道如何创造内容，更好地为不同类型的用户服务。使用用户画像可以带来专注度，并且引起客户感同身受，有助于团队内部确立期望与目标，并且提升理解用户的效率，最终带来更好的决策。

3. 主流社会化媒体营销平台受众画像

当前主流社会化媒体主要用户特征（受众画像）如表 2-1 所示。Facebook 覆盖了全年龄段群体，Twitter 覆盖的多是父母群体，Instagram 则主要面对 35 岁以下的年轻人，LinkedIn 覆盖的是职场和决策群体，YouTube 覆盖的是全年龄段的视频偏好群体，Snapchat 面对的是 20 岁以下的年轻人。

表 2-1 主流社会化媒体平台受众画像

序 号	平 台 类 型	主要用户年龄段	特 点
1	Facebook	25～49	全年龄段群体
2	Twitter	18～29	父母群体
3	Instagram	18～34	35 岁以下的年轻人、图片偏好
4	LinkedIn（领英）	30～64	职场、决策群体
5	YouTube	全年龄段	全年龄段群体、视频偏好
6	Snapchat	20 岁以下	年轻人

例如，利用领英可以在职场环境中锁定优质受众。要针对影响力人物、决策者和企业高

管开展营销,因为他们发现新机遇就会采取行动。综合各种定向条件,建立理想用户画像:IT 决策者、首席级高管、小企业主等。

二、精准客户定位

在海外社交媒体营销中进行精准营销,一般有三种典型的受众:依据品牌定位筛选出的符合特定年龄、兴趣和人口统计数据等条件的核心受众,在线上或线下有业务互动的自定义受众,以及与优质客户有相似兴趣的类似受众。

无论是哪种类型的受众,都需要精准的客户定位。可以说,精准客户定位是实施社会化媒体营销的基础,可以让营销活动具有更高的参与度、更高的转化率。一些社会化媒体会鼓励会员更新真实的个人资料,这些真实的个人资料是进行精准客户定位的基础。另外,在很多社会化媒体平台上,会员会分享购物信息并发布动态,通过这些可以判断会员的兴趣、技能,从而进一步实现对客户的细分。相对于传统的客户定位,社会化媒体的客户定位具有更多的维度,也更加精准。

例如,领英定位客户的维度包括工作经验、公司信息、教育背景、兴趣与特质、人口统计特征等,如图 2-2 所示。

图 2-2 领英定位客户的维度

从单维度来看,领英是职场社交平台,可以通过岗位名称来精准定位客户。例如,在 Medical 岗位群下,有 doctors、nurses、veterinarians、surgeons、dentists 这些岗位,以及类似的岗位名称,其他岗位群也存在类似的情况。领英一级岗位分类如图 2-3 所示。

图 2-3 领英一级岗位分类

另外,还可以结合岗位与职务进一步对岗位进行分类。比如在 Marketing 岗位群下有 Senior、Manager、Director、VP、CXO、Owner、Partner 等,如图 2-4 所示。

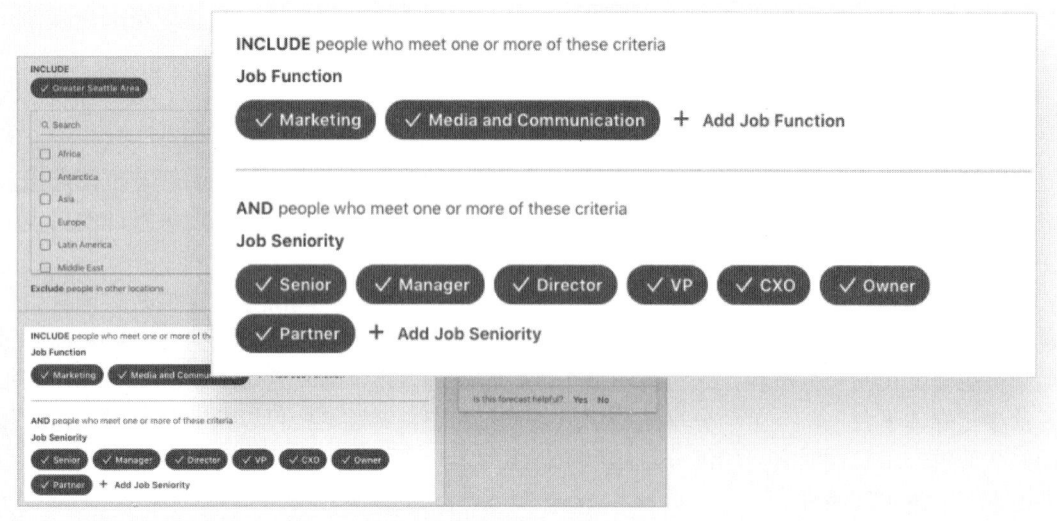

图 2-4　根据岗位和职位名称精准定位客户

工作年限也是领英对用户进行精准定位的维度，如图 2-5 所示。而将工作年限、工作资历、学位、职位名称进行结合，可以非常精准地定位某个行业里有购买决策权限的、经验丰富的专业人士。

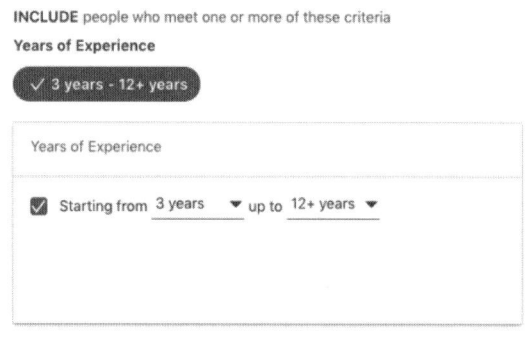

图 2-5　根据工作年限精准定位客户

三、基于海外社会化媒体的客户关系管理

在海外社会化媒体不断发展的过程中，社会化媒体对企业的价值逐渐被发掘出来。比如，企业的官方 Facebook（脸书）账户、产品 Instagram（照片墙）展示、售后服务 Line（连我）账户、LinkedIn（领英）招聘账户，以不同的业务功能达到与客户的沟通、问题的反映与解决、商品的促销优惠等目的。另外，企业管理者的微博，如苹果 CEO 库克、脸书 CEO 扎克伯格，以个人形象、个人魅力来打造品牌魅力，从而增强消费者的信心，拉近企业与消费者之间的距离，体现企业人性化的一面。可以说，社会化媒体已成为一种企业和客户进行交互的必不可少的工具。

1. 利用海外社会化媒体进行客户关系管理的优势

客户关系管理的价值不仅仅局限于营销，而是通过提供客户满意的服务来延长客户的生命周期，最终实现企业与客户的"双赢"。社会化媒体特别有利于实现这一目标。利用社会化媒体进行客户关系管理的优势主要表现在：

①沟通的便捷。社会化媒体为企业和客户提供了快捷、直接的沟通方式。一方面，企业可以不经任何其他媒介的过滤和延迟，直接将消息发布给公众。特别是移动终端如手机的普及，使得信息的发布可以做到随时、随地、随性。如果通过KOL（意见领袖）转发，那么还能提高信息的覆盖率，扩大公众的知晓度。另一方面，由于社会化媒体用户只会看到自己关注的企业消息或者自己认可的用户转发的消息，这种机制保证了传播受众是企业的客户或者潜在客户，确保了信息传播的效率和关系建立的有效性。

②用户的主动选择。传统的客户关系管理模式下，企业与客户之间的沟通多数是单向的，企业主动联系客户，带有极强的绩效指标目的，传递过多的商业信息，给予客户负担。指标的功利性使得沟通的方式通常简单、粗暴、令人反感。而在社会化媒体上，用户可以随时建立或切断与某个企业的关系，也可以随时加入一个关系链。因此，是用户主动选择了企业，这种基于用户自愿所建立的关系更稳固。

③人性化与互动性。社会化媒体的内容，常常使用相对人性化的语言、有趣的图片、视频等，使得企业与公众之间没有距离感。企业可以通过设置有奖转发、有奖竞猜、投票，或者发布话题、照片、视频等方式，吸引用户参与互动。互动性是社会化媒体的突出优势。另外，社会化媒体的好友圈功能，使得好友间的互动频繁，可能带来更多的潜在客户，形成良性循环。

④信息的开放透明。社会化媒体给了消费者发声的渠道，消费者使用评论、转发等简单功能，就可以与企业的管理层沟通、投诉，客观上促进了企业及时发现不足并改进。企业唯有做到信息透明、问题及时解释、事件及时处理，才能赢得消费者的信赖。

2. 企业应该如何通过海外社会化媒体进行客户关系管理

①以"产品为导向"进行海外社会化媒体营销。

调查结果显示，消费者更看重的是切实的价值，这是他们与企业保持交互的首要原因。故海外社会化媒体的客户关系管理仍然不能忽视以"产品为导向"的营销，即让利给消费者。可以采取折扣券、赠品、抽奖、积分兑换等来吸引消费者注意，让消费者感受到切实的实惠。直播电商的销售火爆就是因为遵循了这样的原则。需要注意的是，"让利给消费者"需要能够足以让客户感受到企业的诚意，否则消费者不仅不接纳，而且可能还会反感。

②用人性化的方式交流。

当前人气旺的社会化媒体平台往往是为了用户交流、娱乐而出现的，企业的官方社会化媒体应尽量使用人性化、互动式的语言与用户交流。有趣的配图、段子和事件更能增强交流效果，不要使用一些官方的刻板的语言。甚至可以加入一些与企业业务无关但有用、有趣的内容，保持与客户的交流互动，努力增强"圈子"的黏性。

③妥善应对公众的疑虑。

面对公众的质疑或指责，应迅速给出合理解释。如果企业确实存在过失，那么应主动道歉，恳求客户的谅解。特别在群体事件发生时，企业不应尝试封锁消息或评论，对问题躲闪回避，而应表现出乐观的态度，主动开放沟通，直到重新获得客户信任。

④展示企业履行社会责任所做的努力。

在社会化媒体上，企业还应展示其在履行社会责任方面所做的努力，这非常有助于建立良好的社会形象，赢得客户尊重，提升客户忠诚度。企业不断创新，对社会问题的关注，对环境和资源的保护，对社区、艺术、教育、慈善事业的贡献等，都有助于树立企业的正面形象。

第二节　内容

社会化媒体营销让人人都可以是记者和出版人，参与到内容的生产和传播过程中。

一、海外社会化媒体营销内容的类型

海外社会化媒体常见的内容类型主要有文字信息、图片、视频、播客、新闻转载等，如表2-2所示。

表2-2　海外社会化媒体常见的内容类型

序号	内容类型	说　　明
1	文字信息	展示正面情绪的文字信息。在海外社会化媒体上要发布具有积极性、高情感价值的文字信息，能很好地带动其他用户的活跃性和参与性
2	图片	有明确主题的图片。Facebook上带有图片的帖子比一般帖子平均高出53%的阅读量和104%的评论量。如果想提升效果，那么一定要运用好图片
3	视频	原创视频当然是最好的，但多数企业无法保证高频的原创视频制作和发布，也可以转发与企业形象和产品相关的热点视频
4	播客	播客（Podcast）可以是音频或视频的形式，以音频为主。品牌播客（branded podcast）越来越受到大公司青睐，内容以娱乐为主，但承载着品牌建设作用
5	新闻转载	转载与产品类目相关或与社会热点相关的新闻。例如，数码类产品可以转载新技术突破，时尚类产品可以转载明星动态或者流行趋势等。注意要转载权威媒体的相关新闻，不要转载来源不明、未经核实的信息
6	信息图表	信息图表用简单明了的方式为受众提供信息。例如，产品的性能参数或与其他产品的比较，公司产品的销量数据等。直观的数据更容易吸引受众的注意力，并产生信任感
7	产品评测	发布新产品的评测报告或操作指南。例如，数码类产品的评测报告或使用说明，时尚类产品的穿搭摆造型设计等。可以采用图文并茂或者拍摄视频的方式，把产品的细节和功能展示在消费者的面前，引起互动讨论
8	用户互动	包括抽奖、调研或鼓励用户发布内容（UGC, User Generated Content）。例如鼓励用户与产品进行自拍并发布，对结果进行投票评选，或根据主题创作短视频等

实践中，应针对营销目标，合理选择内容形式，如产品细节最好用图片表达，性能参数最好用参数表呈现，品牌故事用短视频呈现等。正是内容形式的多样性，决定了海外社会化媒体营销需要用到多个平台。另外，要特别重视鼓励UGC，这是社会化媒体内容营销的独特优势，也可以认为是社会化媒体营销成功的标志。

二、海外社会化媒体营销内容的创作原则

海外社媒营销内容创作一般应遵循以下原则。

（1）围绕关键词创作内容。

海外社会化媒体营销的目的是传播，为了使内容更容易被搜索引擎收录，可以先在 Google、百度等搜索引擎查询热搜词，再围绕热搜词创作内容。但好内容的评判标准是让文章的读者转换成产品的购买者，不自然地引用关键词会让读者摸不着头脑，既不会传播内容，也不会购买产品。

（2）要有明确的主题。

研究表明，每天有不计其数的内容传到社会化媒体上，争夺着大众的注意力。要想从这些信息中脱颖而出，内容必须有明确的主题，最好直接反映在标题上。内容创作前，需要了解产品的客户对象，解决客户有哪些痛点，根据痛点来创作内容。内容空泛、偏离主题都不会获得好的内容营销效果。但要小心社会化媒体内容创作的"标题党"现象，此类内容通过优化标题吸引读者点击，但内容本身质量不高，这不仅难以达到提升品牌形象的目标，反而是减分项。

（3）要创作真实的内容。

与事实不符的内容让品牌失信于人，必须坚持发布已验证过的、真实的内容，坚决杜绝随意转发未经证实的信息。只有这样，客户才会尊重这个品牌。

（4）发布的内容要保持品牌一致性。

"一致性"是打造品牌的必然要求。"一致性"包括账户、主页、内容风格、互动行为习惯等。"一致性"常常会体现在细节中，如一致的字体、图片与视频，甚至表情（emoji）；也体现在面向不同用户群体的针对性，如针对事业有成的中年人，内容风格保持成熟稳重，针对喜欢"二次元"的年轻人，内容风格活泼俏皮；还体现在内容传播的时间和持续性上，如每周三下午六点发送有趣的视频内容，持续一年进行这样的操作，有利于培养用户黏性和忠诚度。

第三节　渠道

每种社会化媒体都是一个独立的渠道，多种社会化媒体可以构成社会化网络，实现传播的由线及面。

一、渠道选择

海外社会化媒体将企业与用户衔接起来，可以提高品牌知名度、用户黏性，还可以向网站传递流量，提高转化。从搜索引擎优化的角度看，定期更新的海外社会化媒体账户也会有助于提升企业网站的排名与企业品牌的曝光量。

然而，选择哪一个或者哪几个平台进行运营，以哪个为主、哪个为辅，每个账户应该发布什么内容，每个账户运营的目的又是什么，是我们需要在投入人力、物力、财力之前应研究清楚的问题。开通所有的账户，并采用统一的策略，把内容重复地发布到这些账户下，恐怕并不是正确的做法。如果用户关注了企业的 Facebook 主页，那么为什么要他再去 Instagram 看同样的内容呢？但是如果要运营多个账户，且发布不同的内容，那么对企业来说将显著增

加成本，甚至可能破坏品牌一致性。

跨境电商企业选择社会化媒体营销渠道可以从以下几方面入手。

1. 以需求（营销目标）决定渠道

首先，从自身业务需求出发，考虑本企业的营销目标。一般来说，社会化媒体营销的目标是：

- 提高品牌知名度。
- 为客户提供更好的用户体验。
- 创建与客户及时沟通的渠道。
- 为网站引流。
- 收集市场信息。

明确社会化媒体营销的目标之后，与每个平台的特点进行匹配。每个平台的粉丝数量固然重要，用户确实更倾向于关注那些有一定知名度的账户，但绝对不是唯一指标。相比于粉丝的数量，用户的黏性更有意义，例如一篇文章有多少个赞、评论或者转发，以及平台上粉丝的互动是否频繁等。

2. 以目标客户（受众）决定渠道

第二个简单的原则是，目标客户群在哪里，就去哪个社会化媒体营销。这个问题可以从以下几个维度进行考虑：

- 最大的目标客户群是谁？
- 他们在哪个国家/地区？
- 他们属于什么年龄阶段？
- 男性多还是女性多？
- 他们使用哪个平台最多？
- 他们在这些平台上最爱看哪些内容？
- 最受他们欢迎的海外社会化媒体账户为他们提供了什么独特的价值？

通过回答上述问题，即可比较明确地选择社会化媒体了。

3. 以内容决定渠道

自己的产品适合以什么形式营销？自己有没有这样的能力支撑这种形式？以视频营销为例。各种研究数据都在预测视频类内容会在接下来几年里爆炸性增长，成为互联网流量最大的去处。然而，国内原创视频制作起来也存在语言方面的困难。如果能够获得足够的用户原创视频（User Generated Contents），那么 YouTube 将是一个很好的渠道；但假设我们只能制作几个简单的外语视频，那么将无法正常运营一个 YouTube 账户。

如果视觉化营销对自己的产品很重要，比如时尚类产品，那么 Instagram 或者 Pinterest 会是更好的选择。

4. 以平台决定渠道

社会化媒体的马太效应非常明显，一个细分领域往往只有一两家头部平台。故有些跨境电商企业目的非常明确，它们就是想在某个特定社会化媒体平台营销。Digital Information

World 公布的按照注册用户和活跃用户两大指标 Top15 的社会化媒体平台如图 2-6 所示。

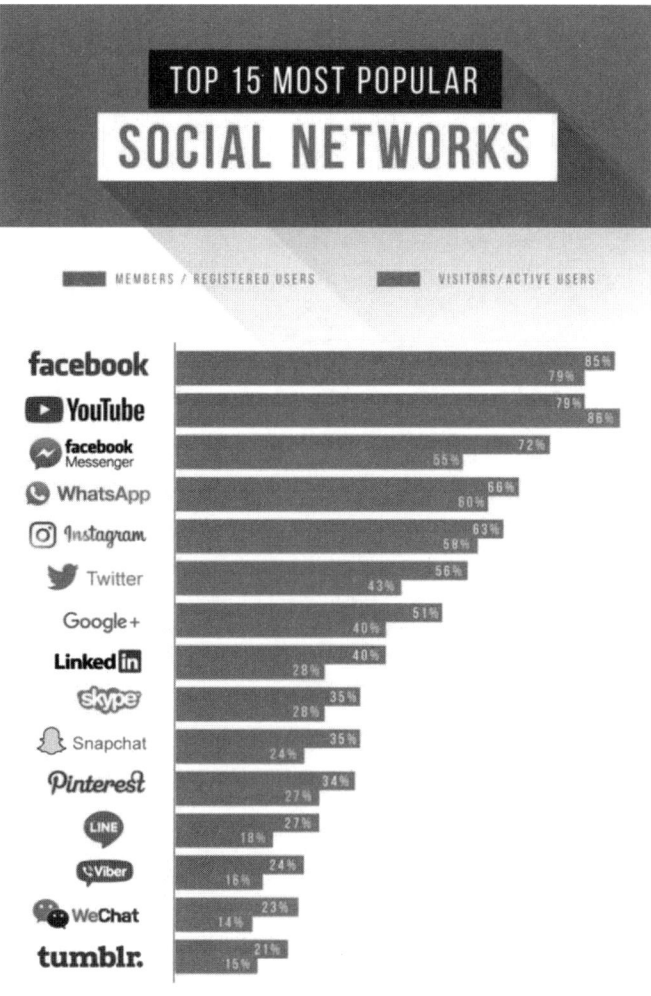

图 2-6　全球按注册用户和活跃用户 Top15 的社会化媒体平台

5．参考优秀友商的选择

因社会化媒体种类多且发展变化快，要全面掌握相关信息比较困难。一个取巧的方法是参考优秀友商的选择。也可以用 Google 关键词+海外社会化媒体平台的搜索方式快速找到友商社会化媒体账户。比如，在 Google 搜索"Human hair wigs+facebook"或者"Human hair wigs+Instagram"可以看到不同平台上与这个关键词相关的排名靠前的账户，如图 2-7 所示。

这不仅可以看到哪个平台运营更适合自己的行业和产品，而且还可以参考这些成功的账户的独到之处。

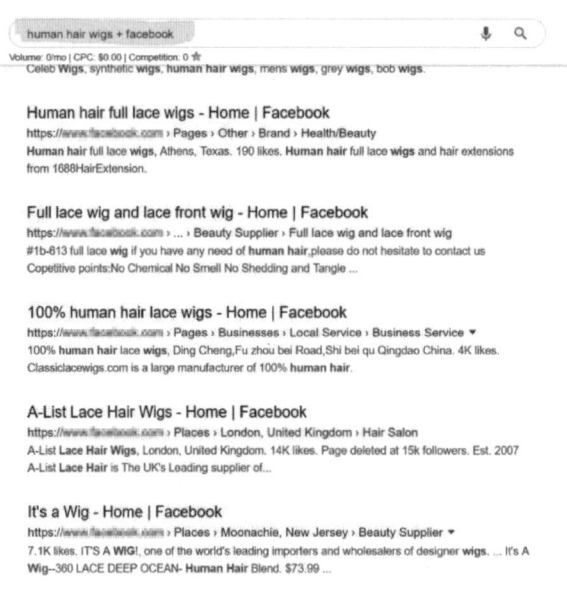

图 2-7　Facebook 上关键词 Human hair wigs 的账户排名

二、渠道整合

因知名海外社会化媒体均有差异化定位，即使掌握了上述渠道选择技巧，跨境电商企业依然会难以取舍。实践中，企业常常会选择多个社会化媒体平台，实施所谓的"全网营销"。同时，随着在线交易从电子商务网站向社会化媒体营销迁移，社会化媒体渠道不仅仅作为营销渠道，同时作为销售渠道，在业务中的作用越来越重要。

1. 海外社会化媒体全网营销矩阵构建

不同平台的使命不同，企业在社会化媒体营销时的目标也是多样化的。常见的营销目标包括增加曝光、增加流量、培养忠实粉丝、增加销量、建设商务关系、提供市场洞察、增加思想领导力。

大部分跨境电商企业都会选择多个海外社会化媒体平台进行营销，构建海外社会化媒体营销矩阵，力争构筑更广覆盖面的全网营销阵营。根据当前跨境电商企业的渠道使用状况可以得到海外社会化媒体全网营销矩阵，如图 2-8 所示，渠道中涉及的社会化媒体平台分为四大类。

第一类为稳健型。这类平台是 Facebook 一枝独秀。从跨境电商企业当前应用社会化媒体平台情况来看，Facebook 也同样是最主流的渠道。

第二类为成长型。跨境电商企业选择这类平台进行社会化媒体营销的比例相对较高，并在未来一段时间，会有更多的企业选择这类平台开展营销活动。其中 Instagram、LinkedIn、YouTube 是成长之星。据 Social Media Examiner 发布的《2020 年社交媒体营销报告》显示，选择 Instagram 的企业在 2020 年比 2019 年增加了 14%。这也体现了 YouTube 与 Instagram 作为以视频、图片为特征的渠道，在社会化媒体营销中的作用逐渐增强。

第三类为潜力型。跨境电商企业一般在这类平台进行社会化媒体营销的比例及未来预期相对都较低，以新兴和前沿类的社会化媒体为主。未来平台自身的模式创新与用户积累将成为跨境电商企业是否加大投入的重要考虑因素。这类平台的典型代表是 Snapchat、TikTok。

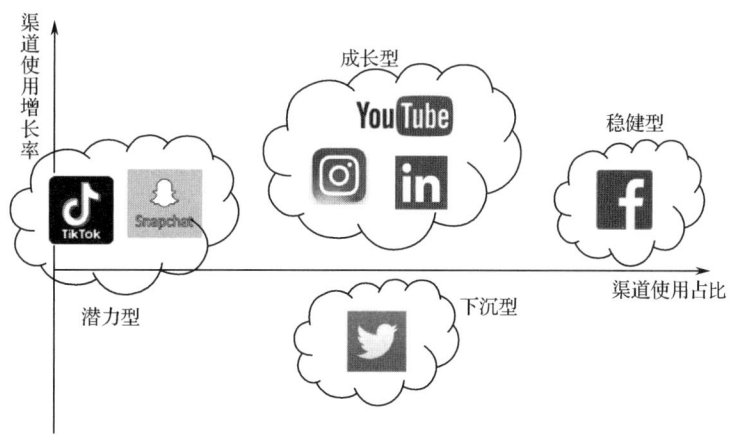

图 2-8 海外社会化媒体营销矩阵

第四类为下沉型。在过去是跨境电商企业主要的社会化媒体营销阵地，但是随着消费者行为习惯的改变，企业对之的预期也发生明显改变。企业逐渐弃之不用，呈现下沉趋势，典型的平台是 Twitter。

因此，企业在构建营销矩阵时，应当系统考虑，根据自身产品定位，实现跨平台整合。

2. 海外社会化媒体营销渠道建设路径

基于营销目标的渠道整合可以分步实施，量力而行。需要根据业务情况选择重要的社会化媒体平台进行运营，确保平台值得投入精力、时间、预算。

如果是刚涉及社会化媒体营销的企业，那么主要考虑的因素是平台影响力。一般先从 Facebook 这样用户量比较大的稳健型平台入手，以单一平台为阵地，试水营销。

当有了一定的营销经验之后，尝试多平台渠道策略，平台选择更加个性化，可以考虑产品用户定位及用户互动。一般企业会发展 Instagram、LinkedIn、YouTube 等成长型平台。

当企业社会化媒体营销进入成熟阶段，企业的渠道选择自主性加大，企业社会化媒体营销平台出现分层，出现主要阵地和次要阵地。企业的新建设渠道一般以潜力型平台为主，如 Snapchat、Tik Tok 等。

另外，对于 B2B 业务和 B2C 业务，建设渠道的路径不同。以 B2C 业务为主的企业渠道建设，建议以 Facebook、Instagram、YouTube 等平台为主。以 B2B 业务为主的企业，一般以 Facebook、LinkedIn 为主。

第四节 基本范式解析及其应用

社会化媒体正在推动营销的变革，无论是营销主体、消费者决策模式、营销策略、营销目的都在发生着变化，能够深度应用社会化媒体的价值的跨境电商企业将构建竞争优势。在实践中，企业要实现社会化媒体营销的价值最大化需要具备三种能力要素：受众管理、内容创意建设、渠道组合管理，由此提出社会化媒体营销基本范式：

海外社会化媒体营销=受众×内容×渠道（平台）

即社会化媒体营销的思维方式是：从营销目标出发，主要考察基本范式中的三要素，并借鉴他山之石持续优化社会化媒体营销成效。这是在充分认识社会化媒体营销特点的基础上，用更优化的营销策略、更完整的受众行为特征描述、更精准的受众细分、更精准的内容，最终完成精准化的营销。受众、内容、渠道是在社会化媒体营销背后的关键要素，是推动社会化媒体营销成功和业务增长的关键。从这三个维度出发，将超越传统意义上评估社会化媒体营销的维度，让企业能够关注在社会化媒体营销中对业务目标重要的目标和结果，并获取对业务增长的洞察。

一些跨境电商企业很早就加入了海外社会化媒体的运营当中，可效果就是达不到预期。这类企业大部分采用了传统的朋友圈营销模式，即刷屏发产品广告告知"朋友圈"里的潜在客户自己是卖什么的。通过这种方式获得客户的效率会很低，还容易起到反作用。进行海外社会化媒体营销，只是单纯地毫无设计地把产品图片堆砌罗列到社交平台上，不仅找不到潜在客户，而且还会引起潜在客户的心理抵触。

因此，社会化媒体营销需要从本质出发，从受众、内容、渠道三个方面进行优化。

（1）以转化为目的吸引受众。

海外社会化媒体不代表官网和第三方平台，所以要实现转化，这个周期肯定会更长一些。但是如果一直没有转化，那么也失去了运营的意义。因此，在运营之初，我们一定要做的就是：充分了解目标市场、行业、产品和客户，并且要根据对客户的了解实时调整发布的内容。

跨境电商 B2B 数据运营一个大方向应该是：精准化平台，根据自己的行业制定一个市场推广方向，做出相应文案（符合目标市场文化和需求）。让 B 端客户感知到：我们的产品市场有大需求，竞争者不多，利润相对可观。

另外，在内容的更新上，一定要保持稳定地发布高质量的内容，提升存在感同时务必给粉丝带来阅读价值。建议以原创为主，保证质量，不要急于一时，一天转载刷屏 10 多次，弄不好就会被拉黑、举报和封号，得不偿失。

发帖的时间要固定在一周内的某一天。具体的时间段就根据我们的主要目标市场的工作时间。一旦找到品牌的最佳发帖时间节点，就必须要保持连贯性，坚持在这个时间节点上发布新帖，这将会在很大程度上提高粉丝的黏性，增加互动率。

（2）创作专业和差异化的内容。

专业度是我们真正与同行拉大差距的原因。包括对于海外目标市场的分析能力，对于产品核心竞争力的分析，对于价格的控制，对于供应商供应链资源的掌控，这些都直接决定企业的外贸生意能走多少远。海外社会化媒体营销最好要建立独立的多语言营销型网站，可以对外宣传企业的概况、产品及服务品质，充分展示企业的专业程度。

发布在网站上的信息可以制作得较为详尽，包括产品的各种性能参数、使用说明等，并且能利用图文声像并茂的网页宣传企业的品牌形象，为企业的产品走向国际打下坚实的基础。而多语言网站还能获得更多的市场，同时可以在客户心目中树立起跨国公司的良好印象，客户的信任度、合作欲望、实际成交概率都会提升几倍。

海外社会化媒体营销最容易出问题的不是产品详情的发布，不是关键词，不是付费推广，而是没有重心和主次。

整个账户没有一个中心思想，没有任何主题，账户的简介写得非常潦草，客户看到的是一个千篇一律的网站，他们会感觉：这有什么？这些谁都可以做到啊！这类供应商太多了！

在信息爆炸的时代，企业要做到差异化，展示自己品牌的个性，能够给人留下印象。因此，企业必须在 SNS 平台上认真"包装"好自己，例如添加公司官网链接、有统一的品牌 Logo 和页面设计、制作原创的有专业性的文章和视频等。做到以上几点能迅速增加潜在客户对企业的信任度。

（3）了解发布渠道的特性与规则。

做海外社会化媒体营销一定要明确一点，社会化媒体平台的本质是好友间分享生活的平台，它不是专业的电商平台。做海外社会化媒体营销必须具备耐心，我们需要循序渐进，慢慢树立品牌形象，逐步提高粉丝对品牌的信任，最后再考虑通过活动让粉丝下单。然而，大多数人的操作只是疯狂加好友，再不停发布产品图片和促销信息，然后开始掉粉，最后被封号。所以，企业必须了解发布渠道的特效，懂平台规则，否则就相当于连游戏规则都没弄明白就盲目参赛的人，只会一败涂地。

企业应该考虑：什么行为可以在平台规则内最大化地达到营销目的？发布的内容能给我们的粉丝带来什么价值？怎么做才能和我们的粉丝保持联系，增加熟悉感？如何建立与粉丝之间的信任？内容如何体现出专业度？只有想明白这几个问题，并付诸行动，才能在潜移默化的宣传中唤起购买兴趣，真正达到海外社会化媒体营销的目的。而且也并不是所有公司都能够支撑建立矩阵账户的庞大工程，要根据自己公司在海外营销方面的人力资源量力而为。

本 章 总 结

本章主要介绍海外社会化媒体营销的基本范式。首先，介绍了海外社会化媒体营销的受众，受众的画像、受众的定位及基于海外社会化媒体的客户关系管理。其次，介绍了海外社会化媒体与营销的内容，包括内容类型、内容创作原则、主流社会化媒体的类型及评价。再次，介绍了海外社会化媒体营销的渠道，包括跨境电商如何进行渠道选择与渠道整合。最后，对社会化媒体营销的基本范式及其应用进行了综合解析。希望读者能掌握社会化媒体营销的基本范式，有效地进行社会化媒体营销。

本 章 习 题

一、选择题

1. 海外社会化媒体营销的基本范式包括（　　）。
   A．受众　　　　　　B．内容　　　　　　C．渠道　　　　　　D．平台
2. 海外社会化媒体常见的内容形式主要有（　　）。
   A．文字　　　　　　B．图片　　　　　　C．视频　　　　　　D．互动
3. 跨境电商企业选择社会化媒体营销渠道可以从（　　）入手。
   A．以需求决定渠道　　　　　　　　　　B．以受众决定渠道
   C．以内容决定渠道　　　　　　　　　　D．以平台决定渠道
4. 当前稳健型海外社会化媒体营销平台包括（　　）。
   A．Facebook　　　　B．LinkedIn　　　　C．Twitter　　　　　D．Instagram

二、问答题

利用海外社会化媒体进行客户关系管理有哪些优势？

第三章　Facebook 基础营销

Facebook 是全球用户最多、使用时间最长的网络社区。

> **案例**
>
> Banggood 是一家总部位于中国的在线零售平台。该平台创建于 2006 年，专长于企业对消费者（B2C）、跨境电商领域，并通过提供高品质商品、高效的供应链和一流的客户服务，获得了全球认可。Banggood 拥有由近 40 个仓库组成的全球物流网络，同时与各大主要物流公司建立了合作关系，目标是将货物快速、便捷地送到客户手中。
>
> Banggood 试图迎合当下社会化媒体营销热潮，却苦于找不到最适合自己的方式。该公司需要一个既能吸引客户、提升销量，又能在活动结束后投放再营销广告的解决方案。
>
> 为了在 2020 年复活节营销活动中推出一场基于 Facebook 的直播活动，Banggood 与人工智能开发公司 BotHub 合作，开发了一项与该公司现有 Messenger 智能助手相结合的 Facebook Live 体验。通过这次活动，Banggood 希望衡量出 Messenger 对客户参与度和销售转化量的影响，并获得关于面向全球市场进行直播的经验和见解。
>
> 为了吸引受众并宣传其 Facebook Live 活动，Banggood 通过 Facebook 的"发送到 Messenger"插件和 Facebook Chat 插件发送了一次性通知。这些一次性通知鼓励客户使用 Messenger 分享个性化的复活节卡片，其中包含这次直播的预告信息。
>
> 在 Facebook Live 活动期间，Banggood 成为第一个进行直播内奖励的电商平台，此前这种奖励常见于手游。直播内奖励通过向观看直播达到特定时间的客户提供 Banggood 优惠券，激励他们继续观看和参与。通过 Messenger，该公司在放送优惠券的同时，鼓励客户探索其丰富多样的商品。
>
> 通过集成 Messenger 并在直播过程中提供直播内奖励，Banggood 提升了客户参与度和销售额。利用通知系统向客户发送提醒，并对他们参与直播的行为进行奖励，这些做法获得了以下成效：
>
> ● 相比于之前未集成 Messenger 的直播，集成后参与互动率提高到 16 倍；
> ● 收到 Messenger 一次性通知的用户购买率提高至 8 倍；
> ● 收到 Messenger 一次性通知并观看 Facebook Live 活动的用户购买率提高 4.7%。
>
> Facebook 作为流量较大的社会化媒体平台，随着社交平台上掀起新的数字营销潮流，成为不可忽视的渠道之一。越来越多的跨境电商企业已经意识到需要利用这个渠道，将其纳入到整体营销策略之中。这些前瞻的洞见，最终带来了更高的参与度和销售额。

第一节　Facebook 公共主页及产品信息发布

Facebook 平台上的账户可以分为个人账户（Personal Account）、公共主页（Facebook Page）和广告账户（Business Account）。其中：个人账户主要用于个人的日常社交；公共主页则是在个人账户之上创建的，其功能主要用于展示社团或社会机构的形象和宣传；广告账户则是投放广告的专业账户。除了公共主页之外，企业还可以通过创建 Facebook 店铺来展示商品，实现流量的有效转化。

一、Facebook 公共主页概述

Facebook 公共主页是商家、品牌、名人、公益事业和组织触达受众的一种免费方式。Facebook 个人账户主页可以设为私密，而公共主页却是公开的。Google 可能会收录公共主页，以便用户能够轻松地找到。可以通过桌面设备和移动设备在 Facebook 及 Facebook Business Suite 和创作工作室等平台上管理公共主页。

创建公共主页的作用主要有三点。首先，讲述品牌故事。通过免费树立的品牌形象拓展业务的线上销售渠道，方便与用户拉近距离并展示擅长的业务。其次，和客户建立持久的联系。寻找用于分享商品或服务、提供业务更新，以及维系客户关系的工具。再次，将互动用户转化为实际交易客户。面向准备采取以下行动（如购买商品、预订服务、进行捐款等）的意向用户开展营销。

公共主页功能有如下几点。

（1）展示商家信息。公共主页可以显示公司相关信息，例如公司地址、电话号码、营业时间、经营类别、唯一账户等。

（2）发帖。发帖是在公共主页上分享信息最快的方式。可以添加行动号召（CTA）按钮，鼓励用户采取特定操作。使用发布工具可管理发帖时间。

（3）发消息。公共主页具有收件箱，可以借此与 Facebook、Instagram 和 Messenger 用户沟通交流。还可以使用工具来管理消息并设置自动回复。

（4）使用工具。可以使用免费的公共主页工具与客户建立联系并拓展业务。"活动"和"预约"等工具可以帮助壮大客户群，而"招聘求职"可以帮助找到符合条件的求职者。

（5）进行成效分析。成效分析有助于找到对您的业务感兴趣的客户。可以了解用户在公共主页上采取的操作，例如他们点赞、评论或分享帖子的频率。还可以查看竞争对手的公共主页的成效分析，了解所在的行业和受众。

因此，Facebook"公共主页"（Facebook Page）是公司的一张名片，运营 Facebook 公共主页是跨境电商社会化媒体营销需要掌握的基本技能。

二、Facebook 公共主页创建

在创建公共主页前必须创建个人账户，其步骤如下所述。

（1）输入网址进入 Facebook 主页，点击"新建账户"进行注册，如图 3-1 所示。

图 3-1 Facebook 账户注册页面

（2）根据页面提示填写相关资料，通过邮箱验证后则注册成功，如图 3-2 所示。

图 3-2 Facebook 账户资料填写页面

注：Facebook 平台要求用户使用真实信息，因此在创建账户时需使用真实的个人信息。

（3）注册后，用户的邮箱会收到验证码，填写验证码即可完成注册，如图 3-3 和图 3-4 所示。

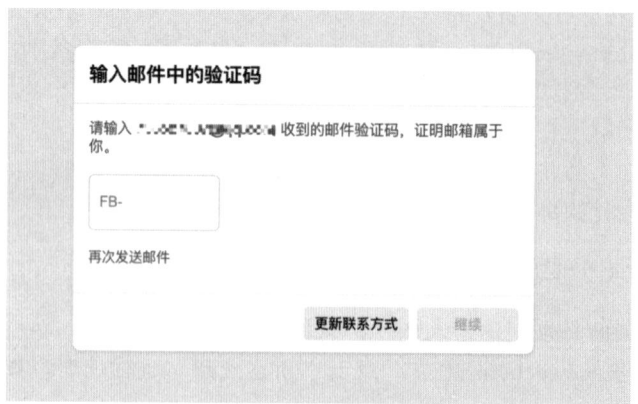

图 3-3 Facebook 账户注册验证码填写页面

第三章　Facebook 基础营销

图 3-4　Facebook 账户创建成功页面

（4）注册成功后需要在个人主页页面上完善头像设置、封面及个人基本信息即可发帖，如图 3-5 和图 3-6 所示。

图 3-5　Facebook 个人主页设置页面

图 3-6　Facebook 个人资料填写页面

（5）注册好个人账户以后，点击右上角"+"，选择"公共主页"，进入公共主页创建入口，如图 3-7 所示。

图 3-7 Facebook 公共主页创建入口

（6）根据页面要求，填写公共主页名称、类别等，即可完成公共主页创建，如图 3-8 所示。

图 3-8 Facebook 公共主页信息填写页面

注：每个个人账户可以创建多个公共主页，并可以随时进行修改和删除。

三、公司信息发布

公司在公共主页上创建简介让用户了解企业基本概况，发布帖子让用户知晓企业最新动态，设置网站或者着陆页进行产品销售及营销内容的展示，以引导流量进行销售，如图 3-9 所示。

第三章　Facebook 基础营销

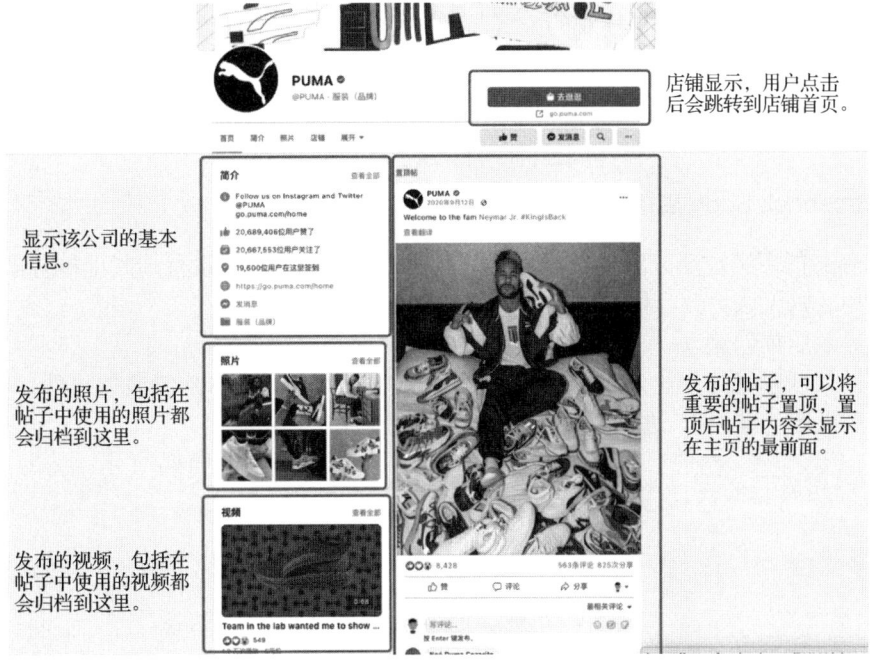

图 3-9　Facebook 公共主页首页

在虚拟的网络世界中，冒牌山寨货层出不穷，为了让用户能够很好地辨别公司的"真身"，公司可以通过 Facebook 的验证功能打消用户顾虑，让公司发布的信息具有真实性、权威性。

公司须使用 Facebook 商务管理平台进行验证，验证后该公司的 Facebook 公共主页或搜索结果和个人主页上的账户名称旁会出现一个蓝色徽章，如图 3-10 所示，这意味着 Facebook 平台确认此账户是其代表的公众人物、名人或全球品牌的真实账户。验证功能除了让公司公共主页具有权威性以外，还能获得 Facebook 的特定功能，例如公共主页信息公示、广告账户拓展功能等。

图 3-10　Facebook 认证标志

四、产品发布

Facebook 公共主页不仅能够让客户直观地了解公司信息，还能开设页面、店铺等展示产品信息及进行营销活动,以最直观的方式将产品信息有效地传递给用户。店铺板块是可以添加到 Facebook 主页中的一个选项卡,有了店铺板块,就可以直接通过主页向大众销售商品。此功能非常适用于批发商、零售商和电子商务广告主在 Facebook 面向顾客营销,还可免费使用。

1. Facebook Shop 店铺注册

Facebook 的店铺注册分为美国境内店铺和美国境外店铺,在设置结账币种时需注意,一旦选择币种后则无法更改,如要更改币种只能删除店铺重建。

(1)进入店铺创建入口。

首先进入创建好的企业公共主页,点击左侧栏"店铺",进入店铺设置页面,如图 3-11 所示。然后点击"继续",进入下一步设置。

图 3-11 Facebook Shop 店铺设置页面

(2)选择结账方式。

在这里需要为客户选择一种支付方式,可以让他们直接在 Facebook 下单,或跳转到商家的网站下单,如图 3-12 所示。

图 3-12 设置结账方式

选择在其他网站上结账,客户将从 Facebook 上的商品详情页跳转到商家设置的网站结账,Facebook 不收取手续费。选择通过 Facebook 结账,客户可以在 Facebook 应用内浏览店铺并下单，Facebook 将收取每笔交易 5%的卖家手续费。选择通过消息结账，客户将跳转到 Messenger、Instagram Direct 或者 WhatsApp 进行支付，Facebook 不额外收费。

（3）提供商家详细信息。

无论选择步骤（2）中的任何一种结账方式，都会进入提供商家详细信息页面，系统将要求输入商家名称及邮箱，如图 3-13 所示。

图 3-13　提供商家详细信息

（4）创建目录。

接下来需要创建目录，以向店铺添加商品，如图 3-14 所示。

图 3-14　创建目录

（5）提交审核。

最后一步，需要确认以上四步设置，提交店铺进行审核，如图 3-15 所示。

图 3-15　提交店铺进行审核

2. 产品信息发布流程

若主页地区设置为美国，则每次最多只会展示商品系列中的 1000 个商品，以及精选系列中的 10 个商品。注册好店铺后，点击"添加商品"即可进入产品添加入口，如图 3-16 所示。

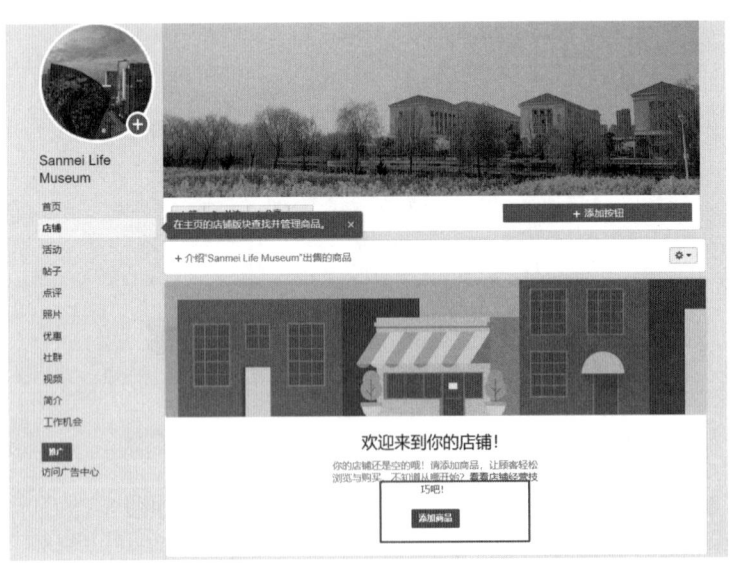

图 3-16　添加商品入口

在弹出的产品添加窗口里，至少添加一张产品图片，再根据企业需求选择是否添加视频，并需要完善商品名、价格、是否将商品分享到主页等,最后点击"Add Product"发布产品,如图 3-17 所示。

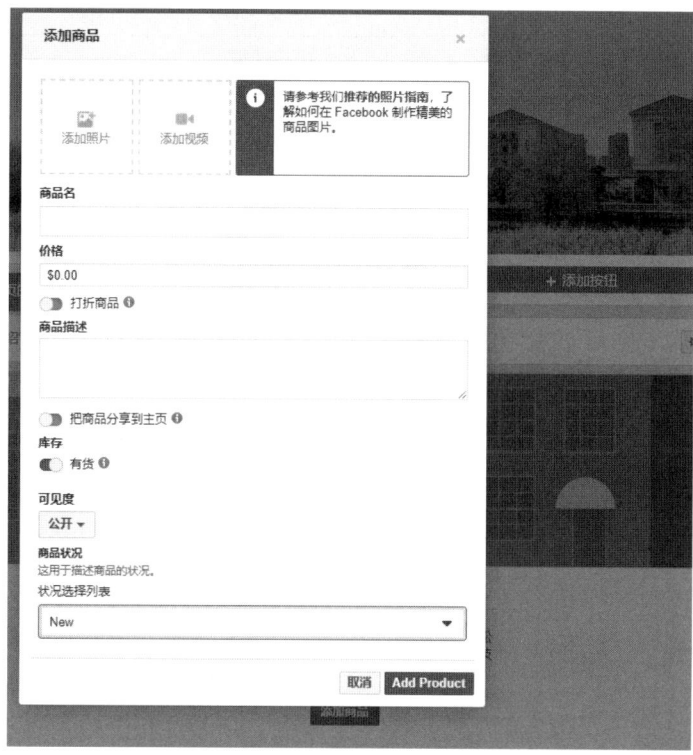

图 3-17　添加商品信息

3．产品信息发布要求

对于产品信息的发布 Facebook 有严格的规定,如果出现违规现象则容易产生账户被封的风险,作为海外社交媒体营销人员必须掌握其发布要求,如表 3-1 所示。

表 3-1　Facebook 产品信息发布要求

发布内容	发布要求
图片	分辨率不低于 1024×1024
	宽高比为 1∶1
	必须是产品本身的实拍图
	与产品的标题和描述一致
	不能出现文字、优惠码、时效性信息、水印等
	不能出现违反道德、法律的内容(如暴力、色情等)
标题	最多能输入 150 字符
	使用文明用语
	使用数字需用阿拉伯数字
	确保拼写与语法正确无误

续表

发布内容	发布要求
商品描述	描述时使用纯文本
	30~5000个字符
	注意拼写、标点和语法
	在描述时提供与商品有关的信息，突出商品特点
	不能出现链接、富文本
	不要使用过多标点符号
	不能出现配送信息或公司信息、手机号或邮箱

第二节 Facebook 内容营销

企业可以通过软文形式策划营销内容向用户进行营销，通过 Facebook 发帖实现。发帖内容包含标题、正文内容、链接（官网、店铺、blog 等）、图片或视频。

一、Facebook 营销内容制作要点

Facebook 营销内容制作要点，如图 3-18 所示。

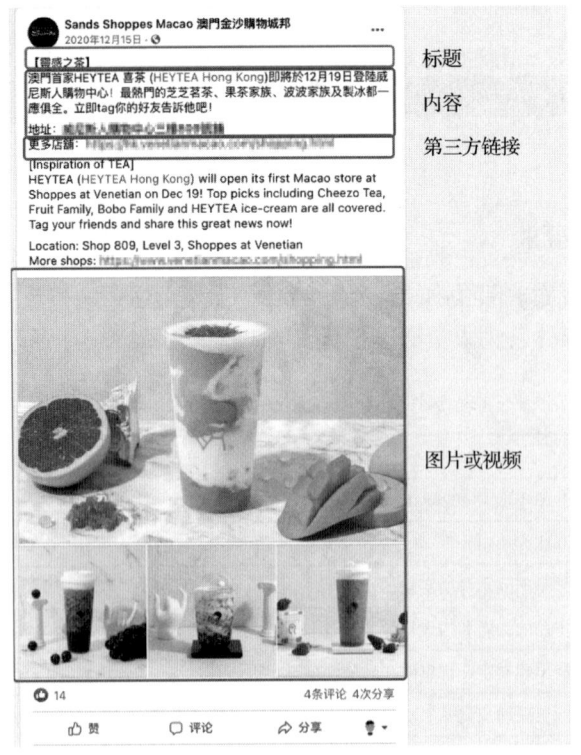

图 3-18 Facebook 营销内容制作要点

1. 标题制作

一个好的标题能够快速吸引用户眼球，让用户点击观看企业的内容，是抓住用户的第一步，因此，制作一个好的标题至关重要。在制作标题时建议使用不超过 60 个字符，简洁明了并朗朗上口，让用户能够迅速抓住内容核心。

2. 内容制作

内容是 Facebook 营销的核心，通过一个引发用户兴趣的内容将产品信息输送给用户。企业可以通过讲好故事引起用户好奇心、让用户产生消费冲动；在用词上要准确，可以多用动词（如 gain、get 等），潜意识地驱动客户的行为，也就是行动号召（call to action）；利用数字及口语词（如 you）拉进与用户的距离；适当使用"话题标签"关联具体的生活和需求，形成社交和话题的冲动及场景。

3. 插入链接

在发帖中插入公司官方网址、店铺等，便于客户更深入地了解企业、参与发帖中的活动、实现客户的关注等，以及把用户引导到公司希望客户关注及拜访的网页链接。

4. 图片或者视频制作

要根据用户喜好进行图片制作，保证图片清晰不变形。

二、Facebook 发帖技巧

主页帖子可以借助多种方式吸引受众。这些帖子可以娱乐大众、提供有用信息、引发人们的思考或为他们的生活增添价值。以下是 Facebook 上的一些发帖技巧。

1. 开展竞赛或有奖参与活动

通过宣布开展竞赛或有奖参与活动，吸引更多人点赞、评论和分享。可以让粉丝分享帖子，鼓励粉丝参与，然后再从分享帖子的人群中选出一位优胜者，并另发一帖对其表示祝贺。此外，还可以考虑宣布日后将要开展的竞赛或有奖参与活动，激发受众的期待心理。

2. 适当分享积极评价

商家可适当地分享客户的积极评价，促进其他客户的行动转化。

3. 动态发布业务消息

如果业务有最新公告，例如促销或动态消息，那么在主页发布此消息可方便客户查看。

4. 从客户反馈中总结经验教训

请求主页粉丝提供反馈，并利用这些反馈改进业务。这是一种为受众营造透明和开放环境的绝佳方法，同时还能够建立品牌信任。

5．邀请受众做出选择

即使是在没有需要分享的业务相关内容时，也可以与受众展开互动。一个比较有趣的方式是邀请用户做出选择，例如选出自己的最爱或二选一。当向粉丝提出友好的问题时，可以激发他们参与问答的兴趣。

6．分享行业动态

分享行业动态会让受众觉得商家不仅关心自己的业务发展，而且还不忘向主页粉丝传递与之相关的最新资讯。

7．加入节庆

无论是国家法定节假日还是在社交媒体上大热的节日，都可以把握机遇，在主页上发布与节庆相关的帖子。例如，可以以好友节或宠物日等为契机发布令人感到轻松愉悦的内容，吸引广大受众共庆节日。这些节庆活动可能根据客户所在地区而有所差异。

8．速推反响最热烈的帖子

如果发布到主页的某些帖子获得了大量的评论、赞和分享，那么其原因很可能在于它们和受众息息相关或具有实际价值。可以将此类帖子速推给更多受众，吸引一些尚未访问过主页的潜在客户建立联系。

9．建立推广小组

使用主页创建小组。随后与受众分享小组，并围绕行业建立社群。

10．使用主页快拍

可以使用主页快拍分享图片和短视频，将幕后故事呈现给受众，让受众对业务有更加详尽的了解。

11．分享逸事

诚挚、触动人心的逸事可帮助商家与受众建立情感联系，引起受众对公司、业务或品牌的情感共鸣。可以分享创业故事或企业的艰辛奋斗史，也可以摘选和分享行业内知名人物的故事。

第三节　Facebook 的受众分析与管理

一、受众群体

首先了解 Facebook 上的受众群体，根据用户在公共主页上的行为表现可将受众分为主页点赞用户、粉丝和已覆盖用户。

主页点赞用户是指主动对企业、品牌商品、帖子点赞的用户，他们是参与度最高的受众，点赞则表示其赞同企业的某一观点或者某一内容输出。这类用户可以不关注企业进行点赞

（Like），当用户点赞后会显示在企业的公共主页上，因此，企业可以通过对不同帖子"赞"的数量分析用户的喜好等，如图 3-19 所示。

图 3-19　Facebook 点赞显示

粉丝是指对某事物具有独特爱好的受众，这类用户对企业产品或内容十分热衷，他们往往希望能够及时了解企业、品牌或商品的最新信息。由于用户对于事物的喜好具有时效性，因此，时间久后也有不少用户会成为"僵尸粉"。主页粉丝（Follow）会在他们的动态消息中收到主页的动态更新，用户可以在不点"赞"主页的情况下关注主页，同时在关注之后，用户也可以随时取消关注。粉丝的数量会显示在公共主页上，企业可以通过粉丝数量的增减分析用户的喜好，从而调整营销策略，如图 3-20 所示。

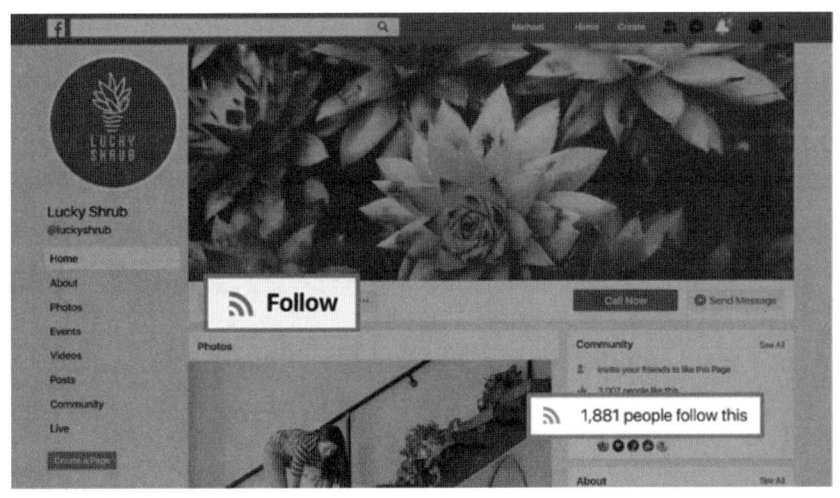

图 3-20　Facebook 粉丝显示

已覆盖用户是指营销信息所覆盖的用户，当关注或者赞了企业主页的用户对企业动态进行分享（Share）时，企业的动态便能覆盖到更广泛的受众。这些用户对企业的关注度不是太高，通常企业需要付出更多的努力才能与用户建立联系。此外，已覆盖用户也可以是企业通过推广动态或使用 Facebook 广告工具触达的更广泛受众，如图 3-21 和图 3-22 所示。

图 3-21　Facebook 分享页面

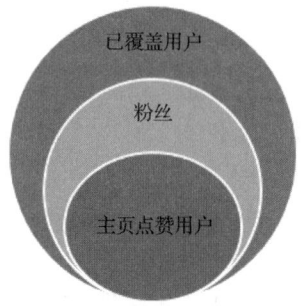

图 3-22　Facebook 用户间关系

二、受众指标

企业对受众进行分析主要是为了更好地吸引受众。在 Facebook 上衡量吸引受众表现的指标有很多，最主要的两个指标为关注人数和获赞次数。关注人数是指在动态消息中所有选择接收商家所发布内容的用户人数，获赞次数则是指所有对商家主页点赞的用户人数。受众指标主要包括以下几个方面。

一是人口统计数据。人口统计数据具体显示了主页内容较受哪些人群的欢迎。企业可能会注意到某些受众会更频繁地与自己的主页互动，例如年轻人、女性或者居住在企业所在国家南部地区的用户。借助这些趋势来了解企业受众。

二是积极参与互动的用户。积极参与互动的用户对于企业来说一直是拿到用户反馈最便捷的途径，企业希望用户在使用体验完企业的产品或服务后，能将产品的正面建议或意见反馈到企业，从而分析是否对产品或服务进行改进或升级。动态或帖子的互动越多，企业越能通过这些帖子打造出精彩内容。

三是消极参与互动的用户。该指标可以了解看过帖子的用户是否采取了隐藏帖子或举报垃圾信息等操作。如果采取此操作的用户过多，可能会对企业帖子的覆盖人数产生负面影响。由消极互动用户的统计分析形成的改变可帮助企业及时地调整错误的信息。

四是帖子发布的时机，了解粉丝参与互动的时间段。该指标能帮助企业了解目标受众最多参与的互动时间，了解目标受众的生活习性。在做营销推广计划时，某些特定的营销活动可以将类似的时间段作为参考，达到激发受众互动热情的目的。在这个信息爆炸的时代，更多地抓住热点时间对企业来说是不小的考验。

三、吸引受众的方法

（1）从身边的用户着手，通过 Facebook 强大的社交属性壮大受众群，邀请好友、家人和客户给企业的公共主页点赞，让好友和粉丝向他们的好友分享公共主页。在使用 Facebook 进行的日常线上经营过程中，分享更多业务信息非常重要。它们是用户详细了解企业业务和决定是否点赞或关注企业公共主页的关键。建议向用户展示企业的工作方式，即使是一些枯燥乏味的事情也无所谓，目的是让企业信息更多地出现在用户的视野中，形成更高的覆盖率。

（2）在网站上和邮件签名中添加 Facebook 商家主页链接，便于企业网站访客和收件人轻松找到该主页。与其他商家主页合作，形成受众互享。

（3）制作与受众息息相关的内容。通过制造相关话题，也能拉近受众与企业的距离。但在制造话题时建议避免对企业或产品进行直接的宣传，应该通过较为边缘的话题吸引受众，由浅入深地引导受众参与到与企业的对话当中，还可以寻求客户对商品和服务的反馈，维系他们的活跃度和满意度。参与热门话题，可以向受众展示企业紧跟行业的发展趋势。

第四节　Facebook 内容营销成效分析与优化

一、内容营销成效分析指标

在"公共主页成效分析"选项卡中，能看到用户互动较积极的帖子有哪些，从而明智地判断公共主页上的哪些内容较能引起共鸣。这些分析结果有助于构建受众群体及吸引更多用户参与业务互动。内容营销成效分析一般从覆盖人数和互动率分析、操作分析、用户分析、浏览信息分析、帖子分析这五个方面进行。

1. 覆盖人数和互动率分析

通过覆盖人数和互动率，了解有多少用户查看、赞、分享和评论了企业的帖子。这有助于了解哪些帖子最具吸引力，进而创建更多用户喜闻乐见的内容，如图 3-23 所示。覆盖人数和互动率包括三个细分指标：帖子覆盖人数、帖子互动次数、主页新赞。

2. 操作分析

了解用户在企业的公共主页上采取了哪些操作，例如访问网站或点击行动号召按钮等。这有助于调整公共主页内容，吸引用户采取企业希望他们执行的操作。操作包括主页新赞、新粉丝、网站点击量、主页按钮点击量等内容，如图 3-24 所示。

3. 用户分析

通过年龄、性别和地区等人口统计数据了解受众群体，如图 3-25 所示。此外，还可以了解受众查看公共主页的时间及发现公共主页的渠道，以便对后期的帖子做出调整。

图 3-23 覆盖人数和互动率分析

图 3-24 Facebook 操作分析

4．浏览信息分析

了解有多少用户查看了公共主页，以及这些用户查看了哪些板块，如图 3-26 所示。可以利用这些信息面向不同的受众投放速推帖和广告，或者定制受众感兴趣的内容。

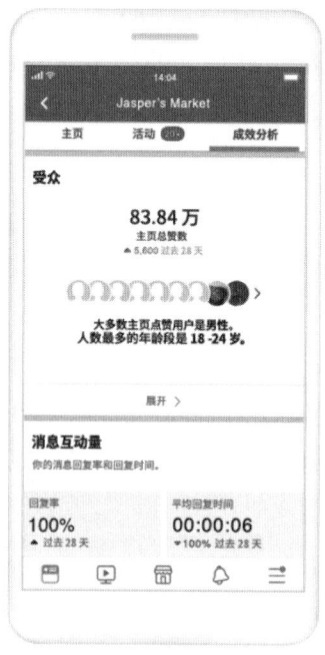

图 3-25 Facebook 用户分析

图 3-26 浏览信息分析

5. 帖子分析

查看细分数据，了解各 Facebook 公共主页帖子在一段时间内的表现，如图 3-27 所示。根据每篇帖子的覆盖人数，以及通过点击和留下心情的方式回应帖子的互动次数，从而快速分析出哪些帖子表现最佳。

图 3-27　帖子信息

二、内容营销优化措施

根据内容营销总结对五个指标的分析结果，企业可以进行从产品或服务端到营销端的全系列优化，大致分为以下六点。

（1）调整目标受众。当企业主页访客中某一类型受众的比例较大，则不妨考虑较多地围绕该类型受众设计帖子内容。这些信息可帮助企业将发布内容的预期受众与实际受众进行比较，从而调整目标受众。

（2）投其所好。留意那些表现出色的帖子，根据统计分析，找到这些帖子内容的共同点。比如视频与图片帖比文字帖更受欢迎，在今后的推广设计中，可以适当增加视频与图片帖，从而达到更多宣传企业的目的。

（3）弥补不足。如果显示有人隐藏或举报企业的帖子或广告，则说明企业的帖子可能具有冒犯性或者包含无价值的内容。这时候需要将有问题的帖子进行具体分析，找出那些内容不适宜、图片使用不当、文字过多或信息模糊不清的广告，从而进行改善，避免形成恶性循环。如果可能，可以采取举报人奖励制度，一方面可改善公司的帖子质量，另一方面可进行服务补救。

（4）创建具有号召力的帖子。具有号召力的帖子可以引导受众实现特定目标，例如发送消息或打开网站。企业可以在创建广告时添加相应的行动号召按钮，吸引受众采取行动，以了解如何为下一个广告更好地添加行动号召按钮。

（5）择期发帖。为了提前筹划、有条不紊地发帖，请将发帖时间选择在受众最有可能在线的时段。这样一来，即使您不在计算机前，也可以确保帖子能在恰当的时机发布。这就需要了解如何为帖子排期。

（6）优化帖子定位。公共主页"成效分析"选项卡会显示主页受众的兴趣和年龄分布等信息，企业还可以查看关于用户在主页采取的操作的成效分析（如行动号召按钮的点击量）以及帖子的互动指标。这些信息可帮助企业了解受众是哪类人群，以及哪些内容更能吸引他们参与互动。

本 章 总 结

Facebook 以其巨大的用户量成为跨境电商企业引流的重要途径之一，通过在 Facebook 平台进行内容营销推广公司及产品，是跨境电商企业的典型工作任务。本章首先介绍了 Facebook 公共主页的创建、信息发布的基本要点、Facebook 产品发布的基础内容；随之介绍了在 Facebook 进行内容营销的内容制作要点、发帖要点；然后介绍了 Facebook 受众分析与管理的内容；最后介绍了 Facebook 内容营销成效分析的方法。希望读者能通过本章的学习，掌握 Facebook 基础营销方法。

本 章 习 题

一、选择题

1. 以下 Facebook 用户中参与度最高的是（　　）。
A．粉丝　　　　　　B．点赞用户　　　　C．已覆盖用户　　　D．类似受众
2. 通过应用程序设置的受众被称为（　　）。
A．核心受众　　　　B．类似受众　　　　C．粉丝　　　　　　D．自定义受众
3. Facebook 成效分析中没有（　　）选项。
A．趋势　　　　　　B．销量　　　　　　C．内容　　　　　　D．受众

二、问答题

Facebook 发帖的内容包括哪些？

第四章　Facebook 付费营销

社交流量+算法+大数据，让 Facebook 成为全球第二大广告公司。

> **案例**
>
> ### Facebook 付费广告推广
>
> 　　从事跨境电子商务，不可避免需要通过广告推广自己的产品。如果你的产品在网络上关注的人很少，投放的广告却没有展示，又或者相关竞品竞争很激烈，各类广告出价太高导致运营成本增加，ROI（投资回报率）低，那么 Facebook 广告有很大的机会可以帮助你，以低廉的广告花费，把你的产品推送到世界各地的消费者面前，主动去激发他们的购买欲望。我们来看一个例子：美国弗吉尼亚州的 Lewis Ginter Botanical Garden 团队通过速推活动来增加门票销量和活动曝光量。
>
> 　　美国弗吉尼亚州的 Lewis Ginter Botanical Garden 团队举办了一个名为"Anchors Away"的活动，这是一场歌舞美食样样齐全的花园派对，他们希望吸引年轻人来参加此活动。为此，他们专门创建了一个 Facebook 活动页面，他们锁定的目标人群是年满 21 岁且喜欢音乐和户外庆祝活动的年轻人。
>
> 　　为了有效地提升了门票销量，Lewis Ginter Botanical Garden 团队首先选择了 Facebook 付费广告中的速推活动。Lewis Ginter Botanical Garden 团队在 Facebook 页面创建活动后，在活动页面的"速推活动"选项中选择"提高门票销量"。选择受众时，定位团队筛选出会对活动感兴趣的人群。接下来，选择合适的预算和排期，这也是广告费用设置的部分。创建"速推活动"成功后会在 Facebook 活动页面上显示一个"获取门票"按钮，引导用户前往活动售票网站。
>
> 　　为了提升活动的响应量和知名度，Lewis Ginter Botanical Garden 团队又创建了新的"速推活动"，在活动页面的"速推活动"中选择"提高知名度"。设置受众时依然选择可能会感兴趣的人群。然后只需选择预算和速推期限并点击"速推"，就完成了新的付费广告推广设置。
>
> 　　Lewis Ginter Botanical Garden 团队还希望该活动在举办之前、期间和之后都能成为人们的热议话题。那么可以在活动举办之前，在 Facebook 页面发布照片展示即将开始活动的各种准备图片，或宣传出席活动的嘉宾。在活动期间，及时通过视频或者图片分享与活动相关的精彩片段和动态，甚至可以开直播吸引更多人气。

> 通过以上三种 Facebook 广告的推广，Lewis Ginter Botanical Garden 团队的活动对很多喜欢音乐和户外庆祝活动的年轻人有很大吸引力。并且其推广费用并不高，速推活动的广告费用只花了 50 美元，但效果却非常好。这次推广覆盖了 15000 人，其中很多人都是初来乍到的新人。这样的推广效果让 Lewis Ginter Botanical Garden 团队非常满意。
>
> 请思考：
> 旧金山水族馆正在举办筹款活动，他们希望增加门票销量。对此，他们应该使用哪种推广呢？（　　）
> A．使用"提高知名度"目标速推活动　　B．在他们的 Facebook 公共主页展示二维码
> C．发布关于活动的照片和视频　　　　D．使用"获取门票"行动号召按钮速推活动
> 如果你选的是 D，那么就答对了！

第一节　Facebook 付费广告简介

Facebook 的付费广告已成为跨境电商企业社会化媒体营销战略的重要渠道。一方面 Facebook 付费广告价格相对低廉，另一方面 Facebook 丰富的定位功能也能让众多的跨境电商小企业更容易通过接触相关的受众来优化他们的社会化媒体营销广告预算。

企业通过 Facebook 主页发布广告可以让其广告信息覆盖大部分对其广告内容感兴趣的人群，比如对企业的业务、产品或服务感兴趣的人群。可以通过速推帖子、推广活动等方式获取潜在客户，还可以吸引客户前往企业的网站购物。

一、Facebook 付费广告

据 eMarketer 发布的报告"Global Digital Ad Spending 2019"显示，Google 和 Facebook 的数字广告业务在数字广告市场和移动广告市场上占有主导地位，如图 4-1 所示。

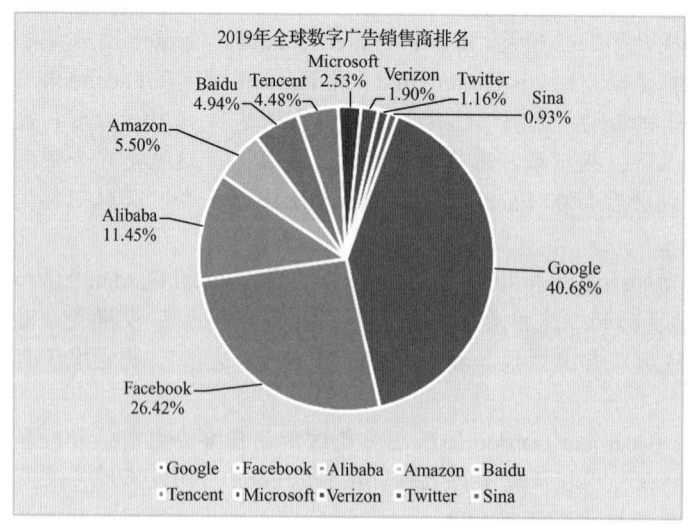

图 4-1　2019 年全球数字广告销售商排名[1]

---

[1] Jasmine Enberg. Global Digital Ad Spending 2019, eMarketer, Mar 28, 2019.

Facebook 广告一直被跨境电子商务的从业者所推崇。借助 Facebook 广告对商品或公司进行社会化媒体营销，不但可以快速建立品牌知名度，而且还能通过较低的广告成本获取大量的订单。Facebook 广告的良好营销效果是因为 Facebook 本身拥有以下几大优势。

1. 巨大的活跃用户基数

数据显示，自 2008—2019 年以来，Facebook 平台的全球月活跃用户数持续增加，且势头迅猛。2017 年 6 月 Facebook 全球月活跃用户数首破 20 亿。2019 年 Facebook 全球月活跃用户数达 23.75 亿，约占世界人口的三分之一。从世界上大多数国家社交平台活跃用户数来看，Facebook 排名第一。除此之外，Facebook 旗下还有 Messenger 和 Instagram 两大社交平台，都各自拥有庞大的用户基数，在 Facebook 的广告后台就可以轻松地把广告同时投放在 Messenger 和 Instagram 上。

在实际营销推广活动中，Facebook 付费广告经常与 Messenger 和 Instagram 进行联动，甚至很多广告会同时投放到多个平台。

2. 精准定位客户

Facebook 的广告定位非常有代表性，通过 News Feed（新闻递送）算法，根据用户亲密度、话题新鲜程度等因素对信息进行显示排序，让你的广告可以非常精准地投放到潜在的受众面前。

在 News Feed 算法中，受众选择对 Facebook 广告的成效影响很大。Facebook 根据用户的注册信息、浏览记录、使用行为等数据对用户进行独特的信息定位，定位可以精确到用户的年龄、性别、所在地、浏览历史、收入情况、恋爱关系等。商家在投放广告时根据自己的产品的用户画像，对投放目标的特征进行选择（受众选择），Facebook 再根据广告主提供的画像去匹配目标用户，从而实现精准的广告投放。Facebook 的受众大体可以分为：核心受众、自定义受众、类似受众、保存的受众及特殊广告受众。

（1）核心受众：根据企业投放的产品的类型自行选择出来的符合目标国家、年龄、语言、兴趣等条件的人群。其受众基础设置来源于 Facebook 自身的大数据及第三方平台的统计数据，只要选定企业想要的条件，Facebook 就会帮企业找到对应的人群。在广告投放设置时，可调整筛选条件，优化广告效果。

（2）自定义受众：根据网站及自有数据来定位或者排除特定的用户，提高受众精确度。比如企业可以自定义受众为一个月访问过该网站的客户。但因精确度太高会产生受众规模较小的情况，对自身网站流量规模不大和初创网站来说劣势较大。

（3）类似受众：覆盖与目标受众类似的用户。可以依据赞了主页的用户、转化 Pixel 像素代码或现有自定义受众来创建类似受众。

（4）保存的受众：使用前期设置好并保存的常用定位选项。

（5）特殊广告受众：触及与最具价值客户拥有相似网上行为的新用户。仅适用于特殊广告类别下的广告。

3. 多样性的广告内容和形式

Facebook 广告有多种广告形式可以选择。无论是视觉性的产品想向客户展示图片，还是功能性的产品想向客户展示一段视频，都可以。Facebook 广告还提供水印等功能，例如热销、包邮等，可以更好地向客户传达信息。

二、Facebook 广告类型

Facebook 提供了各种不同功能与用途的广告形式。不同的产品，不同的营销活动，需要用到一种或多种广告。

在通过 Facebook 主页发布广告前，第一步是根据企业所建立主页的具体情况，选择适合的广告类型。例如，企业选择速推活动作为企业的广告类型，但是企业的主页上并没有任何活动，那么速推活动这一广告类型在操作选项中则显示为不可用。Facebook 广告类型及其业务目标如表 4-1 所示，下面将主要介绍其中几种。

表 4-1　Facebook 广告类型及其业务目标

广　告　类　型	业　务　目　标
推广主页广告	提升业务或服务的知名度，获取主页赞
推广本地业务广告	精准触达业务或目标城市周边人群
速推帖子广告	覆盖最有可能与帖子互动的用户，互动包括留下心情、发表评论或分享广告等操作
速推视频帖广告	与 Facebook 上最有可能观看业务视频的用户分享视频
速推活动广告	激发用户对近期活动的兴趣，吸引用户参与
行动号召广告	通过在主页上添加行动号召按钮（如"去逛逛""发消息"或"注册"），吸引用户执行特定操作
网站访客广告	将用户引导至特定网址，如网站首页或博文
推广应用广告	吸引用户下载业务应用
潜在客户广告	挖掘对业务或产品感兴趣的客户，让对方留下联系方式
网站购物广告	吸引用户在线购买产品或服务

1. 推广主页广告

推广主页主要是指主页赞广告。主页赞广告可推送企业的主页广告信息给可能喜欢企业主页的用户。如果企业的广告目标是提升业务知名度，那么可通过这类广告向对该内容或同类业务感兴趣的用户推广自己的主页。

例如，云之家（Slack）刚刚创建了一个商家主页，希望推送该信息给对其业务还不了解的广大用户。那么，主页赞广告可以帮助云之家（Slack）吸引想要及时了解主页信息及相关帖子的新粉丝，如图 4-2 所示。

2. 速推帖子广告

速推帖子也被称为速推帖，可以以帖子形式、图片形式、视频形式、活动形式展示，是根据企业建立的 Facebook 主页里帖子的具体内容而创建的广告。用户可以通过速推帖子到企业的主页留下心情、分享和评论。此外，速推帖子还能吸引对企业的主页或业务感兴趣但目前尚未关注企业主页的新受众。速推帖子会增加以下各方面的可能性：

（1）用户可以在自己的动态消息中看到企业的内容；

（2）用户会更积极地响应折扣优惠或促销活动；

（3）帖子获得用户的响应和评论后会被他们的好友看到。

第四章　Facebook 付费营销

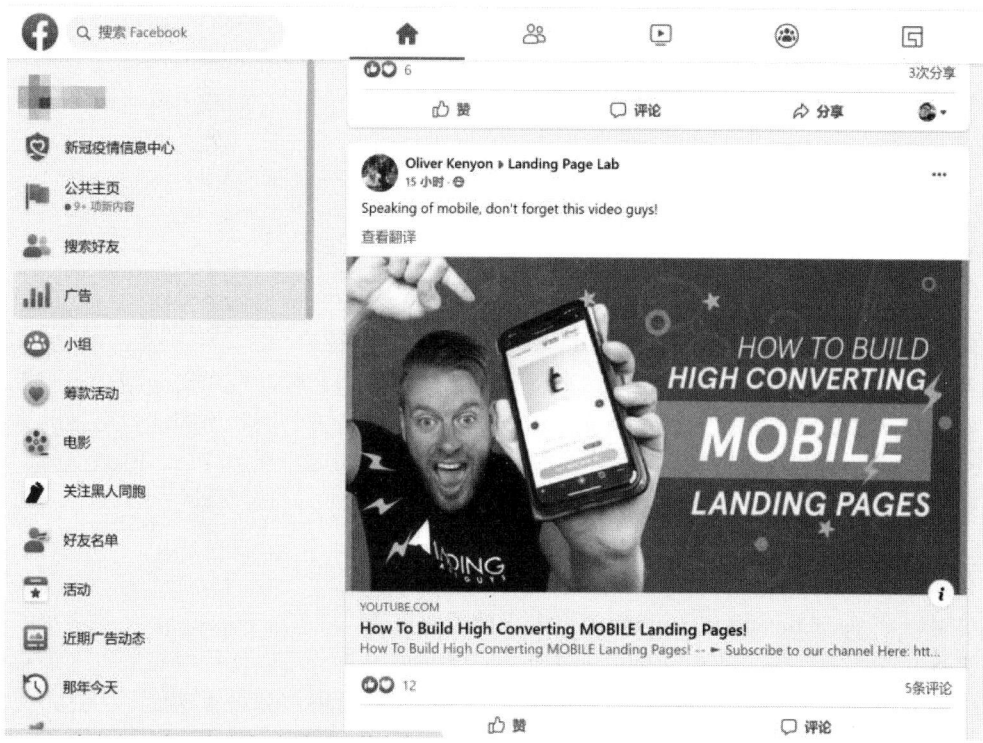

图 4-2　Facebook 推广主页广告

例如，Dollar Shave Club（剃须刀品牌）发布了关于其新产品的帖子，其中以图片的形式展示了最新的产品形象。通过速推帖子广告能帮助 Dollar Shave Club 吸引可能喜欢男士美容产品的人群或已经对男士剃须刀给出评论的新用户。

3. 行动号召广告

行动号召广告用于推广主页的行动号召按钮。行动号召按钮有助于吸引用户采取对企业的业务至关重要的操作，如预约或网站购物。

例如，如果企业在主页中添加"去逛逛"按钮，那么将会吸引用户前往购物。对应的行动号召广告会面向更多的潜在客户推广"去逛逛"按钮。

行动号召广告可以根据企业的业务目标分成下面几个类别：

（1）预定服务。

业务目标：希望用户通过你的主页预约或预订。

行动号召按钮："立即预订"。

（2）联系我们。

业务目标：希望用户通过 Facebook Messenger 或其他联系方式（如邮件或电话）与你联系。

行动号召按钮："立即拨打""联系我们""发送邮件""发消息"或"注册"。

（3）下载。

业务目标：希望用户下载你的应用或游戏。

行动号召按钮："玩游戏"或"使用应用"。

(4)详细了解。

业务目标：希望用户观看信息视频或读取网站上关于你的业务的详细信息。

行动号召按钮："详细了解"或"观看视频"。

(5)购物。

业务目标：希望用户在你的网站上购物。

行动号召按钮："查看优惠"或"去逛逛"。

4．网站访客广告

借助网站访客广告，可以通过 Facebook 公共主页推广特定网址。用户点击网址链接后，就会转到相应的着陆页面上的广告，帮助提升特定网页的知名度，从而提升网站访问量。

例如，博客每周根据店内促销商品发布一份打折促销清单。网站访客广告可帮助企业在 Facebook 上推广博客，这样就可以面向想要了解更多内容的客户展示广告。网站访客广告还可以推广促销清单中的特定商品，并引导客户在线购买。

5．线索广告

你可以在 Facebook 和 Instagram 主页上投放线索广告，即通过 Facebook 公共主页或广告管理工具创建线索广告。通过 Facebook 主页创建线索广告时，可以使用发布工具选项获得线索广告的完整设置功能，也可以使用主页旁边的推广按钮获得部分设置功能。当然，使用推广按钮的方式设置线索广告需要的步骤更少，操作更简便。

6．网站购物广告

网站购物广告能够通过获取产品或服务的潜在客户流量来优化其线上销量。

网站购物广告根据 Facebook Pixel 像素跟踪代码数据来锁定已在你的网站上查看过商品或添加支付信息等操作的潜在客户。Pixel 像素代码会根据网站访问量等因素分析客户在你的网站上执行的操作。随后，网站购物广告会根据 Pixel 像素代码数据自动形成促成客户拜访及购买的流量最佳路径。

例如，Dollar Shave Club（剃须刀品牌）可以设置 Pixel 像素代码来记录客户浏览商品页面、将商品加入购物车及完成购买的情况。Pixel 像素代码发现访问量不足而无法分析已经购买的客户时，你的广告将自动显示给正在浏览商品或将商品加入购物车的客户。除了获得足够的访问量，网站购物广告还能自动优化购买流程。

三、Facebook 营销原理

1．以人为本的受众定位模式

Facebook 采用以人为本的受众定位模式，在销售活动的关键点接触潜在顾客。Facebook 会自动将你的广告展示给最有可能契合其需求的人群。可以借助受众选择工具，进一步实现广告的精准投放。首先，通过年龄、兴趣和人口统计数据等条件设置核心受众；然后，通过再度触达在线上或线下与公司相关业务互动过的人群来进一步扩展到自定义受众；最后，再进一步扩展到覆盖与你的优质客户有相似兴趣的类似受众，如图 4-3 所示。

图 4-3 Facebook 受众定位模式

2. 全漏斗营销模型

Facebook 营销采用的是全漏斗营销模型。基于客户体验历程，把客户分为有购买需求、有购买意向、打算行动转化三个层次。基于这三个层次的客户阶段，广告目标分为品牌认知、购买意向、行动转化三个模块。进一步拆分为品牌认知-品牌知名度、品牌认知-覆盖人数、购买意向-流量、购买意向-互动率、购买意向-应用安装量、购买意向-视频观看量、购买意向-潜在客户开发、购买意向-消息互动量、行动转化-转化量、行动转化-目录促销、行动转化-店铺客流量 11 个细分目标。在三个层次的需求和 11 个细分目标的范畴内，制定对应的广告解决方案，如图 4-4 所示。

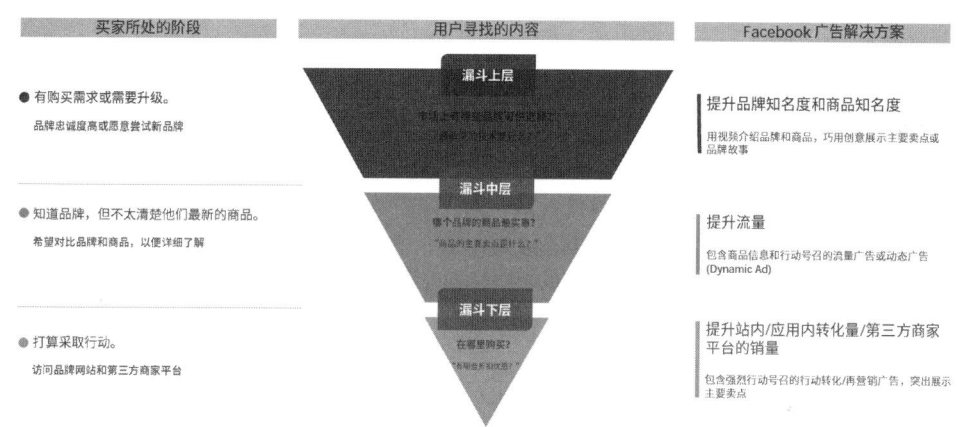

图 4-4 Facebook 全漏斗营销模型

Facebook 全漏斗营销模型策略可以让广告主根据业务进程关注广告投放的重点，以获取更好的广告收益。如国内知名智能手机品牌 OPPO 在刚进入埃及市场时，原本的营销重点是提升销量，但销售效果一直不好，后基于全漏斗营销模型，把营销重点从漏斗底部调整到了漏斗上层，在埃及覆盖了 1020 万受众，有效地提升了品牌喜好度，如图 4-5 所示。

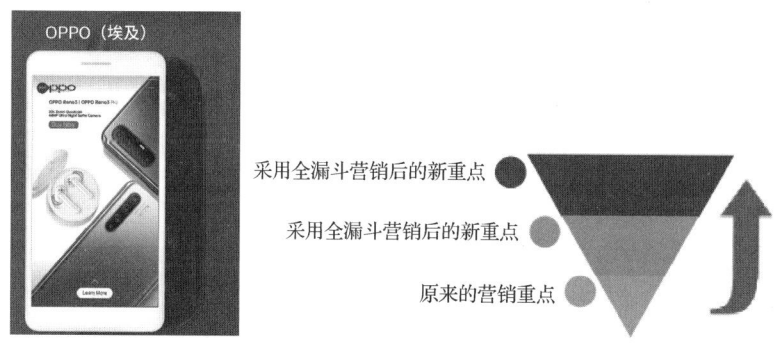

图 4-5 OPPO 在埃及的全漏斗营销模型

第二节　Facebook 付费广告设计与投放

在了解 Facebook 付费广告和其广告类型以后，接下来就需要设计 Facebook 付费广告并投放。

根据企业在跨境电子商务中的实际运营业务和产品，Facebook 付费广告设计和投放的方法也相应地会有所不同。

通过 Facebook 的付费广告进行海外社会化媒体营销一般从以下几个方面去考虑。

第一，确定广告的语言、文化和语境氛围。有的产品适合长文类型的广告，有的产品适合图片和短视频类型的广告。广告的营销内容非常重要，但其营销情境才是最重要的。大部分广告出现在 Facebook 上的目的是营销，却忘记了消费者不是为了购物才上 Facebook 的。

消费者使用 Facebook 的目的因人而异，但每个人都是在追求某种价值，有人想短暂休息，有人追求娱乐、信息、新闻、名人八卦、友情或者某种联系，也有人想尝试"受人关注"的感觉，或者为了炫耀。根据企业自身的情况和目标受众，选择合适的营销情境，提供消费者在平台上所寻求的价值，才能使得广告效果最大化。

第二，不间断、不干扰。优秀的广告不会让人感觉生硬，也不会干扰用户使用社会化媒体的心情。如果消费者觉得这些广告了解他们，又能代表他们的价值观，那么当他们想要购买时才能选择这些品牌。

好的广告不需要打断消费者的娱乐生活，并且应该尽力不干扰他们。现在，人们越来越缺乏耐心，他们非常不喜欢被打扰，所以技术进步之后，"快进"方式一出现，人们就习惯一口气跳过所有广告。如果我们想与在享受娱乐的人沟通，那么就必须成为他们生活的一部分，无缝融入他们的娱乐生活、新闻、家庭生活和社交中。

第三，大部分优秀的广告应该是属于社交、娱乐或功能性的。绝大部分的内容都不是在推销商品，而是加深消费者和品牌的情感连接。

第四，使用流行文化。用设计的广告内容告诉消费者，他们在乎的话题和新闻你都懂。把广告内容与潮流结合，让人们在吸收流行文化时，连带吸收你的故事。

第五，微故事。不要再把广告内容想成"文案"，而是把它当作"微故事"，即小而独特的资讯、幽默小品、评论或感悟。应该每天、随时聊大家在聊的事。

第六，一致性。通过创作不同的微故事，不断告诉用户"我是谁"，每则帖文都在塑造你的品牌识别度。每次都需要维持核心故事、个性与品牌特色。

一、Facebook 付费广告设计

消费者在查看 Facebook 上的帖子时，第一眼注意到的就是图片，因此花时间好好选择和设计你要展示的 Facebook 广告图片，这非常重要。

1. Facebook 付费广告中动态消息的设计要求

Facebook 付费广告的设计有着与其他平台不同的设计要求。Facebook 动态消息是位于 Facebook 首页中间，不断更新的状态、照片、视频等内容的清单。动态消息包括来自好友、公共主页、小组和广告主的更新和帖子。

在 Facebook 动态消息中，可以使用图片广告（Image Ad）来展示你的商品、服务或品牌，

用充满趣味的商品图片吸引受众了解商品详情，用吸引眼球的照片展示品牌特色；可以使用视频广告（Video Ad），以全新的方式展示你的商品、服务或品牌，添加动态效果和声音，快速吸引注意力，展示商品的特色或讲述品牌故事；可以使用轮播广告（Carousel Ad），在单条广告中最多展示 10 张图片或 10 段视频，且每张图片或每段视频均可设置专属链接，在单条广告内通过更多的广告创意空间凸显不同商品，展示商品、服务或推广活动的具体细节，或利用多张轮播图卡讲述品牌发展故事；可以使用精品栏广告（Collection Ad），以图像为载体打造沉浸式体验，让消费者能更轻松地在移动设备上发现、浏览和购买你的商品及服务。

下面介绍 Facebook 动态消息类别中常见的四类广告的设计要求及发布准则。

（1）图片广告（Image Ad）。

设计要求：

- 文件类型：JPG 或 PNG（也支持其他图片文件类型）
- 宽高比：1.91∶1～1∶1（优惠广告和实用库存图片的广告仅支持 1∶1.91 的宽高比，如果广告中包含链接，则 4∶5 的宽高比将无效）
- 分辨率：至少 1080 像素×1080 像素（没有最高分辨率的限制）

文本要求：

- 正文：125 个字符
- 标题：40 个字符
- 说明：30 个字符

技术要求：

- 最大文件大小：30MB
- 最小宽度：600 像素
- 最小高度：600 像素
- 宽高比公差：3%
- 全景照片或 360 度全景照片：在 Facebook 平台可以将全景照片和 360 度全景照片作为互动体验与某些目标一起使用。Facebook 通过从 360 度全景设备拍摄的照片中寻找相机专用元数据，来识别和处理这些照片。

（2）视频广告（Video Ad）。

设计要求：

- 文件类型：MP4、MOV 或 GIF（也支持其他视频文件类型）
- 宽高比：4∶5（支持 16∶9～9∶16 的宽高比，但可能处理为 4∶5，在 Facebook 动态消息桌面版中，视频将以 1∶1 的宽高比显示，会导致视频两侧显示黑边）
- 视频设置：H.264 压缩格式、正方形像素、固定帧率、逐行扫描及立体声 AAC 音频压缩格式（128kbps 以上）
- 分辨率：至少 1080 像素×1080 像素（在满足宽高比的前提下，请尽可能上传分辨率高的图片或视频，确保视频上下或左右两侧均无黑边，没有最高分辨率的限制）
- 视频字幕：非必填，但建议填写
- 视频声音：非必填，但建议填写
- 视频的文件容器中不应包含编辑清单或特殊方框

文本要求：

- 正文：125 个字符

- 标题：40个字符
- 说明：30个字符

技术要求：

- 视频时长：1秒～241分钟
- 最大文件大小：4GB
- 最小宽度：120像素
- 最小高度：120像素
- 360度全景视频：部分类型广告可以使用360度全景视频。此类广告可以用转动设备或拖动手指的方法在视频内四处移动，浏览每一个角落。

（3）轮播广告（Carousel Ad）。

设计要求：

- 图片文件类型：JPG或PNG（也支持其他图片文件类型）
- 视频文件类型：MP4、MOV或GIF（也支持其他视频文件类型）
- 宽高比：1∶1（支持1.91∶1至1∶1的宽高比，但显示时会处理为1∶1）
- 分辨率：至少1080像素×1080像素（没有最高分辨率的限制）

文本要求：

- 正文：125个字符
- 标题：40个字符
- 说明：20个字符
- 着陆页网址：必填

技术要求：

- 轮播图卡数量：2～10
- 最大图片文件大小：30MB
- 最大视频文件大小：4GB
- 视频时长：1秒～240分钟
- 宽高比公差：3%

（4）精品栏广告（Collection Ad）。

设计要求：精品栏广告选择即时体验中第一项多媒体素材作为封面图片或视频来展示

- 图片文件类型：JPG或PNG（也支持其他图片文件类型）
- 视频文件类型：MP4、MOV或GIF（也支持其他视频文件类型）
- 宽高比：1∶1（支持1.91∶1～1∶1的宽高比，但显示时会处理为1∶1）
- 分辨率：至少1080像素×1080像素（没有最高分辨率的限制）

文本要求：

- 正文：125个字符
- 标题：40个字符
- 着陆页网址：必填

技术要求：

- 即时体验：必填
- 最大图片文件大小：30MB
- 最大视频文件大小：4GB

2. Facebook 付费广告的设计技巧

（1）挑选有趣的拍摄对象。

用户关注的内容中不光有你的产品，可能还包括可爱的宝宝照片或让人垂涎欲滴的美食图片，它们随时都在争夺用户的眼球。尽量展示与业务相关的抢眼内容：人物、环境、产品。挑选精彩的图片，在受众浏览 Facebook 时吸引他们的眼球。此外，不要发布与自身业务毫无关系的照片。

（2）注重图片质量。

这主要意味着避免以下三点：低分辨率（会导致低像素）、模糊的照片和剪贴画。可以在光线良好的地方，用智能手机拍摄静物，拍照时手不能抖。同时，还需要注意创建广告时指定的照片尺寸（正方形或长方形）。

（3）DIY 摄影技巧。

使用智能手机也能拍出好照片。花时间布置拍摄场景，确保光线适度，避免取景框内充斥大量无关的事物，尝试使用带有滤镜的照片应用，可以让普通的照片看起来更专业。另外，还能让所有广告风格保持一致。尝试使用 Instagram、VSCO Cam、Snapseed 或 Mextures 等应用。

（4）Sale+时间。

在广告中标明 Sale 这类促销性词语，加上时间限定，让受众有种参加就是赚到的感觉，能大幅提高广告的效果，如图 4-6 所示。

图 4-6　Sale+时间广告设计

（5）罗列好处，合理使用表情和符号。

在广告里明确标注广告内容的优势，辅以合适的表情和符号，引起广大消费者的兴趣，提高广告扩散程度，有利于推广企业的品牌，如图 4-7 所示。

（6）折扣+包邮（Free Shipping）。

通过折扣和包邮吸引消费者，如图 4-8 所示。

（7）在图片上加"赞"和"大爱"。

在图片上加"赞"和"大爱"这类提高广告效果的符号，如果用户内心也认同的话，那么会使人忍不住点赞，如图 4-9 所示。

图 4-7 罗列优势的广告

图 4-8 折扣+包邮的产品广告

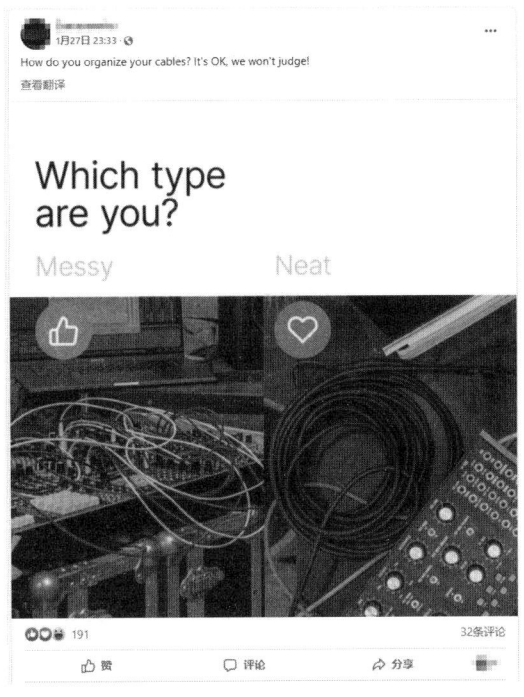

图 4-9 加"赞"和"大爱"的广告

（8）巧用小测试（Quiz）。

在广告中活用小测试帖子，既能吸引大量的浏览量，对于 B2B 类型的企业来说，也能获得一定的销售线索及机会，如图 4-10 所示。

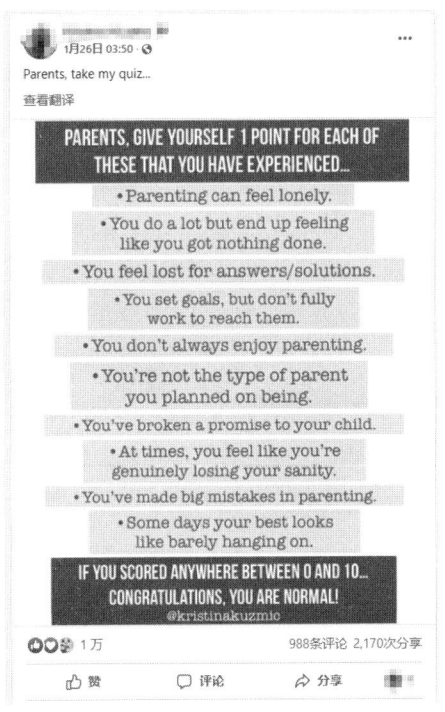

图 4-10 小测试帖子

（9）轮播广告（如幻灯片广告、快拍、速推帖子等）。

对于跨境电子商务来说，轮播广告的效果相对于其他广告要更好，可以多方面展示企业的产品，如图4-11所示。

图4-11 轮播广告

二、Facebook 付费广告投放

1. 创建 Facebook 页面

首先，企业需要为自己的品牌（产品）创建 Facebook 公共主页。如果没有创建 Facebook 公共主页，则将无法创建 Facebook 广告。当企业已经制作了 Facebook 页面时，就需要邀请一些 Facebook 用户（熟悉的朋友）来为 Facebook 页面点赞，如图4-12所示。

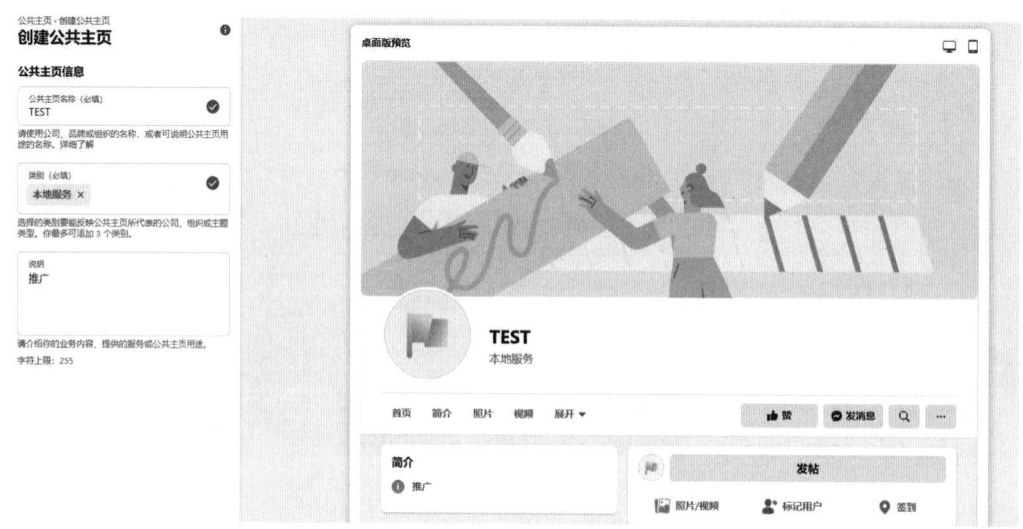

图4-12 创建公共主页

2. 选择 Facebook 广告账户

通过 Facebook 广告管理工具页面选择平台和产品，点击前往广告管理工具，如图 4-13 所示。然后，选择广告账户，如图 4-14 所示。

图 4-13　广告管理工具

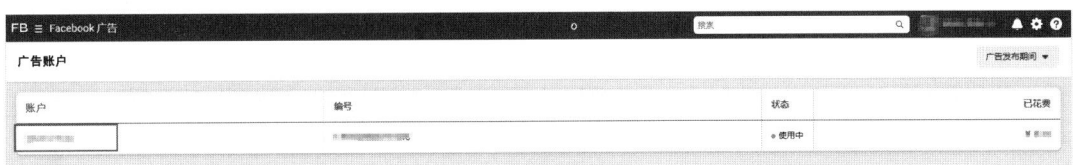

图 4-14　选择广告账户

3. 创建 Facebook 广告

进入广告账户后点击"创建广告"按钮创建广告，如图 4-15 所示。

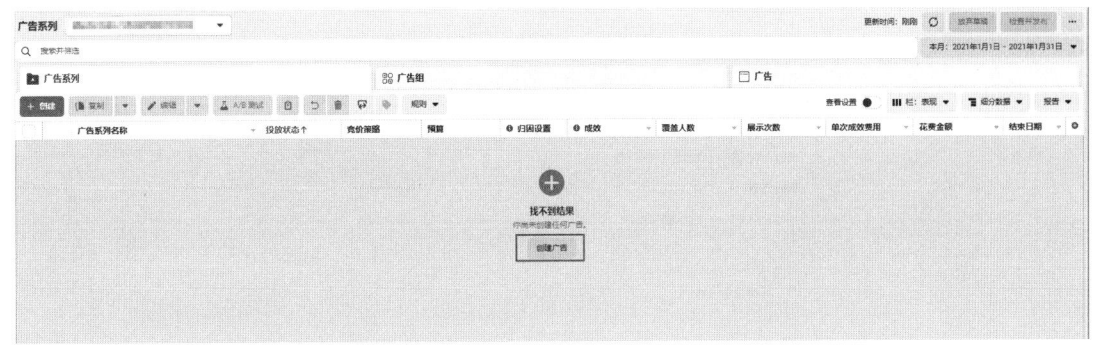

图 4-15　创建广告

选择广告目标并为新创建的广告命名，如图 4-16 所示。

4．添加广告素材

为了获得更佳的广告效果，当制作 Facebook 广告时，在广告图片和推广文案等素材上进行深度策划，如图 4-17 所示。

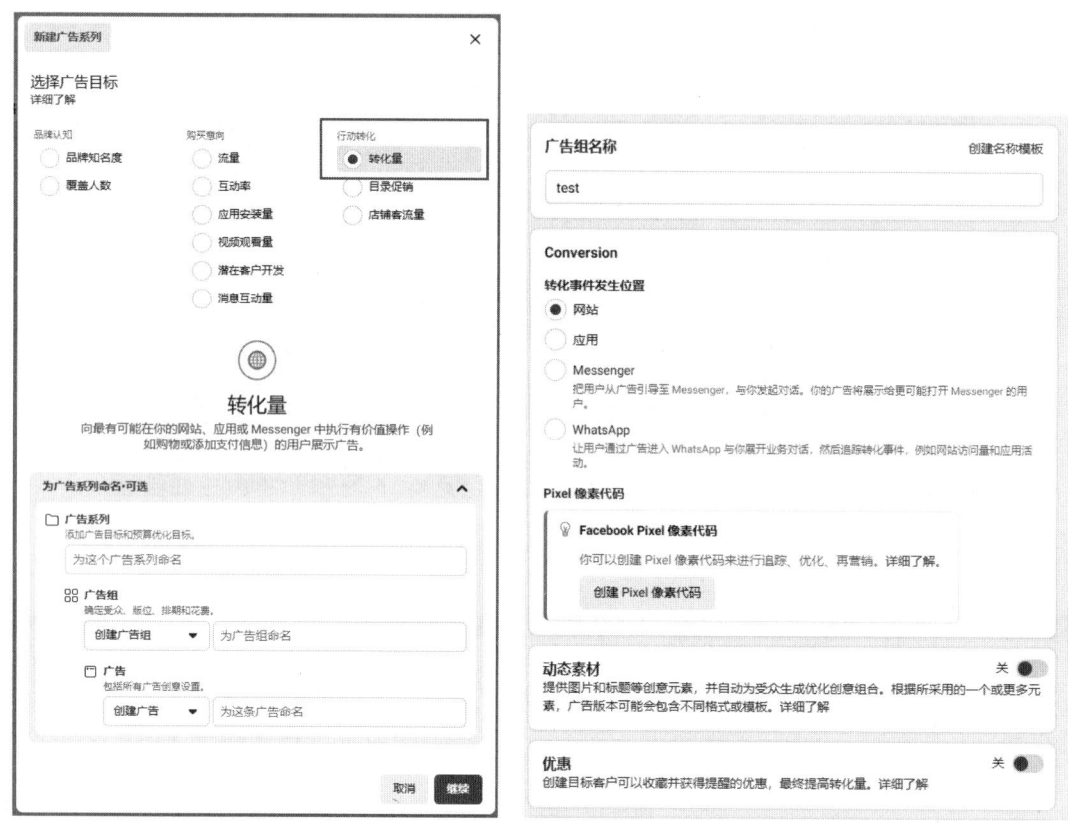

图 4-16　选择广告目标　　　　　　图 4-17　添加广告素材

5．设置广告花费预算和广告投放及曝光时间排期

如果是第一次创建 Facebook 广告，那么建议设置一个较低的广告预算，如图 4-18 所示。

图 4-18　设置预算和排期

6. 定义目标受众

找到精准的目标受众是 Facebook 广告流程中重要的一环。企业越了解目标市场，企业的 Facebook 广告就越有可能成功。Facebook 广告目标受众特征包括年龄、区域、兴趣爱好及行为方式等。

在设置 Facebook 广告目标受众时需要考虑以下几点：
- 至少一万人的受众数量，Facebook 广告展示量越高，广告效果就越好；
- 越具体越好，使用 detailed targeting；
- 受众关系非常重要，确保企业已经将"Amazon.com"等跨境电子商务类关系作为一种关系关键词，同时尽量填写与企业的产品相关的受众关系。

7. 优化与投放

设置广告的版位、投放的目标及费用控制，如图 4-19 所示。

图 4-19　广告优化与投放设置

完成设置后点击"继续"按钮，填写广告内容及与广告创意相关的内容，如图 4-20 所示。

至此，已经完成了一条 Facebook 广告的创建过程，点击"发布"，就可以把设置好的广告发布到 Facebook 主页上了。

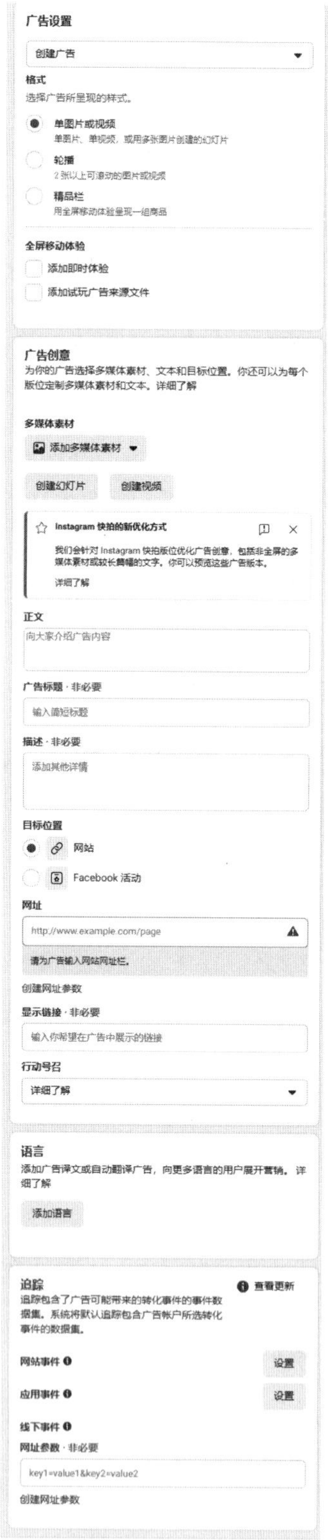
广告设置
创建广告
格式
选择广告所呈现的样式。
单图片或视频
单图片、单视频，或用多张图片创建的幻灯片
轮播
2 张以上可滚动的图片或视频
精品栏
用全屏移动体验呈现一组商品
全屏移动体验
添加即时体验
添加试玩广告来源文件
广告创意
为你的广告选择多媒体素材、文本和目标位置。你还可以为每个版位定制多媒体素材和文本。详细了解
多媒体素材
添加多媒体素材
创建幻灯片
创建视频
Instagram 快拍的新优化方式
我们会针对 Instagram 快拍版位优化广告创意，包括非全屏的多媒体素材或较长篇幅的文字。你可以预览这些广告版本。
详细了解
正文
向大家介绍广告内容
广告标题 · 非必要
输入简短标题
描述 · 非必要
添加其他详情
目标位置
网站
Facebook 活动
网址
http://www.example.com/page
请为广告输入网站网址栏。
创建网址参数
显示链接 · 非必要
输入你希望在广告中展示的链接
行动号召
详细了解
语言
添加广告译文或自动翻译广告，向更多语言的用户展开营销。详细了解
添加语言
追踪
查看更新
追踪包含了广告可能带来的转化事件的事件数据集。系统将默认追踪包含广告帐户所选转化事件的数据集。
网站事件
设置
应用事件
设置
线下事件
网址参数 · 非必要
key1=value1&key2=value2
创建网址参数

图 4-20　广告设置

第三节　解读 Facebook 付费广告数据

在广告发布以后，经过 24~48 个小时的投放运行，Facebook 广告管理工具中就会得到关于这条广告的相关数据，如图 4-21 所示。

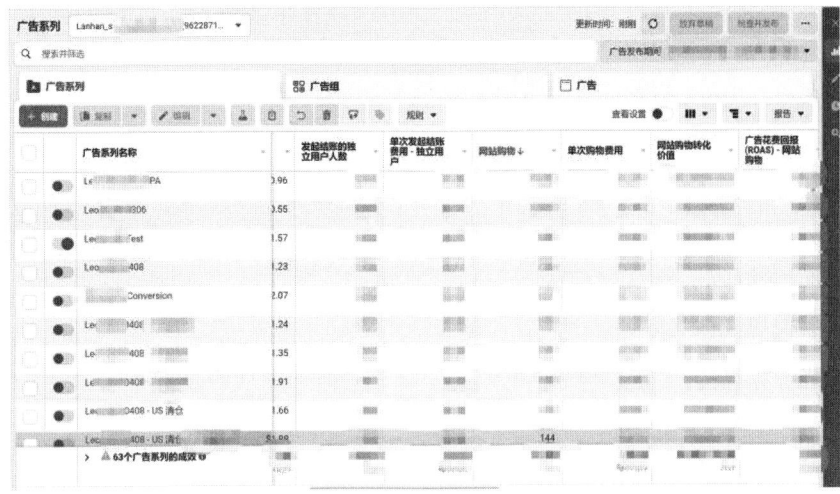

图 4-21　广告管理工具数据

在 Facebook 的广告管理工具的右上角有三个下拉菜单，第一个下拉菜单是广告的数据表现，第二个下拉菜单是广告目标群体特征的细分数据。

1. 广告的数据表现

在广告的数据表现下拉菜单中可以看到一系列的相关指标。根据指标的类型，Facebook 把它们分成了若干个类别，点击对应的类别就可以看到相应的数据，如图 4-22 所示。

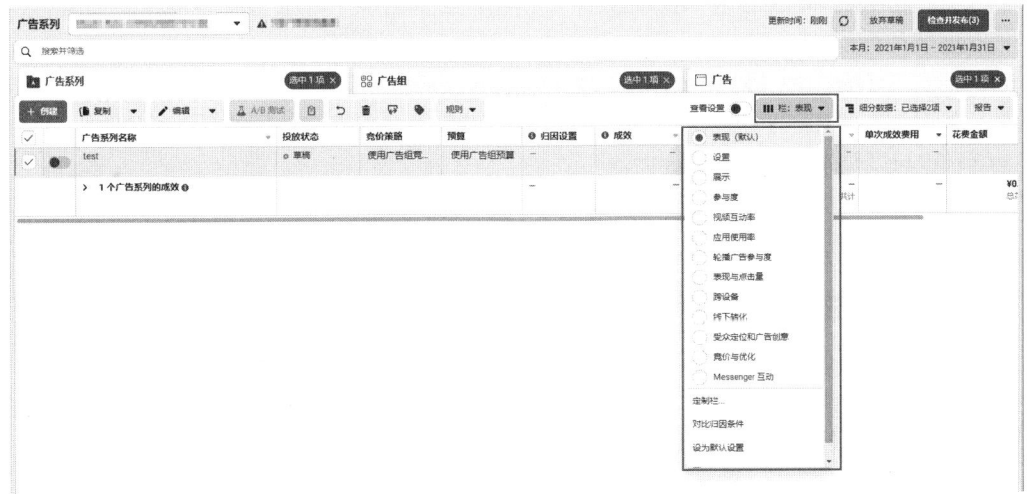

图 4-22　广告的数据表现

（1）表现类别（Performance）。

该类别显示广告整体的表现。可以看到在选定期间，这条广告总共带来的转化数、覆盖人数、展示次数、单次成效费用、链接点击次数、广告花费回报（ROAS）等。

衡量一个广告最重要的指标就是广告花费回报，通俗地说，就是 1 美元的广告费所能带来的销售额，因此广告花费回报越高，广告费占比就越小。比如：单次成效费用（单次广告成本）为 10 美元，该广告的 ROAS 为 1.8，换算一下可以得出广告费占比为 55.55%，也就意味着只要商品的采购成本+物流成本占商品售价的比例小于 44.44%，这条广告给企业带来的收益就是正的（注：这里采取了比较粗略的计算方法，省略了退换货成本和运营成本等）。

$$广告费占比 = \frac{单次成效费用}{单次成效费用 \times 广告花费回报}$$

在实际操作中，可以根据历史数据计算出其他所有成本的比例，剩下的就是广告费的比例，那么在广告投放过程中只要保持广告费占比小于这个比例，整体就是盈利的。

（2）展示类别（Delivery）。

该类别显示广告在投放方面的数据，其中有两个数据指标比较重要，如图 4-23 所示。

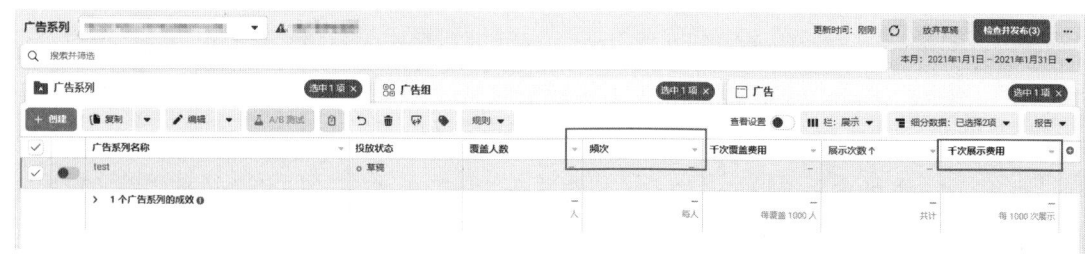

图 4-23 展示类别数据

- 频次（Frequency）：频次=展示次数/覆盖人数。正常情况下该数据最好小于等于 2。如果频次超过 2，那么就表示目标群体基本看过该广告 2 次以上。多次看同一条广告会使目标群体厌烦。因此，如果该数据超过 2 的时候，那么该广告需要更换素材或者更换目标群体。
- 千次展示费用（CPM）：表示广告展示 1000 次的费用。该数值会影响广告的覆盖人数，从而进一步影响转化人数，因此在广告投放过程中要持续对该指标保持关注。

（3）参与度类别（Engagement）。

该类别显示目标群体对广告帖子的互动程度，这里的互动包括评论、点赞、收藏、分享、点击链接等。互动程度越高，互动次数越频繁，就表示该广告越受欢迎。

2．广告目标群体特征的细分数据

在广告目标群体特征的细分数据这一栏，Facebook 把它分为时间、投放、操作三类。每一类里又分为多个维度，比如时间类数据分为指定日期、周、2 周、月份等维度。点击对应的类别就可以看到相应的数据，如图 4-24 所示。

图 4-24　时间类数据

在投放类，可以通过年龄、性别、国家/地区、地域、多媒体素材类型、平台与设备等方面来查看广告目标群体特征，从而分析该条广告对哪类目标群体吸引力较大，判断广告投放期间目标群体反馈是否和该条广告既定的目标群体相符，从而调整优化该条广告。

第四节　Facebook 付费广告评估与优化

在广告投放一段时间后，通过广告管理工具监测投放中广告系列的成效，然后做出相应的评估与优化调整。Facebook 付费广告的评估与优化是一个长期的过程，不是一次就能达到相应的效果。在确定正确产品的前提下，基于广告数据分析评估，持续地测试、淘汰、新建广告，并通过关键性指标找出胜出的广告组，才能最终带来利润。

不同的产品和不同的广告目标对应的关键性指标有所不同，下面以一家乐器店使用"流量"为目标创建的广告系列为例，来看看如何评估和优化 Facebook 付费广告。

一家乐器店的店主希望人们点击广告中的链接访问乐器店的网站，详细了解吉他维修服务。该店主在 Facebook 上创建了以"流量"为广告目标的广告系列。该广告是一段视频，讲述了店主如何修复在一场火灾中被严重烧坏的吉他，真实展示了他的维修能力。通过一周的投放测试，该广告组获得 280 次链接点击量，单次成效费用为 0.29 美元，那么该广告组花费的金额大约在 81 美元。

店主查询广告管理工具中的人口统计数据发现，该广告组 85%的广告覆盖用户为男性，14%为女性。在广告覆盖的这些用户中，有 85%点击链接（和采取预期操作）的用户为男性，10%为女性。男性的单次成效费用为 0.29 美元，女性为 0.32 美元。

店主查询广告目标群体特征的细分数据中投放类数据的细项：版位，发现在所有版位（Facebook、Instagram 和 Messenger）中，只有在 Facebook 版位浏览广告的用户发生了点击转化。从设备类型下拉菜单中选择仅限桌面设备后，发现在计算机上查看这条广告的用户中，没有一人点击链接。

如果店主的既定成效指标是 100 次链接点击量，那么，该广告组已经达到目标了。但是从上述案例中可以看到乐器店老板的首要目标是吸引人们申请维修服务，因此通过对该广告组进行评估，店主发现：

- 广告投放这一周的维修量只比平常多五次。（关键性指标）
- 报名参加音乐课程的人数出现了大幅增长。这是因为点击广告的每位用户均访问了乐器店的移动网站，他们在着陆页只注意到了服务和课程信息。

- 店主很乐意看到课程学员增长，但他的首要目标是为维修人员带来更多业务量。
- 该维修视频广告可能更适合"品牌知名度"或"视频观看量"广告系列，而且"潜在客户开发"广告系列可能更有助于他们发掘需要维修乐器的人群。

通过上述思考，店主发现相较于使用"流量"目标的广告系列，使用"潜在客户开发"目标的广告系列的成效数量要少得多。根据对"流量"广告系列的评估，尝试优化受众和版位可能会有较好的效果。创建 A/B 对比测试，或者尝试投放多个广告组和多条广告，向不同的受众细分群体展示更相关的创意。

广告优化的过程也就是对其不断调整的过程，经过一系列的变量调整，使广告达到其投放目标。变量调整需要基于广告运行一段时间后的广告数据，不能凭空调整。Facebook 付费广告常见的优化思路如图 4-25 所示。

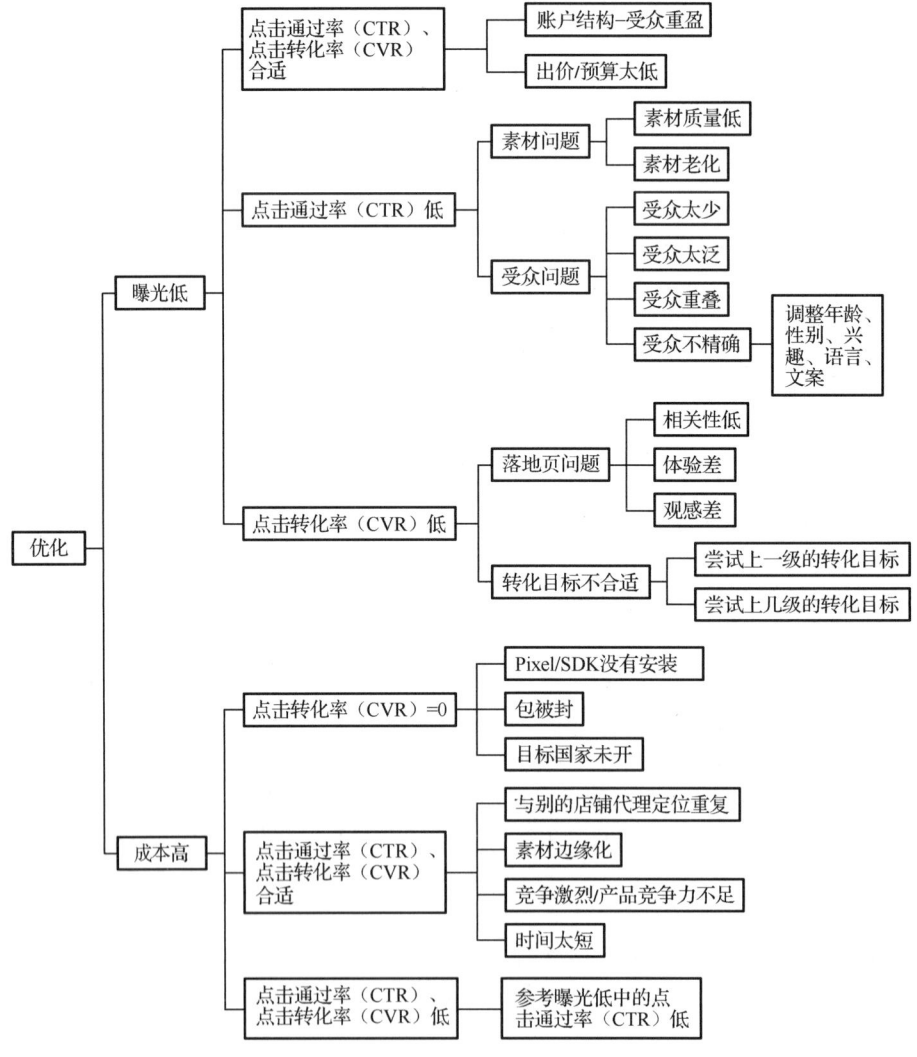

图 4-25　Facebook 付费广告优化思路

本 章 总 结

本章主要介绍了 Facebook 付费营销的相关内容。首先介绍了 Facebook 付费广告类型。然后介绍了 Facebook 付费广告中动态消息的设计要求与发布准则、9 个 Facebook 付费广告设计技巧和 Facebook 付费广告的投放流程。接下来从广告的数据表现和广告目标群体特征的细分数据两个方面介绍了 Facebook 付费广告数据的含义及其重点数据指标，并通过相关数据指标对 Facebook 付费广告进行评估和优化的运用。希望读者在认识 Facebook 付费广告、掌握其设计和投放的基础上，能通过解读广告数据评估和优化 Facebook 付费广告，实现 Facebook 付费广告的精细化运营、个性化营销，实现 Facebook 付费广告价值的最大化。

本 章 习 题

一、选择题

1. Facebook 提供的广告类型包括（　　）。
  A．速推帖子 B．速推活动
  C．推广主页 D．行动号召
2. Facebook 动态消息中图片广告的文本要求包括（　　）。
  A．正文：125 个字符 B．标题：40 个字符
  C．描述：30 个字符 D．着陆页网址：必填
3. Facebook 付费广告数据分为（　　）。
  A．广告的数据表现 B．广告整体的表现数据
  C．广告投放数据 D．广告目标群体特征的细分数据
4. 下面对 Facebook 付费广告评估和优化描述不正确的是（　　）。
  A．广告评估和优化不是必须的
  B．广告评估和优化有次数限制
  C．广告评估和优化不以现有的数据为依据
  D．广告评估和优化的关键性指标是确定不变的

二、问答题

在优化 Facebook 付费广告的过程中可以从哪些方面进行优化调整？

三、实训题

应用 Facebook 付费广告投放流程，创建一个充电宝的促销速推帖子广告。

第五章　YouTube 营销应用

YouTube 是全球最大的视频网站、第二大互联网搜索引擎。

> **案例**
>
> ### YouTube 助力大疆无人机成为在美国超受欢迎的中国品牌
>
> 　　谈到无人机，我们就会想到大疆。除了在中国的知名度外，大疆在国外的受欢迎程度超出想象。其 2017 年消费级无人机年销售额约为 150 亿元，绝大部分来源于海外。最让人惊喜的是，大疆占据全球消费级无人机市场份额约 70%，是名副其实的中国新兴科技之光。
>
> 　　2017 年 11 月，DJI 大疆创新在 YouTube 上发布了 3 支广告视频，如图 5-1 所示，以此开启了一场名为 My Mavic 的营销活动，获得了 197 万次观看。视频中，大疆试图用 YouTube 拍客的亲身经历说明，可折叠的随身无人机"御"Mavic Pro 正在为大众带来新乐趣。
>
>
>
> 图 5-1　大疆无人机在 YouTube 上的广告视频截图
>
> 　　大疆请来了四位 YouTube 拍客：科技记者（28 万粉丝）、旅游摄影师（2 万粉丝）、视频博主（110 万粉丝），讲述无人机为他们带来的改变。无论骑行、探索岛屿还是与孩子一起玩雪，拍客们都能随身携带 Mavic Pro。这款无人机超强的便携性令它和鞋子、笔记本、手机、相机一样，成为生活中的一部分。

> YouTube 知名旅游摄影达人是系列视频的主角之一。习惯独自旅行，对便携而强大的摄影器材需求强烈。Kylie Flavell 说："我每个月都会去不同国家，独自旅行并拍摄影片，所以我需要轻便、集成度高、到手即用，又能产出美好影像的器材。Mavic Pro 完美地满足了这些需求。"
>
> 这次营销对技术细节只字未提，将重点放在个人体验上，完成了一场认真的"走心"活动。

第一节　YouTube 概述

一、YouTube 简介

YouTube，国内俗称"油管"，是全球最大的视频网站、第二大互联网搜索引擎。它于 2005 年 2 月在美国加利福尼亚州成立，由美籍华人陈士骏等人创立，供用户下载、观看及分享影片或短片。2006 年 11 月，Google 花费 16.5 亿美元收购了 YouTube。据美国投行派杰 2019 年发布的调查报告显示，YouTube 已经成为青少年观看视频的首选平台。

目前，YouTube 网站月活跃用户已经突破 20 亿，视频日播放量超过 50 亿。由于 YouTube 的功能较为强大，与其他社交平台保持良好的连接性，确保了视频的病毒式扩散。该网站提供全球（全部）、澳大利亚、巴西、加拿大、德国、西班牙、法国、英国、中国香港、爱尔兰、印度、意大利、日本、韩国、墨西哥、荷兰、新西兰、波兰、俄罗斯、中国台湾地区等 20 个区域频道，支持简体中文、繁体中文、日语、韩语、英语等 15 种主要语言。它的盈利方式绝大多数依靠广告。

二、YouTube 的推广形式

调查显示，国外客户会先在 Google 上检索商品，接着前去 YouTube 深入了解商品，迅速高效地搜集信息。YouTube 是一个特别适合商家推销产品的平台，视频方式更便捷地呈现商品的外形、功能等。YouTube 的推广形式主要有以下几种。

1．自拍视频

一方面，商家可以创建自己的 YouTube 频道，并将热门产品制作成视频发布，方便买家查看。另一方面，视频放在 YouTube 上，顾客会通过某些关键字或 YouTube 的相关视频推荐功能找到商家的视频，以便 YouTube 上的流量可以定向到达对应的商品链接。

2．买家推广

如果商家店铺已经有一定的成交量，那么当买家收到产品后，商家可以联系买家，询问其对产品有什么评价。如果买家喜欢产品，则请其帮忙做个 YouTube 视频 review（评论），商家可以给买家一些优惠券或者其他形式的奖励以表示感谢。

3．拍客推广

拍客是与 YouTube 建立合作伙伴关系的用户，拍客有自己的粉丝群体，利用拍客进行推广也是常见的推广方式。

三、YouTube 的广告类型

通过 YouTube 进行视频营销和品牌推广，已成为跨境电商运营的共识。有调查显示，YouTube 上广告的关注度是其他社会化媒体的两倍左右。那么，YouTube 上的广告形式都有哪些呢？每种广告形式都适合什么样的产品呢？YouTube 的广告形式主要分为以下几种：刊头广告、TrueView 插播广告、TrueView 发现广告、导视广告、不可跳过的插播式广告、搜索广告、重叠式广告和赞助商卡片广告等。只有事先了解清楚 YouTube 的各种广告形式，才能制作出达到相应营销目标的视频。

1. 刊头广告（Masthead）

刊头广告是访客登录 YouTube 网站时，在首页刊头醒目位置展示的广告内容，如图 5-2 所示，非常适合在所有设备上向广大受众展示品牌。

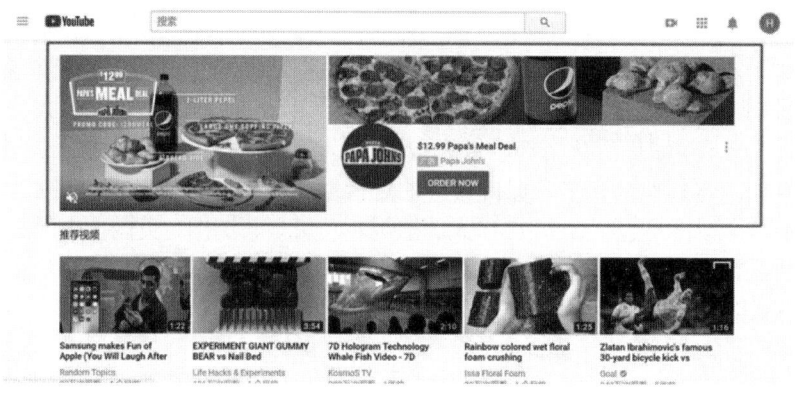

图 5-2　刊头广告示例

此类广告无须用户点击即可进行营销，能很好地提高转化率。首页刊头广告需要向 YouTube 销售经理预定，无法通过 adwords 账户创建。这期间选定的所有用户在登录首页时都会看到，非常适合新品发布会时推广，但费用较高。一般根据 CPD（每日费用）或 CPM（每千次展示费用）购买该广告，具体取决于广告商的目标。CPD 允许广告客户以巨大的单日覆盖率吸引大量受众，而 CPM 则意味着广告客户可以在 YouTube 首页保留刊头广告位。刊头广告格式适合希望在短期内吸引大量受众，提高对新产品或服务的认知度，或着重于具有较高影响力的展示位置，以提高知名度的广告客户。

2. TrueView 插播广告（TrueView In-stream）

插播广告是指在主视频内播放广告，可在主视频播放前、播放中或播放后插播。观看者会看到前 5 秒，然后可以选择"跳过"，如图 5-3 所示。这样的广告越快吸引观看者并让他们参与，效果就会越好。TrueView 插播广告是在 YouTube 上投放广告的主要方式之一。

如果观看者在 30 秒之前跳过，或者在广告持续时间（少于 30 秒）内跳过，则不收费，这使得 TrueView 插播广告成为一个进行创意实验的绝佳场所。尽管 76%的消费者反射性地跳过了这些广告，但至少可以确定预算是花在感兴趣的观众身上。此外，由于 TrueView 插播广告是不受时间限制的，这意味着商家可以尝试使用不同的广告素材格式。这种类型的广告可以提高品牌或产品的知名度，增加使用者对品牌的认知。

图 5-3　TrueView 插播广告示例

3. TrueView 发现广告（TrueView Discovery）

TrueView 发现广告会出现在 YouTube 的搜寻结果中，如图 5-4 所示。它主要借助影像的缩图、吸引人的标题和简短的几句文字说明，锁定感兴趣的目标展示影片广告，让使用者愿意点选广告观看。排名靠前的广告可能还会出现在自然搜索结果页中。

发现广告并不是 YouTube 广告中最突出的类型。如果用户只对他们当前正在观看的视频感兴趣，则完全可以绕过广告。但如果希望提高转化率，这也是一个不错的选择。用户选择点击发现广告时，意味着他们已经感兴趣，因此可能更容易转化。

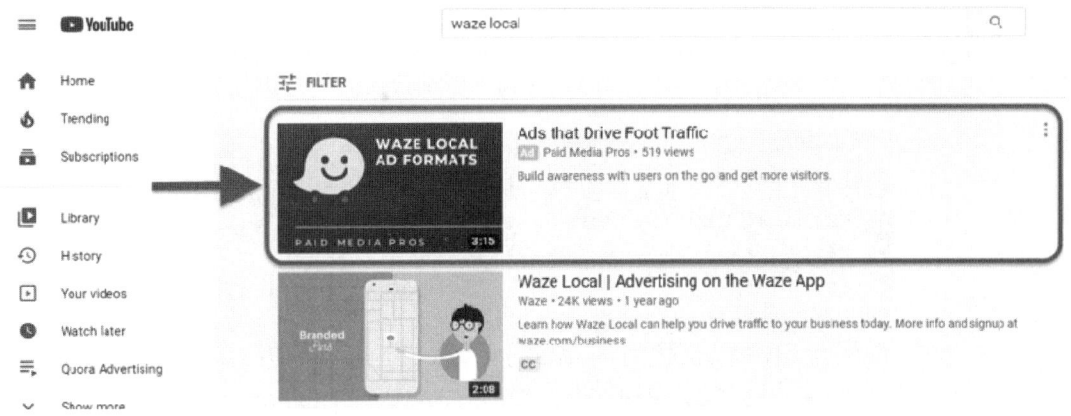

图 5-4　TrueView 发现广告示例

4. 导视广告（Bumper Ad）

在 YouTube 视频播放之前或期间会出现 6 秒不能跳过的导视广告，如图 5-5 所示。当人们经常边走边在手机上看视频时，这种快节奏格式尤为有效。导视广告可以自行连续运行，或作为更广泛的广告活动的组成部分,它提供独特的内容或驱动品牌记忆。

导视广告能让创意尽情爆发,它们旨在传达简洁明了的信息。当广告只有 6 秒的时间时,制造影响是唯一重要的事情。其他一切都不可见,所以去掉那些不重要的东西,制造强有力的冲击。它的优点就在于便宜、高频,按 CPM(每千次展示费用)付费,主要用于移动设备。但是缺点也同样明显,就是要表达的信息必须浓缩在 6 秒之内。这类广告可以与 TrueView 广告结合起来做广告序列。比如,可以将导视广告作为一个预告片,TureView 广告展示更详细的内容。但是只能在 30 天的时间内向同一用户显示一个完整的序列。

图 5-5 导视广告示例

5. 不可跳过的插播式广告(Non-skippable In-stream)

不可跳过的插播式广告是在竞价和预订中提供的插播广告,旨在通过 15～20 秒的视频提高知名度并吸引受众,与电视广告较为相似,如图 5-6 所示。因为不可跳过的插播式广告可以通过竞价获得,因此可以降低 CPM 并以更灵活的方式购买。不可跳过的插播式广告以 CPM 为基础付费。这些较长的广告是讲述更深刻、更细致入微的故事的有力展示方式。

图 5-6 不可跳过的插播式广告示例

不可跳过的广告有点不受欢迎，因为它们可能会打扰到受众，大多数人都会直接关闭广告。2020 年，YouTube 公司正式终止了 30 秒的不可跳过的广告格式。现在的不可跳过的广告时长限制在了 15~20 秒。对于移动用户来说，较短的广告使用的数据较少，而且时间投入较少。

6．搜索广告（Search）

当访客使用 YouTube 搜索工具，利用关键字或目前的热搜词搜索视频信息时，展示广告内容。这类广告有利于提升新客户数量和累积潜在用户。YouTube 的用户中有三分之一通过搜索来获取视频，因此利用此定位可向精准用户推送广告，其示例如图 5-7 所示。

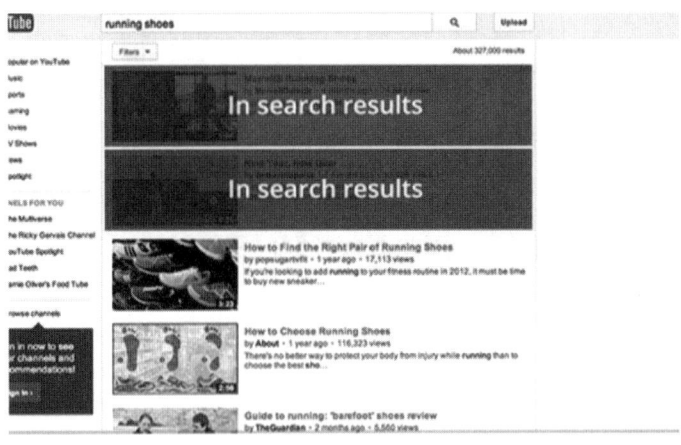

图 5-7　搜索广告示例

7．重叠式广告

重叠式广告展示在 YouTube 视频底部 20%的位置。用户可以直接点击广告，也可以在视频继续播放时将其关闭，如图 5-8 所示。

图 5-8　重叠式广告示例

8. 赞助商卡片广告

YouTube 赞助商卡片广告在视频中显示为小型号召性用语（CTA）弹出窗口。赞助商卡片会显示可能与你的视频相关的内容，如视频中的产品。观众将看到该卡片几秒钟的预告片。视频的右上角会弹出一个小的"i"符号，当观看者点击它时，卡片会展开。赞助商卡片是 YouTube 广告中一种非常吸引人的形式。

图 5-9　赞助商卡片广告示例

四、YouTube 视频营销优势

1. 引入外部流量，提升 SEO 排名

YouTube 推广面向的是 YouTube 视频网站上所有的活跃用户，做 YouTube 推广有利于将 YouTube 流量引入商家的店铺中。同时 YouTube 是谷歌旗下产品，与其他网站相比，在同一关键字下，YouTube 链接排名更靠前，更容易被排在首页，因此，YouTube 推广对于 SEO（搜索引擎优化）是有很大帮助的。

2. 直观展示产品，消除商品疑虑

YouTube 视频能非常直观地展示产品的每一个细节，无论是颜色、大小还是功能，都会直接展示在观众面前。好多网购的买家会担心实物与图片不符，所以会有各种疑虑与担忧。如果商家用 YouTube 视频将产品真实地展示在顾客面前，那么就可以打消他的疑虑，从而促成订单。

3. 买家推荐效应，激发购物欲望

很多网购买家，尤其是第一次在某购物平台上购物的买家，多少会有一些对卖家或者平台不信任的因素。商家做 YouTube 推广，是一种买家推荐的形式，视频中的人可以是商家找

的拍客或者已购物的真实买家。他们拿到了真实的产品，向其他买家介绍他们的购物心得与经验，更容易赢得其他潜在买家的信任。

4．传播速度快，受众面广

YouTube 视频的传播速度非常快，主要通过以下几种方式：点赞、评论、分享等。如果 YouTube 视频被 A 点赞，那么 A 的所有粉丝都可以看到他的动态，也就是可以看到该视频。评论和分享功能亦是如此。一个视频，如果获得的赞、评论和分享多，那么这个视频便可以在 YouTube 上快速传播。

5．持续时间长，效果明显

这是与其他社交网站推广方式相比较而言的。以 Facebook 为例，在 Facebook 上发一个帖子，时效性是非常短的，可能在发帖子后的一小段时间内效果比较明显，但是很快就会被覆盖。随着时间的推移，YouTube 视频也会被覆盖，但因为平台有相关视频推荐和强大的关键词搜索功能，可以防止 YouTube 视频下沉，在很长一段时间内推广视频。

第二节　YouTube 基础操作

开始拍摄视频前，首先要在平台上创建 YouTube 账户和频道。

一、创建 YouTube 账户

YouTube 是谷歌旗下的，在创建一个 YouTube 账户时，同时创建了一个 Gmail 邮箱账户，它会以[YouTube 用户名]@gmail.com 域名形式出现。

创建步骤如下：

（1）打开 YouTube 官网，如图 5-10 所示。

图 5-10　登录 YouTube 示例

（2）点击主页右上角的"登录"按钮，如图 5-11 所示。

图 5-11　点击"登录"按钮示例

（3）点击登录页面上登录表格下方的"创建一个新账户"按钮。

（4）填写所需的信息。填写你的电子邮箱地址、用户名等信息，然后点击"我接受"，如图 5-12 所示。

图 5-12　填写新账户信息示例

（5）如果系统提示你输入有效的手机号码，那么需要提供一个手机号码来用于确认你不是机器。为了消灭虚假账户和由机器人控制管理的账户，谷歌有时会要求你提供身份确认，如图 5-13 所示。

图 5-13　新账户身份确认示例

（6）装饰、打理自己的 YouTube 页面。在用户资料页面，可以添加一张照片作为背景图片等，尽量让整个页面能够彰显自己的风格，如图 5-14 所示。

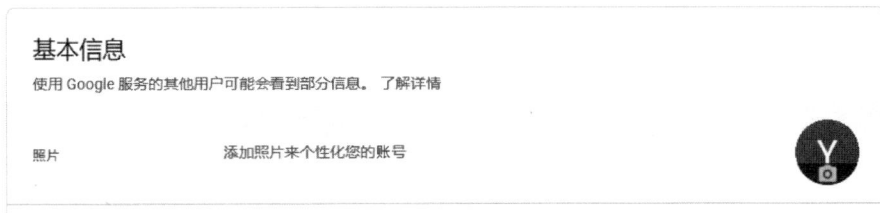

图 5-14　添加背景图示例

此时，就可以开始享受 YouTube 账户带来的会员特权。一旦注册了 YouTube 账户，用户就可以：在 YouTube 视频社区中制作并添加视频；订阅喜爱的用户的频道，追踪他们发布的视频；管理喜爱的频道、视频和网络集锦；评论视频，并和其他用户沟通。

二、创建 YouTube 频道

如果想要上传视频、收藏视频、顶、赞，那么用户还必须创建一个属于自己的频道。YouTube 频道类型分为两种：一种是个人频道，另一种是品牌频道。频道用作用户账户的主页，是用户在 YouTube 上的个人形象。

1. YouTube 频道类型

创建 YouTube 频道前，首先要搞清楚个人账户和品牌账户的区别。个人账户就是用个人的谷歌账户登录的 YouTube 账户；而品牌账户是用谷歌账户登录，在创建频道时，设置了"选择使用企业名称或其他名称"，这时候创建的就是品牌账户。

（1）个人频道。

用个人账户创建的频道，就是个人频道，只能通过自己的个人谷歌账户去管理视频，不能与其他人来共同管理。

（2）品牌频道。

在实际商业活动中，商家的 YouTube 账户往往需要多人管理或与其他公司合作，这时就需要创建品牌频道。此时这个 YouTube 账户就变成了品牌账户，商家可以添加其他谷歌账户为管理员，一同管理这个频道。也就是说，频道管理员可以通过各自的谷歌账户上传视频到品牌频道里面。实际上，品牌账户指的是品牌频道的名称，在创建频道时，选择使用企业名称或其他名称，就相当于创建了品牌账户。

2. 创建 YouTube 频道

（1）访问 YouTube 官网，点击右上角"sign in"（登录），输入账户名与密码，如图 5-15 所示。

（2）点击"your channel"（您的频道），弹出的窗口自动使用账户名字作为频道用户名称，点击"CREATE CHANNEL"（创建频道），即完成了个人频道的创建，如图 5-16 所示。

如想创建品牌频道，则在弹出的窗口点击"Use a business or other name"（使用公司名称或其他名称），并在新窗口输入品牌名称或者公司名称作为频道用户名称，点击"Create"（创建），即完成了品牌账户和品牌频道的创建，如图 5-17 所示。

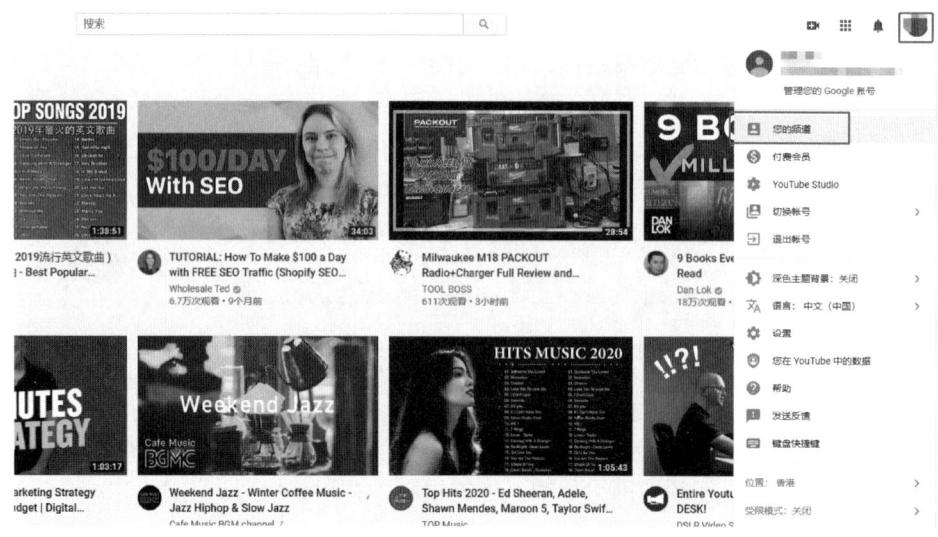

图 5-15　账户登录示例

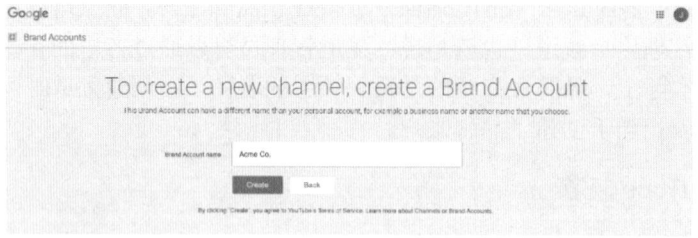

图 5-16　创建个人频道示例

图 5-17　创建品牌频道示例

3. YouTube 频道栏目基础设置

可以看到，目前频道还是一片空白，点击"CUSTOMISE CHANNEL"来编辑频道，如图 5-18 所示。

第五章　YouTube 营销应用

图 5-18　编辑频道示例

然后，分别设置频道图标、频道图片及频道简介，如图 5-19 所示。

图 5-19　设置频道示例

（1）设置频道图标。

请将鼠标悬停在左上角的正方形上，然后点击弹出的小笔，它会将你带到 Google 个人资料中以更改图片，如图 5-20 所示。强烈推荐提交清晰度 800×800dpi 的 JPG、GIF、BMP、PNG 文件（不包括动漫 GIF），显示信息为 98×98dpi 清晰度的方形或圆形图片。因为在不同的机器设备下，频道图标显示信息是不一样的，因此，在制作图片时，要把关键的信息内容放到可靠的位置。

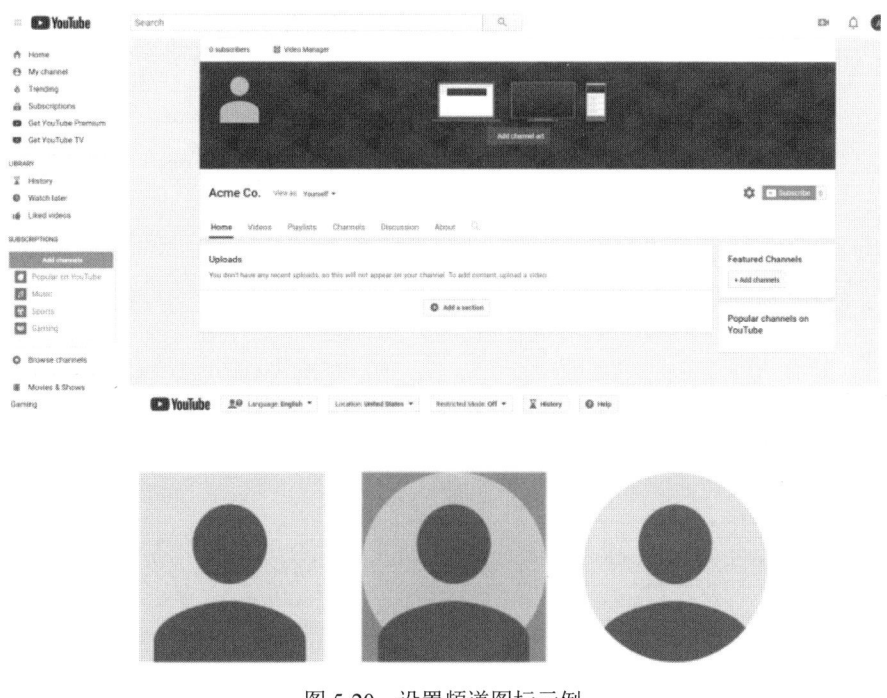

图 5-20　设置频道图标示例

85

(2) 设置频道图片（品牌推广图）。

请点击"添加频道图片"（图中为英文）并上传文件，如图 5-21 所示。它将展示频道图片在不同设备上的显示方式，如图 5-22 所示。①上传照片的最低规格：2048×1152 清晰度；②建议规格：2560×1440 清晰度；③文本和 Logo 的最少可靠地区：1546×423 清晰度，很大的照片将会被裁剪；④较大总宽：2560×423 清晰度，选用此总宽时，不管显示屏尺寸怎样，照片"可靠地区"中的内容将一直看得见；⑤图片大小：不超过 5MB。

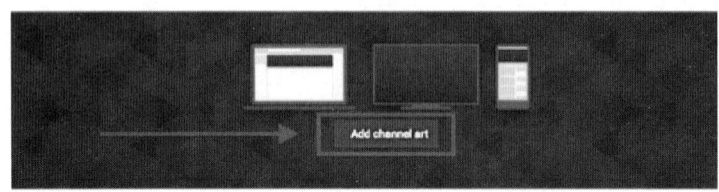

图 5-21 设置频道图片示例

图 5-22 频道图片显示方式示例

(3) 设置频道简介。

点击"About"，就可以填写有关商家业务的一些基本信息，包括说明和自定义链接。撰写说明时，要详实，但也要有策略；YouTube 会扫描此内容以优化用户的搜索体验，因此，请尽可能多地输入关键字。接下来你还可以设置邮箱，以供有兴趣的买家发送询盘，如图 5-23 所示。

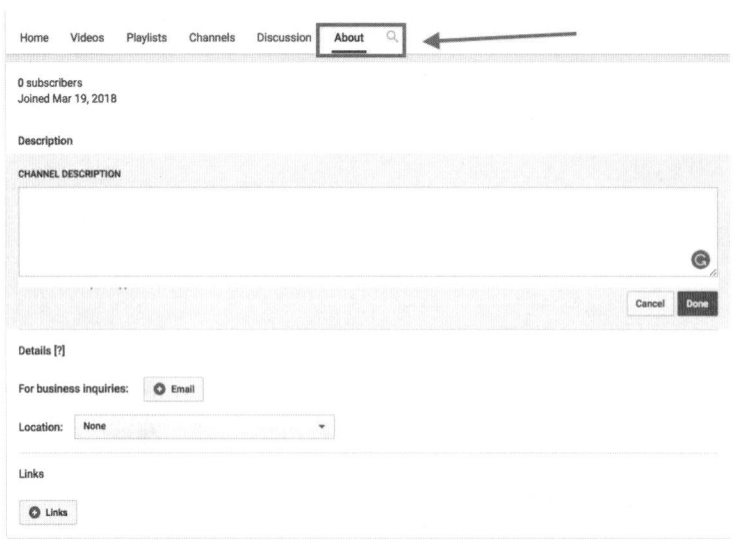

图 5-23 设置频道简介示例

还可以添加附加链接，最多可以添加 5 个链接，可以链接到商家的官网引导观众直接购买，或附加上博客链接、社媒链接等为用户提供更多有意义的内容，都是不错的选择。这些链接将显示在频道图片右侧的 YouTube 频道中，如图 5-24 所示。

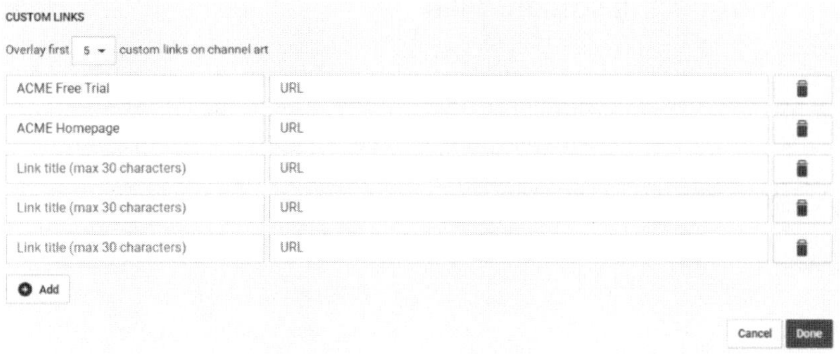

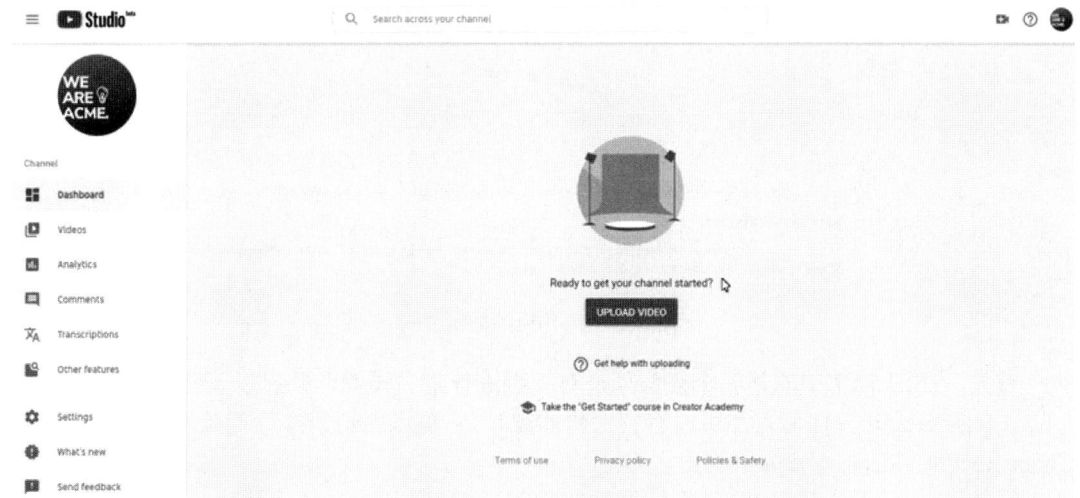

图 5-24　添加附加链接示例

至此，YouTube 频道已设置完成，可以开始上传视频了，如图 5-25 所示。

图 5-25　频道设置完成示例

三、上传自制视频

品牌频道创建好后，商家可按平台技术参数开始制作视频，并将广告视频上传到自己的频道中，以期开展视频营销。

YouTube 支持的视频格式包括：.mov、.mpeg、.mp4、.avi、.wmv、.mpegps、.flv、WebM、3GPP；推荐的视频尺寸包括：240p（426×240，小）、360p（640×360）、480p（854×480）、720p（1280×720）、1080p（1920×1080）、1440p（2560×1440）、2160p（3840×2160，大）。

（1）登录 YouTube 后，在右上方选择摄像头按钮，点击"Upload video"（上传视频），如图 5-26 所示。

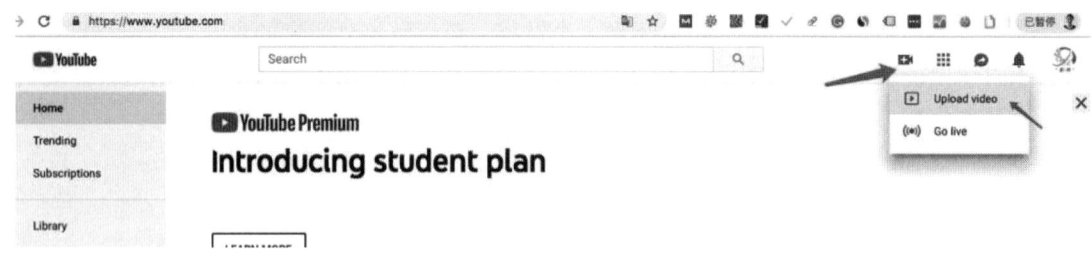

图 5-26 点击"上传视频"示例

（2）进入上传视频页面，如图 5-27 所示。

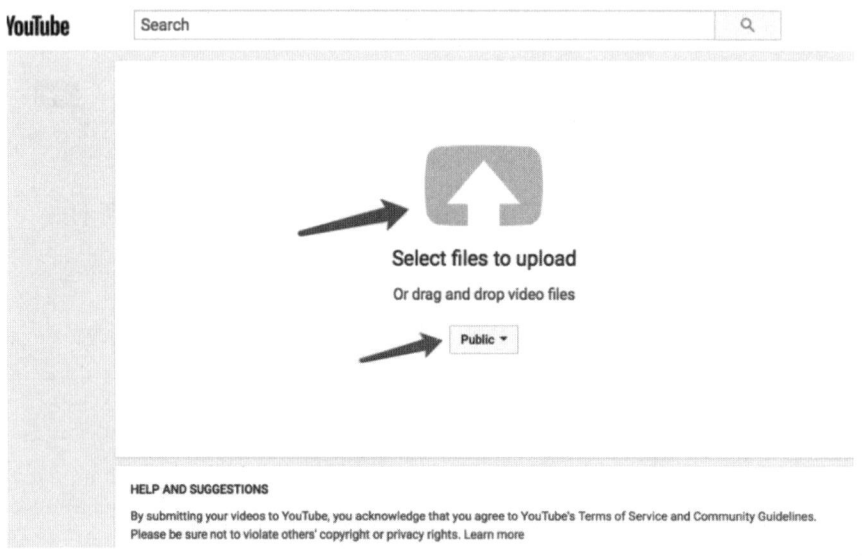

图 5-27 上传视频页面示例

首先，在图 5-27 中的第二个箭头处，对视频进行隐私设置，共有以下四种选择：

①Public（公开）：任何人都可以看到上传的视频。它可以显示为推荐视频，并会在 YouTube Channel 中的 Videos section 中列出。

②Unlisted（不公开）：只有拥有视频链接的人才能看到此视频，并且可以与任何人共享该链接，即使是那些没有 YouTube 账户/用户名的人也可以。设置为 Unlisted 的视频不会出现在 YouTube 推荐或 YouTube 搜索结果中。当有人点击你的 YouTube Channel 中的 Videos section 时，也不会看到此视频。

③Private（私密）：此视频仅对用户自己和用户选择的观看者可见，并且 Private 视频不会出现在 YouTube 搜索结果和 YouTube Channel 中。

④Scheduled（计划）：此隐私设置允许你现在上传视频，并为视频设置一个用户可看的日期，在此日期之前，用户无法看到视频。

设置完隐私后，点击图 5-27 中的第一个箭头进行视频上传，也可以直接拖放要上传的高清视频。

（3）接下来进入视频的上传进度页面，如图 5-28 所示。

第五章　YouTube 营销应用

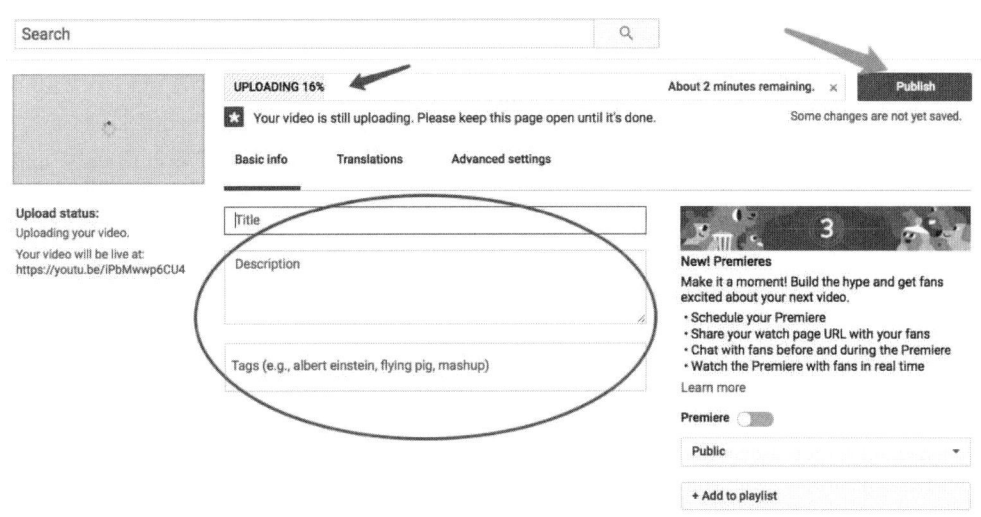

图 5-28　视频上传进度页面示例

在图 5-28 中，左侧箭头所示处显示视频的上传进度；圆圈内是要对视频进行的基础信息描述，包括 Title（重要）、Description 和 Tags。跟 Google SEO 一样，这里的描述与 YouTube SEO 密切相关，所以前期要做好关键字研究，描述里包含关键字且重点词前置，保证描述的高度相关性，尽可能多地提供相关信息。

第三节　与拍客合作推广

YouTube 作为谷歌旗下的视频巨头，拥有秒杀任何一家电视网络的用户体量，是众多商家赢取海外市场视频红利的首要阵地。该网站用户黏性高，受众覆盖率高，运营好账户可获取海量精准潜在客户。面对越来越多的企业和草根创作者的涌入，上亿条的短视频喷薄而出，素材内容的较量势必成了商家抓取用户的首要分水岭，YouTube 拍客 KOL（关键意见领袖）的重要性凸显出来。在做营销的时候，广告和拍客是用得最多的，因为可以非常快速地测试产品在市场上的反应。如果反馈不错的话，那么商家就会加大对该系列产品的开发。只要找对了人，用对了方式，销量就会有一个不错的增长。但是，YouTube 的推广成本相对较高，样品+视频都需要成本，所以，产品需要有所选择。什么产品有必要拍视频？无人机、滑板等产品适合，像台灯等一些小货值的产品就不太划算了。

移动视频的日渐普及以及 YouTube 持续的主导地位使得营销人员找到合适的拍客变得更加重要。怎么与产品相对应的拍客联系并邀请他们做产品的测评呢？有几种方法可以综合运用，以便快速找到 YouTube 拍客的联系方式。

一、寻找拍客

首先，商家根据自己的目标市场和消费群体，需要对拍客进行地区筛选。如果产品是针对美国用户的，那么最好在美国用户中去搜寻。筛选完地区之后，进行关键字搜索。比如，产品是无人机，那么直接搜索关键字 drone，在出现的前三页视频中找出拍客的主页。不是每个拍客都适合，所以要通过主页信息进行筛选。其次，要看拍客视频的更新频率。频率太低的不建议联系，频率高的活跃用户更值得下功夫。再次，对比视频的平均观看量。很多达人并不是每一个视频都很火,因此,我们需要根据所有视频的平均表现水平来判断是否适合合作。最后,查看达人的信息简介。很多 YouTube 拍客是会公开自己的合作产品 review(评论)的,也可以很容易看到对方邮箱,这样的合作概率会很大,而且会很专业。

如果你觉得产品关键字搜索出来的达人数量不多,那么考虑到回复率,最好尽可能多地联系拍客。所以,也不妨尝试竞品关键字搜索,看看自己的竞品有哪些视频,可以联系这些视频的制作人,因为一般拍客是愿意做某一类产品的相关对比的。

1. 直接在 YouTube 站内搜索

在 YouTube 站内的搜索框中输入关键字进行搜索,假设商家是与手机产品相关的,在搜索框中搜索"smartphone review",如图 5-29 所示。

图 5-29 站内搜索示例

搜索过后,会出来很多做 smartphone review 的拍客,我们以第一个 Unbox Therapy(UT) 为例。UT 是"3C"界的红人,点击其频道的"简介"按钮,如图 5-30 所示。

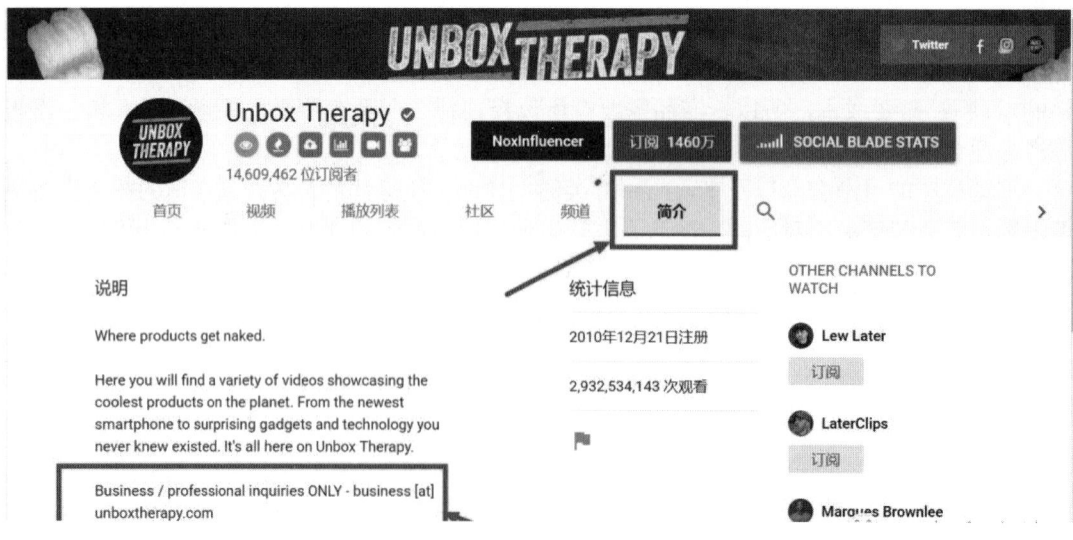

图 5-30 点击频道"简介"示例

简介可以让你更好地了解这个拍客的测评范围,在这里可以看到 Unbox Therapy 的邮箱,这样商家就可以给他发邮件。如果在这里看不到他的 YouTube 邮件,可以去看看他的其他社会化媒体,比如 Facebook 主页、Instagram、Twitter、Google Plus 等,看一看他是否在其他社会化媒体中留下了邮箱或者联系方式。如图 5-31 所示就是这位拍客在 Facebook 主页留下的联系方式。

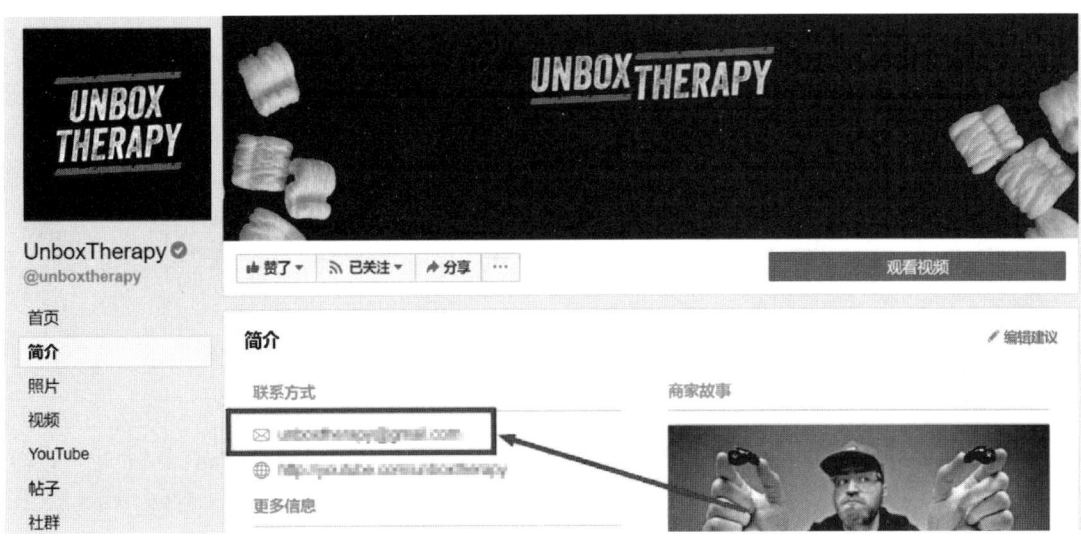

图 5-31 拍客主页示例

在 YouTube 站内搜索时建议使用"筛选"功能,主要有 5 个筛选功能,即"上传日期""类型""时长""功能""排序依据"。常用的就是如图 5-32 所示方框中的"排序依据",其中的"相关程度"以及"观看次数"最为常用,这样可以更快地找到有意向的拍客。

图 5-32 搜索筛选功能示例

商家也可以点击自己的 YouTube 账户,选择"地区和语言",切换为自己所要找的拍客国家地址,这样就可以更方便地查找所需要的拍客,如图 5-33 所示。

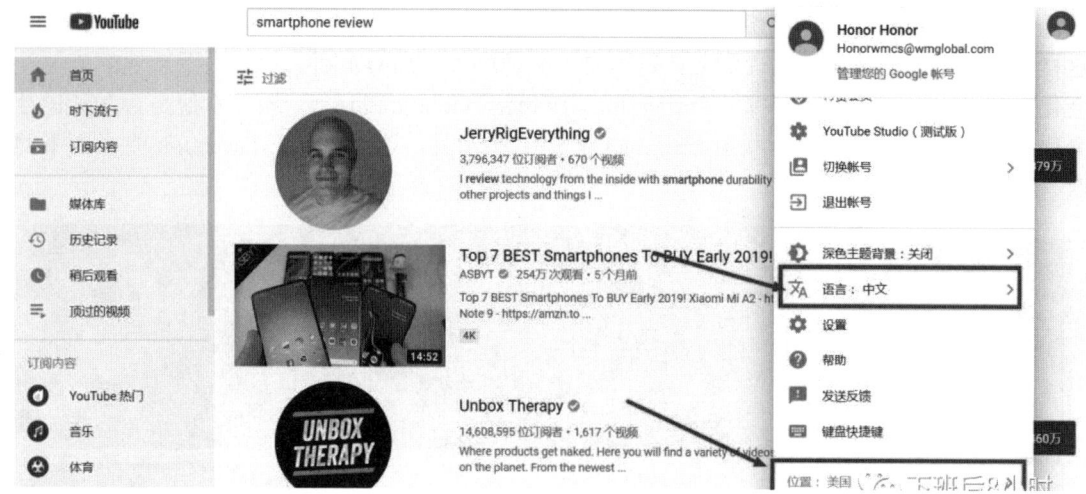

图 5-33　寻找拍客国家地址示例

2. 使用第三方工具搜索

Socialblade 是一个跟踪分析社会化媒体数据的美国网站，可以分析 YouTube，也可以分析 Instagram、Twitter 等社会化媒体数据，帮助寻找拍客、评估拍客。如图 5-34 所示，选择"YouTube"平台。

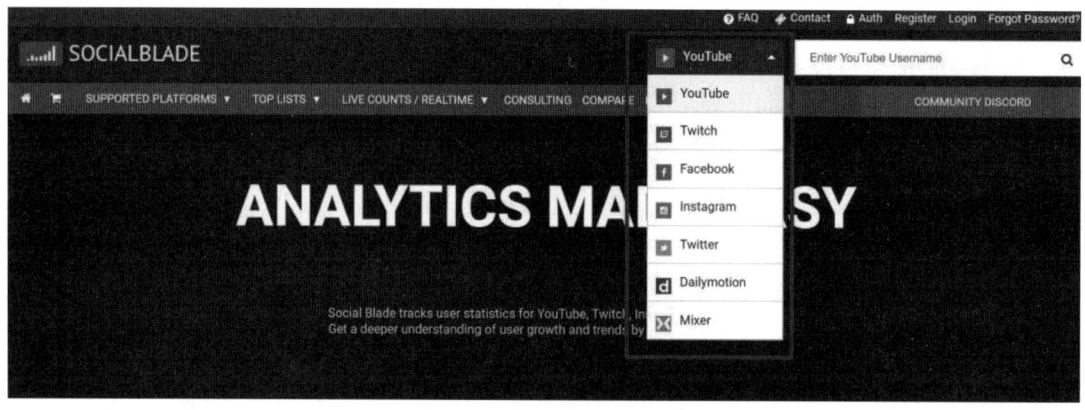

图 5-34　Socialblade 官网页面示例

点击首页 TOP LISTS 功能栏，出现一些国家的"Top"拍客，在右侧栏还有相对应的分类，比如要查找 UK 的 Top 拍客，直接点击 Top 250 from United Kingdom 按钮，就会出现 UK 的前 250 名 YouTube 拍客，如图 5-35 所示。

可以看到排名、评级、频道名称、上传视频量、订阅者人数、视频观看量等信息，如图 5-36 所示。

点击排名第一的频道名称，可以看到更为详细的数据，比如排名、视频观看量排名、预计收入、过去 30 天的粉丝增长变化、之前发布过的视频观看情况等非常详细的数据，这是判断一个拍客是否合适的非常重要的依据。找到这些拍客的频道之后，就可按照上述第一种方法去找他们的联系方式。

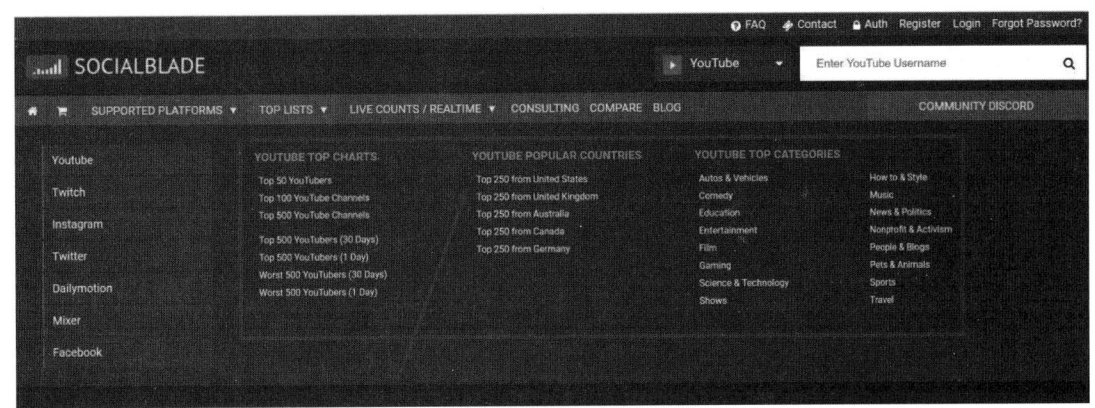

图 5-35　查找拍客示例

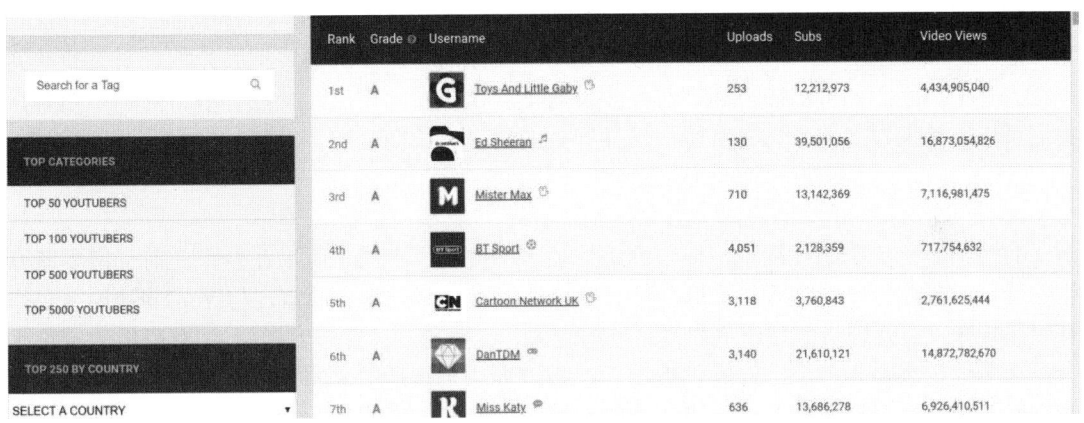

图 5-36　查寻拍客结果示例

也可以在 Socialblade 搜索框直接输入某红人 YouTube Channel 的名字，来看看这个红人的等级以及最近的趋势变化。这个可以作为很有价值的参考依据，防止被红人欺骗，毕竟现在国外粉丝数、观看量、互动量等都是可以刷数据的。

另外，还可以使用 Noxinfluencer 红人工具，按区域、类别、粉丝数、语言等来筛选网络红人，这样能通过关键字找到 YouTube 头部、中部以及中小级别网红。市面上还有很多类似的其他第三方工具，例如 channelcrawler、Upfluence、NeoReach、Julius、Tagger Media、AspireIQ、Hypr、Open Influence 等。选择一款适合自己的工具，将使得用户在 YouTube 的推广事半功倍。

二、与拍客合作推广

YouTube 本身也是一个自主的商业化平台，很多达人会开通合作渠道，留下专业的合作方式，大家一起共赢。因此，YouTube 是一个动态展示产品的很好的平台。YouTube 视频营销一直很火，因为它以视频形式展示在大家面前，转化率也相对更高。尤其是一些 3C 类、美妆类产品，如果只是简单的图片展示，那么用户就感受不到产品的立体性，而通过视频则可以很好地展示产品特性，包括外观、性能及使用效果等。

1．筛选目标拍客

找到拍客后，应仔细查看拍客的整体数据，比如粉丝数、总观看量、活跃度等，对拍客进行初步了解和分析。如果用户觉得所找到的拍客不错的话，那么就直接发送合作意向，等待合作反馈。

选好合适的拍客以后，就可以点进他的个人页面查看联系方式了，通常在主页说明处会有他的联系方式和商务合作模式。

2．邀请拍客

和拍客取得联系的方式一般有两种。第一种是直接通过对方留下的邮箱进行联系。如果对方信息未显示邮箱，那么可以通过站内信"send a message"联系。YouTube 对站内信没有限制，可以大胆说明自己的意图并留下联系方式。YouTube 在某种程度上是支持商业合作的。第二种更直接的方法是，如果对方添加了自己的 Facebook、Ins 等社会化媒体账户，那么直接点击就能自动跳转到红人的社会化媒体主页，再通过私信给对方留言说明你的来意就可以了，但一定要保持真诚合作的态度并且记得留下自己的联系方式。

这里想要提醒一点，对于很多资金不充裕的卖家而言，没有必要把眼光放在千万粉丝的大红人身上，因为要价已经很高，对视频反而不会精心做。相反，一些有潜力的中小拍客，我们可以用长期发展的眼光去看待，培养好关系后寻求长期合作。

3．确认合作

有的拍客是免费制作视频，但是顶级的拍客一般是收费的，所以在合作之前一定要谈好合作费用。在线合作敲定后，就可以预付定金让拍客开展合作。通常，与 YouTube 拍客合作有以下规律：有管理员的频道更昂贵；频道越大，比率越高（参与度指标）；有可用的定价平台；大多数拍客会为多个广告提供折扣。一些拍客，尤其是拍客的管理者，倾向于使用专有的定价工具，并可能向你发送他们认为他们的广告值多少钱的截图。对于这些信息，你需要审慎判断。总之，要不断协商。通过与拍客的价格协商，向他们要求多个广告的折扣。因为大多数拍客一开始会抛出更高的价格，商家需要回击和谈判。

与 YouTube 拍客签订合同时，商家应在广告上线前两个工作日对广告进行预先批准；在拍客最大的社交频道（Facebook、Instagram 等）上进行社交宣传，说明发布了新视频，并说明商家是 YouTube 赞助视频的赞助商；提供竞争对手名单，以防止竞争对手在商家赞助的视频的前面投放广告；将商家的 Google Ads 账户连接到自己的广告账户以用于再营销和跟踪；开展独家合作，这可以防止竞争对手在你投放视频的 30 天内进行广告宣传。

4．制作视频

在制作视频之前，可以和拍客好好沟通，比如商家想要什么样的效果，或者商家可以为他的粉丝提供什么折扣来促销等，方式灵活多样。YouTube 的拍客们一般很忙，他们手中的产品都是排队在等做视频，而且，不是按照时间顺序。出于观看率考虑，他们会优先制作手头的好产品。如果商家的产品足够好的话，那么不用担心周期，一般 1~2 周。但是如果商家的产品并不是行业中最优的，那么这时候就需要不断跟进，与拍客协商出一个上线时间等。

5．评估视频效果

视频上线之后，最好对拍客表示感谢和赞赏，这样有利于后期合作。一旦拍客们形成合作关系，后期新产品就可以直接联系合作了。双方都希望视频有很好的观看量，若流量大就不用考虑跟进,若流量不够,不妨与拍客协商如何改进。在投放过程中,还能随时了解 YouTube 视频广告效果,也可以将数据导出生成 YouTube 拍客数据报告,甚至可以细化至热门标签、互动率、视频价格、视频排名、热门视频关键字等。

以上就是如何在 YouTube 与拍客合作推广视频的基本步骤。需要提醒的是,YouTube 的性质是长期战略,视频制作周期少则一周,多则一个月,后期流量也会随着时间的流逝不定时地增长,所以需要做好长期收益的准备,短期难以见效。

三、与拍客合作的其他事项

1. YouTube 视频排名的影响因素

(1) 完整观看数量。

YouTube 视频的 view(观看)数量是指完整观看,如果打开视频但没有看完就关闭了是不计入或者以比较小的比例计入排名的。所以,视频要做到达人效应+精彩内容,才能吸引人完整地看完。

(2) 点赞和评论。

这两者的比例不得而知,毕竟,YouTube 的算法和亚马逊 A9 一样,没有人知道具体算法。国外的网站为了避免不良竞争,不会公开自己的算法方式。

(3) 上榜时间。

大多数时候,如果搜索没有限定时间范围,那么出现在前几页的会有一小半是很久的视频,达 2~3 年甚至 5 年。时间也是一个累计的因素。

YouTube 的排名可以刷吗?当然可以。安全吗?当然不安全。国外有很多自由职业平台,如 fiver 五美元服务,可以轻松地用五美元就刷出上千次 view 数量。但是,YouTube 不傻,它可以鉴别哪些是刷的,刷出来的视频最终 view 数量会减少,YouTube 会删除异常的观看数量。所以,重点还是好的达人+好的视频,这样才能做好推广。

2. 与拍客合作的要点

(1) 不能单纯看粉丝数量,要和自己的产品匹配。

找拍客的时候除了要关注他的粉丝数量和视频的播放量,更要重视拍客自身的调性及他宣传的产品与自己的产品是否匹配,综合分析一下他的受众和该产品的受众是不是精准吻合。观察他的往期视频作品中,粉丝的评论数和互动的积极度。可别小看这部分数据,粉丝的忠诚度越高,代表对这个拍客的信任度就越高,那么拍客做视频以后粉丝的购买欲也就越强。切记两个关键要素:粉丝参与度和拍客匹配度。

(2) 追踪视频效果

观看人数当然是最基础的评判指标,但更重要的是要看通过视频到底实现了多少成交量。建议商家可以通过设置折扣的方法,然后在后台看有多少人是通过折扣进行购买的。而且如果商家的品牌影响力不够的话,那么提供一定的折扣可以减少消费者在下单时的犹豫时间,拍客也会更卖力地帮你的产品做推广,因为他会觉得他真正帮粉丝谋到了福利,这也是营销中的一点小心机。

(3) 给视频创建一个"炸眼球"的标题

标题需要和拍客一起商量,毕竟拍客自己更了解什么样的标题风格更能吸引他的受众。

简单说就是让用户能搜到以及让用户想点击，这两点非常重要。

以下几点大家要尤其注意：广告味不能太重，把品牌名带进标题，浓缩产品最大卖点，带上主关键字。

找拍客是一个长期的过程，前期需要投入，后期需要维护和筛选，是一件急不来的事情，唯有通过长期的积攒和维护才能真正见到效果。

第四节　YouTube 营销数据分析与优化

YouTube 频道是否运营成功，很重要的一个衡量标准就是观看量和订阅数量。但是这只是一个结果性的指标，在频道不断提升的过程中，商家需要知道更细节性的数据。到底是谁看了商家的视频？他们从哪里看到的？他们的人口统计特征有哪些，比如年龄多大、性别、家庭状况等？如果商家能够了解到这些数据，那么就能够在制作下一个视频的时候，更加有的放矢，吸引他们的注意力。

YouTube 提供了强大的数据统计功能，提供不同维度的数据解读。初看上去，这些数据和图表有些复杂，解读起来有挑战性，但是只要熟悉了 YouTube 分析工具，理解起来还是非常简单的，而且能对商家优化和提升频道提供极大的帮助。

一、YouTube 数据分析工具

YouTube 具有内置的专用分析工具，可以衡量视频在 YouTube 中的表现。YouTube 数据分析工具展示的是观看者如何找到用户的内容、他们观看的时间长短和参与度高低。通过量化数据判断视频，才能把握机会为订户提供价值、保持参与度，认清方向和集中精力做最有效果的事情，从中获得最大收益。

登录 YouTube 账户后，点击右上角的个人资料图标，然后点击 CREATOR STUDIO，屏幕左边显示 CREATOR STUDIO 仪表板，如图 5-37 所示。点击仪表板上的"ANALYTICS"菜单，屏幕左边显示数据分析面板，如图 5-38 所示，右边可看到一些基本数据分析。YouTube 视频数据分析工具主要有三个部分：收入报告（Revenue reports）、观看时间报告（Watch time reports）和互动报告（Engagement reports）。

1. 概述（Overview）

YouTube 概述的默认时间表为 28 天（4 周），默认显示过去 28 天内视频的表现情况，包括观看次数、观看时长和观看人数等。用户可以使用右上角的下拉菜单将该时间表更改为每月、每周、每天或实时更新，如图 5-39 所示。

2. 实时报告（Realtime）

YouTube 在计算观看次数时，会把无用的观看次数和低质量的观看次数从观看总数中移除。在视频发布初期，需要密切关注频道的实时报告，并了解频道或特定某一视频在过去 48 小时（近两天）和过去 60 分钟（近一小时）的预估观看量，如图 5-40 所示，以此来了解和分析视频营销效果、推广渠道等。如果有人在 Reddit 或其他社交网络分享了商家的视频，那么 YouTube 算法控制面板中的数据则会呈现明显上升趋势。

第五章 YouTube 营销应用

图 5-37 CREATOR STUDIO 仪表板示例　　图 5-38 数据分析面板示例

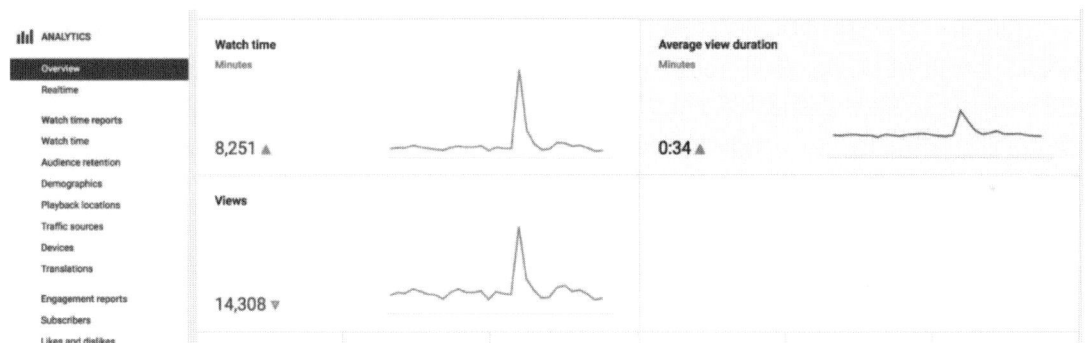

图 5-39 概述示例

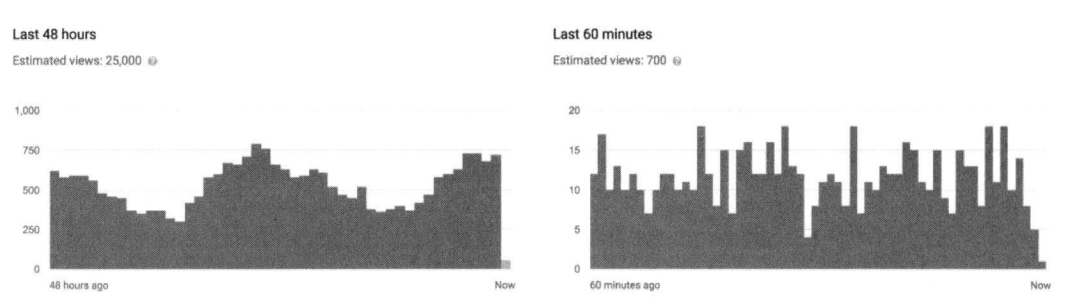

图 5-40 实时报告示例

当商家的视频还处在被用户热议的时候，就要抓住机会，及时通过 Google 搜索 YouTube 视频的 ID，查看你的视频都被分享到了哪里，并趁机发布海报、帖子等为视频吸引更多用户。

那么对商家来说，如何追踪合作的 YouTube 拍客的实时报告呢？如果无法进入 YouTube 拍客的数据分析面板，拍客也不愿意分享一手数据，那么可以考虑使用第三方追踪工具（如 NoxInfluencer），帮助商家及时监控视频发布效果。

二、收入报告（Revenue reports）

收入报告跟踪两个主要统计数据：一是预计收入（Revenue），即所有 Google 销售的广告的预计总收入；二是估算广告收入（Ad rates），仅来自 AdSense 和 DoubleClick 广告的预计收入。与其他 YouTube 视频分析一样，用户可以按日期和地理位置筛选这些数据。收入报告是拍客群体关注的重点报告，但对于跨境电商企业来说，更关注在 YouTube 上使用广告推广产品与品牌。

三、观看时间报告（Watch time reports）

观看时间报告主要提供常用的统计信息，比如观看时间、观众续看率、受众特征、播放位置、流量来源和播放设备等。观看时间报告记录了用户在 YouTube 移动应用程序上的所有行为。

1. 观看时间（Watch time）

YouTube 将观看时间定义为观看视频的总分钟数。其中，平均观看时间至关重要，即人们平均观看视频的时长。如果 YouTube 创作者想要提高视频效果，那么就必须优化 Top 优先级的观看时长，即需要优化观看时间的两个关键指标：观看次数和平均观看时间。对商家来说，一定要牢记内容为王，能够吸引用户点开并且看下去的优质视频才是提升效果的根本，如图 5-41 所示。

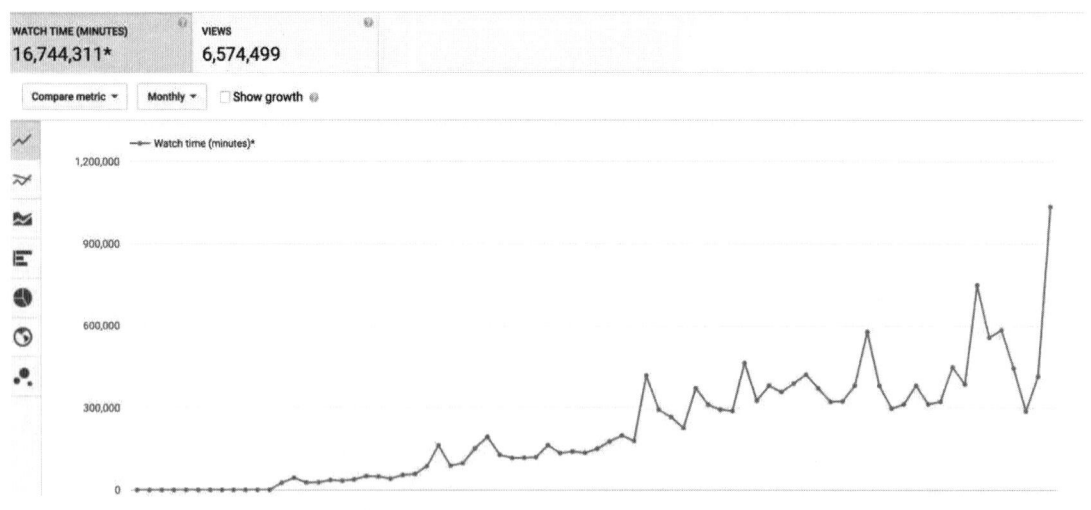

图 5-41　观看时间示例

2. 观众续看率（Audience retention）

观众续看率指标可跟踪观看者在一段时间内的参与度。在这里可以找到平均观看时间统计信息、表现最佳的视频列表，并深入了解视频在 YouTube 上与其他视频的叠加方式。

3. 受众特征（Demographics）

YouTube 受众特征报告可以让你了解 YouTube 受众年龄、受众性别和受众地理位置等，可直接评判是否与商家的目标匹配，如图 5-42 所示。

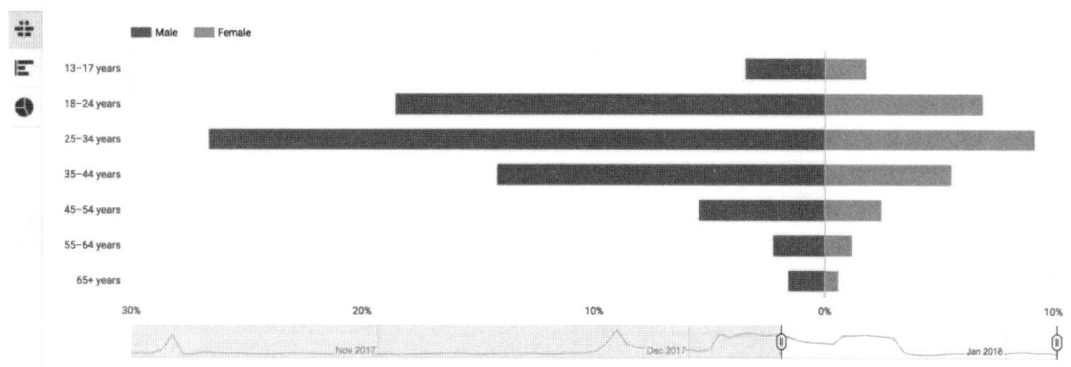

图 5-42 受众特征示例

在"受众分析"页面，仅需点击"更多"选项并进入"地理位置"，便可以看到来自各国粉丝的数量，如图 5-43 所示。

Geography	Watch time (minutes)	Male	Female
California	121,418 (15%)	73%	27%
Texas	80,625 (10%)	70%	30%
Florida	63,354 (7.9%)	72%	28%
New York	57,714 (7.2%)	72%	28%
Georgia	38,234 (4.8%)	66%	34%
Illinois	33,679 (4.2%)	73%	27%
North Carolina	28,328 (3.5%)	66%	34%
Pennsylvania	25,568 (3.2%)	70%	30%
New Jersey	23,982 (3.0%)	73%	27%
Michigan	22,184 (2.8%)	72%	28%
Ohio	19,484 (2.4%)	71%	29%
Washington	18,792 (2.3%)	70%	30%

图 5-43 "受众分析"之"地理位置"示例

YouTube 受众分析能够更精准地将定向广告内容触达潜在的目标用户。因此，当商家寻找拍客合作时，尽量获取每个拍客的档案数据，分析受众特征。如无法获取，也可通过第三方 YouTube 分析工具查看拍客详情页的受众特征，如图 5-44 所示。

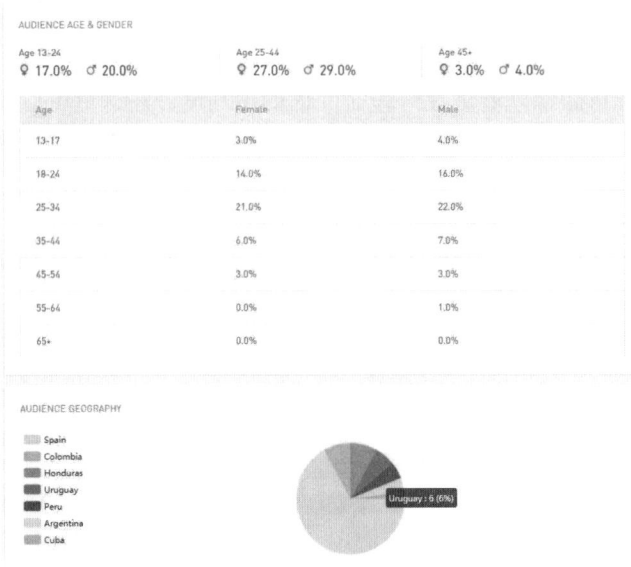

图 5-44　拍客详情页的受众特征示例

4. 播放位置（Playback locations）

如果知道视频是在哪里被播放的，那么就能清楚粉丝是如何发现商家视频的。通过 YouTube 数据分析工具可以发现，在播放位置页面每个视频播放位置的总播放次数，其中播放位置分别为 YouTube 观看页面、YouTube 频道页面、嵌入外部网站和 App 等。从这些数据中你可以知道，视频在哪里是最受欢迎的，以便根据实际情况对 YouTube 视频渠道进行优化，如图 5-45 所示。

Playback location	Watch time (minutes)	Views	Average view duration	Average percentage viewed
YouTube watch page	608,718 (76%)	380,817 (71%)	1:35	65%
YouTube other	155,473 (19%)	138,535 (26%)	1:07	81%
Embedded in external websites and apps	37,028 (4.6%)	16,886 (3.1%)	2:11	55%
YouTube channel page	1,000 (0.1%)	889 (0.2%)	1:07	22%

图 5-45　播放位置示例

5. 流量来源（Traffic sources）

在分析视频受众时，准确地找出粉丝来源也很重要。在 YouTube 数据分析工具的流量来源中，有显示各种流量来源渠道的图表，可以了解用户是如何找到商家的视频的，如图 5-46 所示。如果视频通过 YouTube 某些关键字搜索带来了高质量流量，那么可以进一步优化视频关键字。这样，用户在 YouTube 搜索相关关键字的时候，就能搜到商家的视频，以吸引更多的观看量。如果商家从某个渠道获得了巨大流量，那么便可增加此渠道的推广投入，也可以寻找类似渠道进行推广尝试。

第五章　YouTube 营销应用

Traffic source	Watch time (minutes) ↓	Views	Average view duration	Average percentage viewed
YouTube advertising	1,031,752 (66%)	864,420 (81%)	1:11	82%
YouTube search	180,019 (12%)	55,210 (5.2%)	3:15	41%
External	132,872 (8.5%)	69,867 (6.6%)	1:54	45%
Suggested videos	132,204 (8.5%)	41,497 (3.9%)	3:11	45%
Channel pages	20,914 (1.3%)	9,817 (0.9%)	2:07	32%
Playlists	18,821 (1.2%)	6,024 (0.6%)	3:07	58%
Browse features	18,134 (1.2%)	5,694 (0.5%)	3:11	42%
Other YouTube features	9,662 (0.6%)	2,798 (0.3%)	3:27	40%
Direct or unknown	9,450 (0.6%)	6,421 (0.6%)	1:28	21%
Playlist page	4,946 (0.3%)	2,038 (0.2%)	2:25	35%
End screens	600 (0.0%)	86 (0.0%)	6:58	38%
Video cards and annotations	394 (0.0%)	196 (0.0%)	2:00	33%
Notifications	31 (0.0%)	15 (0.0%)	2:05	43%

图 5-46　流量来源示例

6．播放设备 Devices

商家知道受众正在使用哪些设备观看视频也很重要，这些指标分布在手机、计算机、电视、平板电脑等当中。商家可以利用这些数据决定是否需要优化特定的视频，如图 5-47 所示。

图 5-47　播放设备示例

四、互动报告（Engagement reports）

互动报告可以让商家了解什么内容与受众产生了共鸣。商家可以看到订阅者点击、分享、评论和宣传的内容，也可以看到卡片和片尾画面在互动报告里的表现情况。

1. 订阅者（Subscribers）

订阅者页面显示粉丝人数，如图 5-48 所示，这里有三个主要数据集：①订阅者，即在选定的时间段内获得并留存了多少名订阅者；②获得的订阅数，即该时间段内用户的总订阅次数；③订阅者流失数，即该期间的总订阅者流失数量。

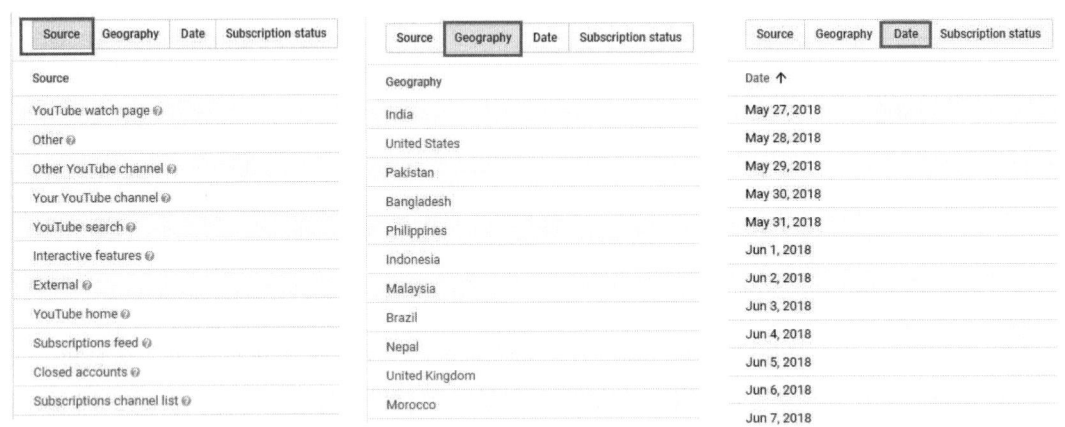

图 5-48　订阅者示例

YouTube 订阅者很有可能就是商家的潜在客户或现有的客户，他们都是对商家的产品或市场定位感兴趣的人。因此，监测订阅者基数的波动也是非常重要的。通过监测该波动，可以从宏观角度观测商家的 YouTube 频道，了解每个视频对获得或流失订阅者的影响。通过 YouTube 算法订阅者面板，可以查看每个视频获得或失去的订阅者数量。YouTube 分析工具可帮助确定用户参与度指标，了解订阅者的来源，包括他们的地理位置、订阅日期，以及他们用来登录 YouTube 上视频的来源/媒体。

2. 点赞数和点踩数（Likes and Dislikes）

点赞和点踩都是粉丝对商家视频直观的反馈。如果视频有很多点踩数，那么就需要分析解决几个问题：视频内容是否和标题匹配，目标受众是否精准，视频质量和视频上传频率是否让粉丝失望。此外，商家还可以从一些评论中找到点踩数不成比例的原因，这样能够快速发现问题并改进，如图 5-49 所示。

3. 播放列表（Videos in playlists）

越多的人将商家的视频放入他们的播放列表，商家视频的影响力就越大。对于这个数据，YouTube 是公开的，该数据对于视频的权重有较大的影响，如图 5-50 所示。

4. 评论（Comments）

评论是衡量粉丝参与度的重要依据之一，商家可以关注哪些人在评论，他们评论了什么内容，以及是否可以将粉丝转化为客户。点击 YouTube 数据分析面板的评论页面，如图 5-51 所示，商家就能看见评论的频率和日期，还能看到每个视频的评论总数。进入评论板块，寻找机会与粉丝进行互动并获得高质量的反馈。对商家来说，一定要尝试与粉丝反馈进行互动，突显自身产品的优质服务，引导粉丝了解自身品牌或观看其他视频。此外，还可以将关于商家的某个评论置顶，引导粉丝进入相关网址，这能大大增加点击转化率。

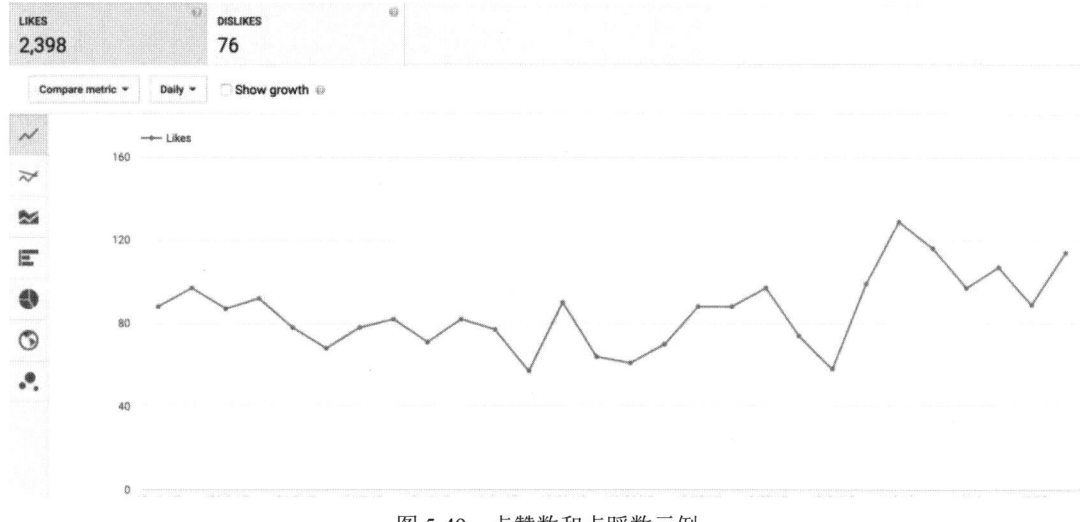

图 5-49　点赞数和点踩数示例

Video	Videos in playlists* ↓	Videos added to playlists*	Videos removed from playlists*
	238	300	62
	206	327	121
	181	266	85
	170	198	28
	128	201	73
	80	103	23
	80	90	10
	72	91	19
	59	81	22
	55	74	19
	54	67	13
	46	64	18
	43	60	17
	39	51	12

图 5-50　播放列表示例

图 5-51　评论示例

5. 分享（Sharing）

对于 YouTube 传播来说，社会化媒体缺一不可。通过社会化媒体，商家可以分析和了解谁在分享视频，以及他们是如何分享的。点击 YouTube 数据分析面板的分享页面，我们可以看见来自不同平台的分享情况，如社交网络和社交工具等。如图 5-52 所示，从上面的报告可以得出，本示例视频主要是通过私有信息应用程序进行共享的，那就无法追踪了。把视频内容纳入社会化媒体战略，尤其是在用户已经开始分享你的视频的地方，这样能提高分享的有效性。

图 5-52　分享示例

6. 注释（Annotation）

在考虑使用 YouTube Analytics（分析）时，必须了解其中有一些注释可以引导观众访问商家的网站，以获取更多内容。内容不必仅是视频，也可以包括博客文章。这将使商家了解每个注释的点击率和关闭率。反过来，也将帮助商家优化如何吸引观众以及在何处放置注释，如图 5-53 所示。

图 5-53　注释示例

7. 卡片（Card）

卡片是 YouTube 分析中的一项新功能，它能够改善视频的用户互动性，并加快互动速度。卡片将作为号召性用语，告知访问者有关播放列表、视频、商品及相关网站等信息，如图 5-54 所示。

图 5-54　卡片示例

8. 片尾画面（End screens）

片尾画面分析能够让商家了解受众互动的内容，这样就可以优化以后上传的视频的行动号召用语。

YouTube 的统计维度很多，可以让用户知道哪些视频获得的观看时间最多、观众黏度、受众特征、访客的位置、设备，以及分享数量、评论数等。它可以让用户明白自己的观众是谁，了解观众是从哪里找到自己的视频的。在分析的过程中，通过一段时间的对比，用户可能会发现其中一个主题的视频流量上涨很快，而且转化率不错，那么用户就可以制作更多的这类主题的视频，扩大流量和收入。同时，还可以在流量好的视频中推介新的视频，以旧带新，也是一个深挖利基市场潜力的方法，值得用户好好分析和利用。

综上所述，对商家而言，能掌握 YouTube 数据分析工具，了解 YouTube 算法，并根据这些关键指标优化视频，最终就能增加视频的吸引力，提高转化率。

本 章 总 结

本章主要介绍 YouTube 视频营销。首先介绍了 YouTube 的推广形式、广告类型，以及平台的营销优势；其次介绍了 YouTube 的账户创建、频道创建和上传自拍视频的详细步骤；再次介绍了如何寻找拍客，与拍客开展合作推广；最后介绍了通过 YouTube 内置的数据分析工具来定量评估视频的营销推广效果。希望读者在深度认知 YouTube 视频营销机制的基础上，把握海外社会化媒体推广的要点，宣传并打造品牌形象，提高转化率，实现有效营销。

本 章 习 题

一、选择题

1. YouTube 视频推广的形式包括（　　）。
A．拍客推广　　　　B．平台推广　　　　C．自拍视频　　　　D．买家推广
2. 导视广告（Bumper Ad）是在主视频播放前或播放中有（　　）不能跳过的广告。
A．5 秒　　　　　　B．6 秒　　　　　　C．10 秒　　　　　　D．15 秒
3. YouTube 频道可以分为（　　）频道和（　　）频道。
A．个人　　　　　　B．企业　　　　　　C．品牌　　　　　　D．政府
4. YouTube 视频排名的影响因素有（　　）。
A．上榜时间　　　　B．点赞　　　　　　C．评论　　　　　　D．完整观看数量

5．YouTube 视频数据分析工具主要有三个报告，包括（　　）。
A．收入报告　　　　B．观看时间报告　　　C．互动报告　　　　D．评估报告

二、问答题

YouTube 与 TikTok 都是视频平台，两者的区别体现在哪些方面？

三、实训题

结合 YouTube 平台视频营销的优势、特点和成本效用，开展跨境电商市场调研，列举该平台适合哪类产品的营销推广。

第六章 Instagram 营销应用

Instagram 的主要营销对象是 34 岁以下的年轻人。

> **案例**
>
> ### Instagram 有效提升了 fbb 品牌影响力
>
> "fbb 一直是 Instagram 领先的时尚品牌，因此在 Durga Puja（杜尔加女神节）上，我们利用了相关的千禧一代的洞察力，为我们的受众创造了颠覆性的体验。我们利用平台的独特优势，因此有了"#pujoperfect"爱情故事，如图 6-1 所示，我们是第一个给所有人机会来共同创造故事的人。"
>
> ——PAWAN SARDA，集团 CMO
>
> 自 2008 年以来，fbb 一直是印度平价时尚的终极代表，fbb 账户主页如图 6-2 所示。从节日服装到商务服装，再到民族服装和休闲度假服装等，目前总共有 373 家店铺，是一个真正受欢迎的时尚中心和零售目的地。通过在 Instagram 上的营销，fbb 取得了良好的营销效果。
>
>
>
> 图 6-1　"#pujoperfect"标签　　　图 6-2　fbb 账户主页

fbb 通过 Instagram 营销的目标是吸引时尚达人,促进销售。fbb 希望以某种方式在 Durga Puja（西孟加拉邦最著名的节日之一）期间提高店内销售和品牌吸引力。该品牌知道他们必须想出一种新颖的方法来吸引印度新潮的千禧一代。因此,fbb 通过讲互动式爱情故事的方式,在 Instagram 上开展了一次品牌营销。

　　Durga Puja 旨在庆祝新的开始,因此 fbb 希望开展一场能够体现出这种精神的运动。fbb 与 Nishtasha Digital Media Private Limited（NDMPL）一起为 Instagram 故事创建了一个为期五天的网络互动系列,称为"#pujoperfect"爱情故事。这些情节在"故事"和"供稿"中作为广告播放,凸显了一对年轻夫妇之间萌芽爱情的过程。两个主要角色 Ananya 和 Roy 使受众不仅爱上了 Durga Puja 的精神,而且还帮助他们体验了 fbb 的 Durga Puja 系列。

　　fbb 没有提供片面的、被动的体验,而是赋予人们在剧集结束时决定接下来该做什么的权利。营销人员给受众提供了一些相关的情景,比如被问及该穿什么衣服,并要求他们分享自己的观点和喜好。故事的发展取决于受众的反应。fbb 使用了 Instagram 故事的所有可用功能,如表情符号、GIF、投票、答案和滤镜,鼓励受众做出反应,并在整个系列中保持参与。

　　该活动鼓励顾客访问 fbb 的 Instagram 主页,增加品牌的亲和力,并以一种创造性的方式展示其时装设计。凭借强烈的"向上滑动"行动号召,该品牌通过将受众带到其活动微网站,有效地创造了线索并推动了销售。在那里,他们可以填写一份表格,并提供姓名、电子邮件和电话号码,以便收到一条带有优惠券代码的短信,这些优惠券代码可用于在商店购买打折商品。

　　fbb 在 Instagram 故事上的互动爱情故事得到了回报。在 2019 年 9 月 17 日至 10 月 8 日期间,活动实现了如下效果:①同时期 Instagram 活动的优惠券兑换率比其他渠道提高了 28%;②与同期西孟加拉邦的其他渠道相比,Instagram 活动带动了超过 2 万家店铺的访问量;③大约 90 万美元的销售额来自整个活动推动的商店访问;④与前一年的典型旺季访问量相比,Instagram 活动期间的客户访问量增加了 22%。由此可见 Instagram 的品牌营销影响力。

第一节　Instagram 概述

一、Instagram 简介

　　Instagram（照片墙）是一款运行在移动端上的 Facebook 公司旗下的社交应用,以一种快速、美妙和有趣的方式将用户随时抓拍的图片在线彼此分享。该应用程序于 2010 年 10 月发布,创始人是 Kevin Systrom 等人。2012 年 10 月 25 日,Facebook 以总值 7.15 亿美元收购 Instagram。2015 年 12 月 10 日,苹果公司发布了 2015 年"App Store 最佳应用"名单,Instagram 获得"最佳 iPhone 6s 应用"。2016 年 12 月 13 日,Instagram 的 Live 直播功能向美国所有用户正式开放。2018 年 12 月,世界品牌实验室发布"2018 世界品牌 500 强"榜单,Instagram 排名第 362 位。根据 Statista 最新的数据（2020）,Instagram 每月活跃用户超过 10 亿,属于全球最受欢迎的社交网络之一,也就是说 Instagram 的量级相当于国内的微信。截至 2020 年 10 月,Instagram 全球观众中 33.1% 的年龄介于 25～34 岁。总体而言,Instagram 总受众中超过三分之二的年龄在 34 岁以下，这使得该平台对营销人员特别有吸引力。

Instagram 的核心是"用户生成内容"（User Generated Content，UGC）的优质图片。因此，尽管 Instagram 经过多年的产品迭代与优化，新增了 IGTV（Instagram 视频内容频道）等受追捧的功能，但是 Instagram 以图片为核心驱动的特点却从未变过。Instagram 的优点体现在以下几点：一是女性、年轻群体居多，可精准辐射到目标用户；二是标签、探索功能让没有账户的人也可以看到其内容，加深扩散；三是可以与粉丝在线聊天互动，大大提高与粉丝的互动率。

二、Instagram 主要功能

Instagram 有三种主要功能，分别是帖子、快拍和直播，这三种功能在发布时可见，如图 6-3 所示。

图 6-3　Instagram 的三种功能发布页面

1. 帖子功能

Instagram 的发帖功能类似于微博。Instagram 提供了一系列的滤镜特效，可以添加说明或添加地点，可同时共享到 Twitter、Facebook、Tumblr、Flickr、Foursquare 甚至新浪微博这些主流社交网络。同时，Instagram 基于这些照片建立了一个微社区，在这里可以通过关注、评论、点赞等操作与其他用户进行互动。

2. 快拍功能

海量用户每天都在使用 Instagram 快拍。Instagram 快拍是一种全屏广告创意格式，让用户通过照片和视频查看及分享每日精彩时刻。除非进行保存，否则这些照片和视频会在 24 小时内消失。Instagram 快拍是一款用来创建纵向视频的绝佳免费工具，商家可以充分利用这种沉浸式的全屏格式及各种可用的原生功能。平台上超过半数的商家每月都会创建快拍。与其他任何视频素材一样，也可以在广告管理工具中上传 Instagram 快拍。

3. 直播功能

早在 2016 年 Instagram 就推出了直播功能，发展到现在，直播功能更为人性化。直播结束后，可以将直播回放分享到 IGTV，或分享直播私人影集中的直播视频。在屏幕顶部会显示观看者的数量，在屏幕底部会显示评论。轻触屏幕底部的评论，即可添加评论。保存直播视频时，只会保存视频，不会保存评论、赞和观众等内容。

三、Instagram 营销受众

利用 Instagram 进行品牌或产品营销推广，首先需要分析适合推广的品牌产品类型。根据 Instagram 的受众情况，一般比较适合时尚、珠宝、宠物、服饰鞋包、影视周边等。可以通过两个简单的方法判别是否适合进行 Instagram 营销推广：第一种方法是可以直接在 Instagram 输入产品核心词，查看排在前列的账户粉丝数量、质量如何、图片的点赞和讨论量有多少，这种方式比较简单直接；第二种方法是通过分析同品类竞争对手的营销推广情况，查看竞争对手产品流量来源渠道中有多少来自 Instagram，了解同品类产品使用 Instagram 推广的情况，作为产品 Instagram 推广的参考。

四、Instagram 营销流程

Instagram 是深受全球年轻人喜爱的图片社区，分享时尚、名人、设计和启发性内容，每日约有 7000 万张图片被分享，超过 25 亿个赞，流量惊人，已日渐发展为全球最具吸引力的移动端广告平台之一，尤其适合品牌营销推广。

Instagram 营销推广一般流程简述如下。

（1）设定 Instagram 营销推广目标。

流量转化的步骤，从曝光量—浏览量（点击量）—关注量—跳转率—销售量—品牌力提升进行漏斗式递进，因此，开始时需要设定营销推广目标。只有目标明确，才能更好地制定计划去完成，集中相应的时间、精力、预算去解决问题。目标可以是销售多少商品、增加多少销售量、增加多少关注、品牌力提升多少等。

（2）确定 Instagram 推广受众。

在正式开始营销推广之前，先进行品牌及产品受众分析，包括从年龄、地理位置、性别、收入、兴趣、动机和痛点等角度去思考品牌受众，从而对品牌推广进行更精确的定位。较直接的方法是查看与品牌相关的一些流行事件和兴趣标签，分析关注这些内容的用户资料。同样，也可以直接查看竞争对手的关注者。

（3）进行竞争分析。

对相关的品类进行调研分析，从内容发布、主题设定、标签使用、发布频率、增长速度等方面进行分析，作为品牌推广参考。

（4）规划创意内容。

将品牌营销目标进行细分，制定详细的营销推广计划，包括发布时间、数量、内容、话题、标签等，将目标、措施、对策、时间等进行具体规划。

（5）保持一致的品牌调性。

品牌推广的内容切忌杂乱零散，要在消费者心中建立统一的品牌形象，使消费者对品牌产生信任。在 Instagram 上，应根据品牌的个性确定 Instagram 推广的一致性内容。

（6）扩大 Instagram 上的关注者。

在完成 Instagram 账户的逐步打造后，包括有可辨识的品牌用户名、10～15 个高质量帖子等，应进一步扩大关注者数量。可以采用关注其他相关用户来与其进行交互，互相分享内容。

（7）转化 Instagram 上的关注者。

当 Instagram 上有了一定关注者以后，就可以开始转化这些关注者。开展相应的活动，比如促销、比赛、公益、宣传片、发布新产品等，都可以促进用户转化。

第二节　Instagram 账户注册与内容发布

一、Instagram 账户注册

1. 网站注册

步骤 1：登录 Instagram 的官方网站 https://www.instagram.com，如图 6-4 所示，选择登录方式，或点击"注册"按钮。

步骤 2：按注册页面提示填写手机号或邮箱、全名、账户及密码等信息，如图 6-5 所示。注意：使用手机号码时需填写国家区号，如中国要在手机号码前加"+86"。

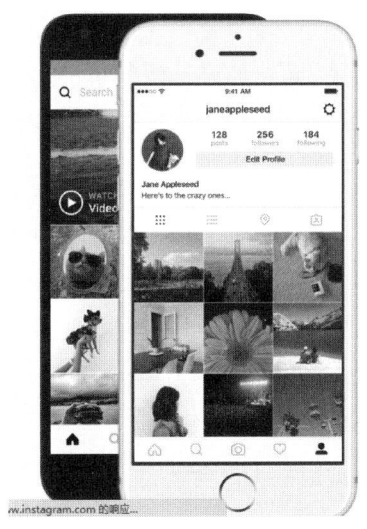

图 6-4　Instagram 官网注册页面　　　　图 6-5　Instagram 注册填写信息

步骤 3：填写出生日期，要填写真实年龄信息，如图 6-6 所示。信息无误，点击"下一步"按钮。

步骤 4：输入发送到手机或邮箱的验证码，如图 6-7 所示。确认后，注册成功。注册完成后，此时会跳出提示，点击"取消"按钮即可，然后进入网站内登录。

图 6-6　Instagram 注册之填写生日信息

图 6-7　Instagram 注册之填写手机验证码

2. 手机 App 注册

使用苹果手机 iPhone 的用户，从 App Store 下载 Instagram 应用；使用安卓手机 Android 的用户，从 Google Play 商店下载。在安装应用后，轻触 Ins 图标打开。注册的流程与网站注册相似，操作简单。用邮箱或手机号注册，按提示输入邮箱或手机号（要求验证码），点击"下一步"按钮，创建账户和密码并填写个人主页信息，然后轻触完成。也可以轻触使用 Facebook 的账户登录，用 Facebook 账户注册。如果使用 Facebook 账户，那么系统将在用户退出 Facebook 账户的情况下提示登录账户。

注册完成之后，在 Instagram 里选择关注朋友，可以导入通讯录、Facebook 好友、Twitter 好友，或者直接在搜索框输入想要关注的用户名字，都可以实现关注，而且没有关注用户的限制。一旦关注了之后就能在新鲜事里看到所关注用户的更新。和微博相似的是，不管你在现实中认不认识这个人，都可以选择关注。当完成了关注之后，点击"下一步"按钮，按照提示流程即可完成关注。

二、Instagram 主页基础设置

Instagram 账户主页设置页如图 6-8 所示，主页对跨境电商营销尤为重要。

1. 重视 Instagram 个人资料的填写

在创建 Instagram 账户时，以及在注册账户后，可以填写和修改"姓名"（Name）、"账户"（Username）和"网站"（Website）三项介绍，如图 6-8 所示。在姓名处，应该考虑包含拟推广产品或品牌关键词，这样做的好处是在 Instagram 的搜索框中搜索相应关键词时会被搜索到，可以大大增加账户曝光率，有可能直接就排在前面。账户可以填写品牌标识、公司名称、行业名称等。以美妆为例，如果是一个"makeup"相关的博主或者服务于这个行业，计划推广美妆或化妆品的账户，那么在账户姓名里带有类似"makeup"这样的关键词，这样用户在搜索的时候，该账户被搜索出的概率就会大大增加。例如，在 Instagram 搜索"makeup"，出现了诸多相关账户，如图 6-9 所示。

第六章　Instagram 营销应用

图 6-8　Instagram 账户主页设置页

打开图 6-9 中排在第 6 位的账户，其粉丝只有 264 人，这就说明该博主针对"makeup"这个关键词做了 SEO（搜索引擎优化），优先展示。同时，通过该账户主页显示的信息，可以一目了然地了解其主要的业务内容，如图 6-10 所示。

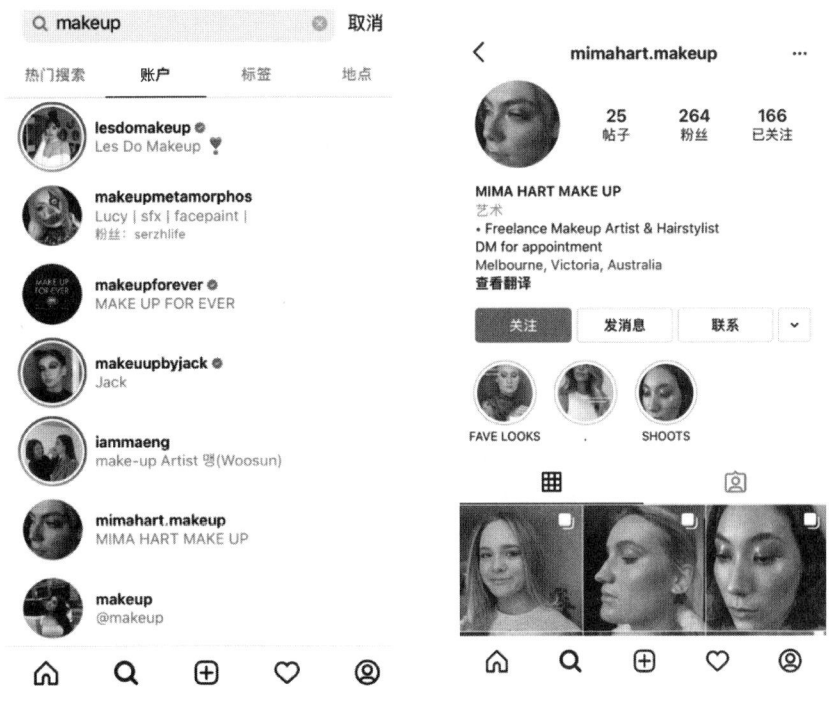

图 6-9　Instagram 搜索关键词　　　　图 6-10　排名靠前的账户主页

113

在图 6-8 中,"网站"是 Instagram 主页设置中唯一可以放置链接的地方。建议链接至有号召性的着陆页（landing page），对买方有吸引力，而不是直接放网站首页链接。在产品推广帖子的标题中引导用户：如果感兴趣，那么可以在 bio（个性签名）中点击链接，直接跳转到"着陆页"。注意：链接并非一成不变，应随时根据最新的营销推广活动更换链接，确保关注者可以准确地跳转到产品或者活动页。

2. 重视 Instagram 个性签名

好的 Instagram 个性签名可以获得更多关注。通过学习和模仿竞争对手的简介写法，撰写有吸引力的标题、价格以及号召性用语（Call-to-Action，CTA）、免费发货、服务担保等。添加一些与产品相关的图片，这些图片可以有趣、漂亮、幽默，但要跟账户内容相关，主要用于吸引潜在客户的注意力。Instagram 限制简介不能超过 150 个字符。Instagram 简介主要有以下几种写法。

（1）向访客介绍自己。

直接向访客介绍自己：能为顾客提供什么产品，以及追求的目标。以星巴克为例，其简介让访客了解到星巴克的主营业务是社区咖啡服务，如图 6-11 所示。

图 6-11　星巴克的账户资料

（2）增强权威性。

在个性签名的资料里填写一些权威性的信息，使访问者确信公司业务将使他们受益。如 Petco 公司的 Instagram 个性签名，表明他们的宠物产品绝对是天然的。因此，从 Petco 购买产品时，客户无须担心自己心爱宠物的健康状况。Lay's 公司在个性签名中强调从事该行业的时间，以显示公司在行业中的权威地位，如图 6-12 所示。

（3）使用标签和表情符号。

即使 Instagram 简介中的信息确实写得好，访客也有可能忽视。为此，可以使用表情符号引起访客注意。佳得乐（加拿大）公司的 Instagram 简介使用了多种表情符号，如图 6-13 所示。

当账户的信息吸引了访客的注意力并让他们阅读消息时，接下来需要做的就是吸引访客的参与。实际上，实现此目的最有效的方法之一就是创建品牌的标签。

图 6-12　Lay's 的账户资料　　　　　图 6-13　佳得乐的账户资料

在 Red Robin 的 Instagram 账户中，可以看到品牌标签附加在他们的个性签名上，如图 6-14 所示。这使得 Red Robin 可以获取用户生成的内容。

（4）加入号召性用语。

在 Instagram 个性签名中加入号召性用语，可以消除访客的疑虑，并让他们点击链接进行购买。Pillsbury 公司的简介如图 6-15 所示，"Click the link for recipes" 激发访客点击链接进行进一步查看。

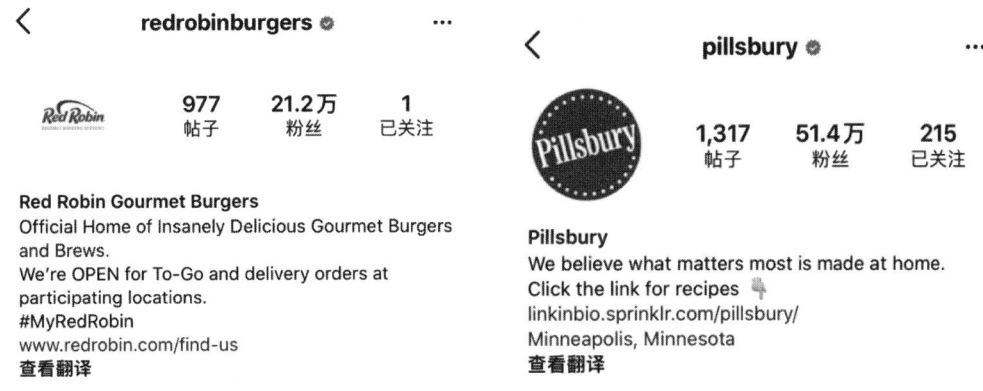

图 6-14　Red Robin 的账户资料　　　　　图 6-15　Pillsbury 的账户资料

（5）Instagram 个性签名举例

独具特色的 Instagram 个性签名能让用户印象深刻，对该账户产生兴趣，引发用户关注。下面列举了一些 Instagram 个性签名的例子，以供借鉴：

Bad decisions make for the best stories.

The future is shaped by your dreams. Stop wasting time and go to sleep!

Believing in yourself is the first secret to success.

You are never too old to set another goal or to dream a new dream.

Never forget, the world is yours. Terms and conditions may apply.

Born to shine.

Chasing destinations around the globe.

Better to see something once than hear about it a thousand times.

Travel far enough you meet yourself.
Remember that happiness is a way of travel, not a destination.
We are born to be real, not perfect.
Believing in making the impossible possible.
As free as the ocean.
Stay a mystery, it attracts more curious people.

三、Instagram 注意事项

1. 日常与其他账户保持互动

点赞和发表评论是获得关注者的好办法。多关注一些红人，并对他们的帖子进行高质量的回复。重新发布他人的图像内容，注明来源并发表相关的赞美之词，能有效地进行交叉推广。

2. 选择合适的时机发布帖子

根据 TrackMaven 的研究，Instagram 上最有效的发布日期分别是各国本地时间的周五和周末。一天当中，美国东部时间下午五点左右发布的帖子能得到较高的曝光量与活跃度。可以根据大数据发帖，同时可以对自己品牌的发帖时间的效果进行测试，找到最适合自己品牌的发布时间点。

3. 及时回复用户评论

回复评论可以鼓励原始帖子的后续评论，也可以快速地开始对话并提高参与度。增加帖子的覆盖范围可以同时增加评论数。这些都有助于这篇帖子将来的发展。

第三节 Instagram 基础营销

使用 Instagram 进行营销，包括图片营销、标签营销、活动营销、红人营销、IGTV 视频营销、购物帖子营销等推广方式。

一、图片营销

1. 一致性品牌营销，建立图像品牌

Instagram 的用户偏好具有"一致性"的品牌调性。一致性并不代表同质化的内容，而是说运营的频道有带有自己品牌特色的一致的视觉效果，这会很容易让用户产生记忆点并且产生信任度、好感度。如果账户没有主题风格，那么 Instagram 平台本身所给的曝光量也会较少。在建立频道之初，就要设计好头像和内容的整体配色的框架。例如，香奈儿在 Instagram 的主页上展示的一致性形象是美妆，而红牛是运动特别是极限运动，如图 6-16 和图 6-17 所示。

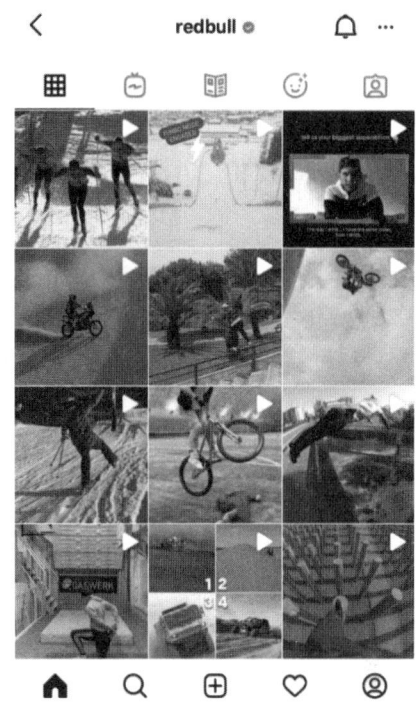

图 6-16　香奈儿在 Instagram 上的主页　　图 6-17　红牛在 Instagram 上的主页

2. 精美且带有启发性的图文营销推广

Instagram 是基于共享图片这一想法而建立的，图片是核心的驱动力。优质图片可以在整个社区唤起大量共鸣，因为好的照片被认为是艺术，而艺术能唤起情感。创造优质且富有启发灵感性的照片需要具备以下几点要素：一是学习平台上 KOL 和品牌方的创作方式与灵感；二是结合自己的产品进行创意头脑风暴；三是使用一些在线工具，例如 Photoshop 和 Canva 等。

同时，优化每一张图片下的文字，激发粉丝互动，制造话题，进行 Instagram 粉丝社群互动优化，使话题具有黏性。

图 6-18 是 Coventgardenldn 在 Instagram 上发布的圣诞节帖子，图片具有艺术性，充满想象力，特别是在 2020 年疫情期间的圣诞节，让看帖人有特别的感受。加之文字内容富于想象，特别是"349 days until Christmas…"的表述，让 Instagram 用户看完后每个人的感受都不一样，都觉得很特别。

二、标签营销

Instagram 是一个社交媒体的同时也是一个搜索引擎，Instagram 上的标签可以帮助企业显示相关搜索以提高覆盖率，因此，标签能很好地扩大曝光度。在进行品牌营销推广时要最大程度地使用标签来扩大影响力，同时可以@名人进行引流。社区主题标签覆盖的用户非常活跃，尽管这些小众标签不像流行标签那样涵盖帖子数量，但可以直接链接到目标消费者。使用标签可以直接访问品牌账户的点击次数、参与度和潜在用户。

图 6-18　Coventgardenldn 在 Instagram 上的圣诞节帖子

在标签页有两个相关的区域的帖子，包括"人气""最新"。一般刚发布的帖子暂时不会出现在人气帖子中，但是会很容易出现在"最新"板块中，这相当于一拨免费的自然流量。如果发布的品牌帖子被定位为该标签下有充足吸引力的帖子，那么该图文就会有很长一段时间停留在人气发布中，只要人们搜索相对应的标签，就可以轻松发现品牌的帖子，扩大影响力。如图 6-19 所示是香奈儿品牌的一款口红帖子，发布时@著名的意大利彩妆师露西娅·皮卡（Lucia Pica），通过名人扩大了产品的影响力。同时，帖子添加了两个标签，其中"CHANELMakeup"标签有 55 万个帖子，扩大了帖子的受众。

在 Instagram 进行标签营销推广时，也可以自主创立一个标签。只需要使用"#"号加上品牌名称或任何想创立的标签，例如#apple。最开始可能只有品牌公司自己使用这个主题标签，但随着账户和店铺的持续运营，就会逐渐吸引其他用户开始使用相应的主题标签进行购买产品后的分享，也就是"晒图"。香奈儿美妆品牌通过这种方式吸引了大量的粉丝，如图 6-20 所示。通过新标签去扩张社群，慢慢积累中小型的精准标签，带上这样的标签，就会有越来越多的粉丝和标签了。这有助于扩大账户及品牌的影响力。

使用 Instagram 上流行的标签也是进行品牌营销推广的一种方法，例如每周热门的#TGIF、#MotivationMonday 和#ThroubackThursday 等，可以围绕这些主题贴合要推广的品牌及产品做一些内容分享。流行的标签有助于寻找与品牌产品有关的流行话题，进行借鉴及标签分析。

此外，#的应用很丰富，需要 Instagram 账户结合品牌特色或营销推广目标进行拓展。例如，请达人分享图片，然后#品牌；或者请各种 KOL 进行分享，#活动名；甚至蹭热度，例如#xmas 等。

第六章 Instagram 营销应用

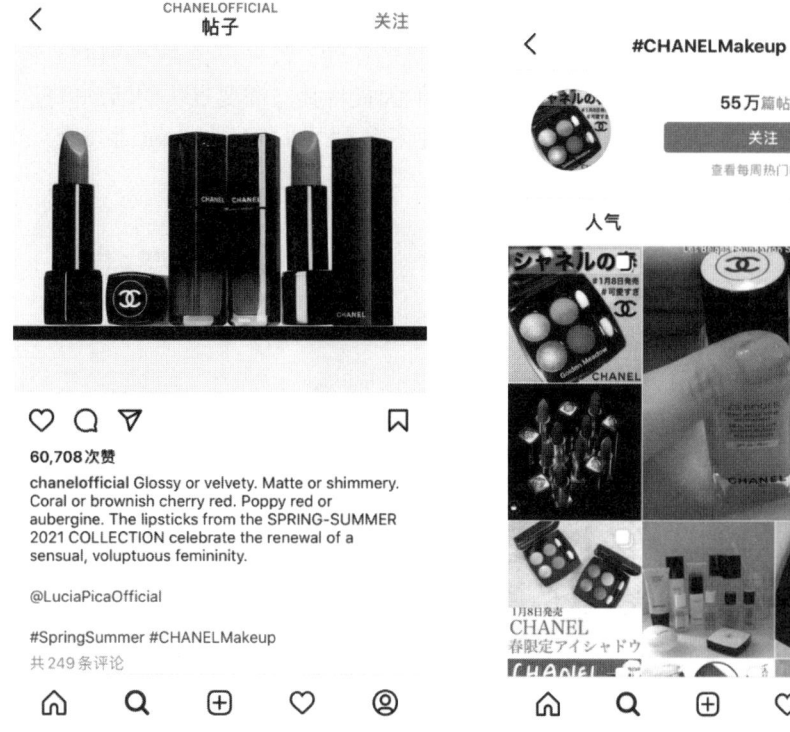

图 6-19　香奈儿发布的加了标签的帖子　　图 6-20　香奈儿美妆标签

善用标签是 Instagram 营销的核心点，一个帖子最多可以被允许使用 30 个标签，具体使用多少要结合帖子内容。但根据有关大数据统计，当一个帖子使用标签达到 11 个及以上时，在 Instagram 上可以获得更高的互动性。

三、活动营销

与其他相似的图文帖子相比，使用竞赛、赠品、有奖竞猜等活动方式可以带来更多的关注，如图 6-21 所示为转发参与有奖活动。为了使得活动有更多人参与，可以设置一些用户非常感兴趣的奖品。在进行活动描述的时候，尽可能简练但又表述完整，例如点赞（双击喜欢）照片，关注账户，转发帖子并@一位好友，并带上相关的主题标签等。这样的活动可以尽可能扩大宣传的范围，并形成一个循环，最后只需要确保挑选出获胜者并送出获胜者的奖品即可。

四、红人营销

红人（Influencers）即 Instagram 上具有营销推广影响力的人。与红人合作营销推广可以快速有效地增加社交关注度乃至店铺销量。Instagram 上有大量的红人，在不同的领域中各自拥有着成千上万的订阅者。可以在 Instagram 中寻找合意的红人，也可以通过红人平台找寻最佳的合作伙伴。如果直接通过 Instagram 平台搜索，想找到一些潜在的红人，那么首先需在 Instagram 上搜索与要推广产品店铺相关的主要标签，找到该标签下热门的帖子，然后区分一些非品牌方的博主，了解他们的内容和粉丝数量等情况，最后与他们取得联系并商谈合作。如果是通过红人平台，那么要先了解红人平台包括 iFluenz、Open Influence 和 Tribe 等，如图 6-22 所示是一个红人营销推广的网站主页。iFluenz 是为数不多的微网红平台之一，Instagram 上有超过 2 万名网红注册，拥有超过 5 亿的粉丝。该平台允许用户围绕产品构建宣传活动，并在根据行业、受众统计、参与度和其他因素将其与需要宣传的活动匹配之后，提供多个可供选择的网红。同时，该网红平台可以免费查看，并在 Instagram 上发起一个网红营销推广活动，费用低至 1 美元，没有预付或月费。

图 6-21　myunidays 的有奖活动

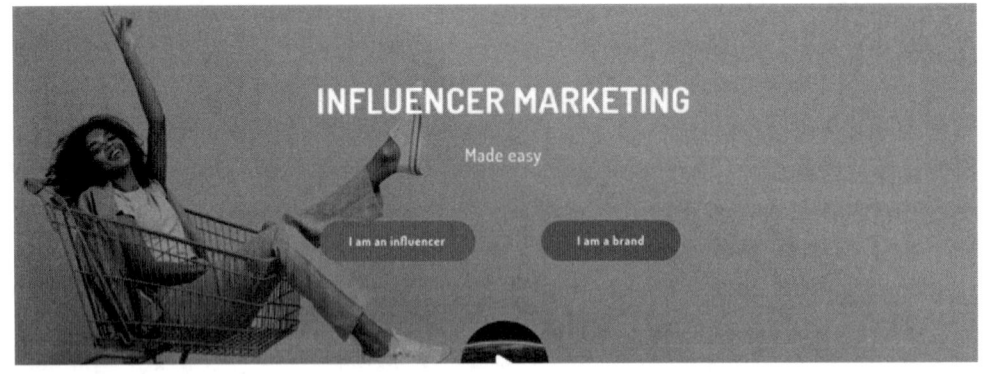

图 6-22　红人营销推广的网站

红人营销的步骤主要有以下几点：

1. 选择要红人营销推广的品牌产品

想要让产品有一个好的推广效果，那么选择一个受欢迎的产品就很有必要了。可以通过速卖通、eBay 和 Pinterest 等渠道分析同类型品牌的哪些产品用户会感兴趣。同时，分析自有品牌产品在跨境电商平台最受欢迎的是哪些，然后主推该类产品。在速卖通平台上，可以先查看具体销售情况如何。搜索主关键词，选择按照订单量排名，找到类似产品，分析订单量，然后进入产品详情页，检查产品评分和用户评价。若要查看产品在 Pinterest 是否受欢迎，直接搜索主关键词，找到类似产品即可。eBay 上也类似，搜索主关键词，查看最常购买的类似产品。产品越受欢迎，做 Instagram 红人推广的效果就会越好。

2. 寻找红人

确定产品后，应寻找合适的 Instagram 红人进行营销推广。寻找红人的方法有很多种，有专门的红人资源网站、谷歌搜索等，也可以选择直接在 Instagram 上找红人。此处以在 Instagram 上找红人为例。在找红人前，先找出潜在客户感兴趣的话题和关键词，并记录下来，然后再根据这些关键词在 Instagram 上查找。比如，如果做的是猫手机壳，就可以向喜欢猫、可爱的东西和卡哇伊风格的年轻女性做广告，宣传猫手机壳。因此，可以使用"cats""cute""kawaii"等词来查找 Instagram 红人账户。

通过在 Instagram 搜索相应的关键词，会获得大量的 Instagram 账户信息，因此需要进行甄别。第一，分析账户语言是否适合。如果目标市场是英语国家，那么就应该排除非英语的账户。第二，分析粉丝的数量和质量。可以选择拥有 10 万～30 万粉丝的账户。百万粉丝红人的价格昂贵，粉丝的质量以及参与率相比于三四十万的粉丝账户下降很多，从性价比的角度考虑不划算。当然需要具体情况具体分析。第三，分析红人账户内容质量。检查红人账户的帖子内容，查看里面有多少营销帖子，频率如何，有多少种不同种类的广告，分析产品是否适合在这个红人账户进行宣传。一般而言，如果红人频繁发广告，或者广告有很多种，那么这种红人的账户可能存在问题。第四，分析红人帖子用户参与度。由于 Instagram 红人营销推广非常受欢迎，有些不良红人使用机器作假，使得粉丝数据虚涨。有一些工具可以分析红人账户质量，例如通过 Influencer marketing 网站的"How to Spot Fake Instagram Followers"工具进行分析。

3. 联系 Instagram 红人进行营销推广

选定营销推广的红人后，需要联系红人进行沟通，可以在 Instagram 上直接联系对方。如果有红人的电子邮箱，那么可以向红人直接发送电子邮件。在沟通过程中可以参考以下模板：

Hello! My name is Kate. Your account is really awesome! Are you interested in paid shoutouts? If yes, could you, please, let me know your prices so we could discuss the details? I can make the shoutouts for you in my account as well. Thank you in advance for your reply!

4. 红人营销推广的报价

一般来说，红人营销推广的报价每 1 万粉丝 1 美元。不过，有些热门红人营销的价格暴涨，有时报价 1 万粉丝 5 美元都是正常的。因此，需要跟红人讨价还价，并且根据品牌产品营销的实际情况进行选择。

红人的报价回复一般参照以下格式：
My rates:
$10 for 24 hours post+caption+link in bio.
$12 for 24 hours post+caption+link in bio+stories.

第一条表述的内容是：10美元24小时，内容为帖子+标题+个人简介里放产品链接。第二条因为加了一个Instagram故事，所以变为12美元24小时。

5. 向红人付费

确定好价格和内容形式后，就可以向红人付费。付费方式多样，可以使用PayPal的"商品或服务付款"付费，采用这种方式就代表向红人购买商品或服务。如果红人提供的营销服务存在问题，那么可以向PayPal申请退款。使用PayPal付款会收取交易费用，一般由品牌方支付。

6. 确定红人营销推广的时间

红人营销推广的时间一般只需要12个小时就够了，超过12个小时，效果就会差很多。应了解红人的帖子一般在什么时候被最多人看到。由于Instagram提供了分析粉丝的功能，因此可以要求红人提供分析报告，以了解哪些人会看到营销推广内容的报告。下面是索要分析报告的模板：

Could I ask you to send me your account insights? I'm interested in gender, age of your followers. I also need the info about your followers, activity during this week.

7. 发布内容

确定好时间、广告内容、受众群体等，以及红人营销推广的价格后，需要确定由红人发布的具体内容。例如进行产品图片推广，可以在图片中合适的位置加上打折、免费全球发货等信息，也可以进行拼图，这样能更好地展示产品更多方面的内容。同时，可以参考同类产品的竞争者在Instagram上的广告内容。图片推广当中的内容举例如下：

Awesome Cat Cases for iPhone and Samsung from ABC Company. Free shipping worldwide! SALE prices! 45 days money back guarantee! Only at www.***.com（active link in my profile）. Follow@** for more deals! Tag a friend who would like it!

关于营销推广的内容，在撰写标题时要加上标签。在红人开始广告之前，先将广告传到自己的账户。同时在给红人的广告标题中，要记得@自己的账户，这样感兴趣的用户就可以直接点击跳转到自己的账户了。红人开始营销推广后，及时跟进自己的账户和红人的账户，如果用户有问题，就及时回复。最后就是分析具体数据，以便评估此次红人营销推广的效果。

五、IGTV视频营销

Instagram电视（俗称IGTV）是一种在Instagram上共享长视频的功能。从商业角度分析，IGTV希望能从YouTube平台吸引各类网红入驻自己的平台，提高在视频类市场的份额。相对于YouTube而言，IGTV的优势体现在视频制作更容易、没有广告、竖屏观看视频、更适合品牌做社交媒体营销。尽管Instagram将信息流中的视频时长限制为60秒，但此功能允许从网络上上传长达60分钟的视频（如果从移动设备上传，则为15分钟），提供了一个通过视频讲述引人入胜的故事的好机会。视频已成为品牌商和营销商吸引消费者的有力工具。实际上，60%的人更喜欢观看在线视频，72%的消费者更喜欢通过视频了解产品或服务。因此，54%的消费者要求观看更多视频内容也就不足为奇了。视频是Instagram营销推广策略的重要组成部分。进行IGTV视频营销推广时，主要采用如下三种方式进行：

1. 制作系列视频

IGTV 最受欢迎的用途之一是发布有关特定主题的一系列短片。例如，Madewell 有几个包含影响力人物的 IGTV 视频系列，其中沙发秀系列记录了艺术家在家里举办小型表演的故事，周日晚餐系列的特色是食品行业中有影响力的人物分享他们的食谱，这些系列广受 Instagram 用户的欢迎。

2. 提供深入的教程

由于 IGTV 允许上传更长的视频，因此可以轻松地共享视频，向观众展示如何使用产品。如 Lightroom 使用 IGTV 共享#LrInsiderTips，这是一个系列视频教程，提供有关如何使用 Lightroom 某些功能的提示。这些教程使用户可以利用他们当前的技能等知识，或提供一种新颖且富有创造性的方式来使用其产品。

3. 发布有趣的访谈

采访为品牌营销推广的 IGTV 策略提供了绝佳的补充。邀请与要推广品牌的行业相关的有影响力的人物，让他们分享有趣的见解或回答听众提出的紧迫问题，能吸引大量对此有兴趣的用户。

六、购物帖子营销

Instagram 购物（Instagram Shopping）可以使用户轻松地从应用程序中选择和购买商品，而不需要将客户 Instagram 账户导流到对应的网站再进行购物。通过 Instagram 购物帖子可让消费者轻松发现并购买需要的商品。

1. 购物功能简介

通过 Instagram 购物功能，商家可以提供身临其境的购物体验。用户通过主页帖子和快拍获得商品信息，也能够在"搜索与发现"中发现商品。

当用户轻触帖子中的商品标记或快拍中的商品贴图时，将跳转到相应的商品描述页面，显示商家的商品信息：商品图片、商品介绍、商品价格、直接链接至网站的购买链接，如图 6-23 所示。

2. 设置 Instagram 购物帖子的步骤

步骤 1：设置 Instagram 账户符合的购物条件。在设置 Instagram 购物之前，需要确保业务满足三个条件：第一，账户需要位于可用的国家或地区，如表 6-1 所示，才有权限使用这一功能。Instagram 现已支持多个国家和地区的购物功能，如果账户不在可用地区中，则可能无法标记商品。此外，只能出售实体产品。第二，在 Instagram 上有企业账户。如果是个人账户，那么只需要在"设置"中切换到"商家主页"即可。第三，业务为销售实物商品，并且符合以下相关政策：

（1）Facebook 商业交易政策，具体见相关页面。
（2）Facebook 商家协议，具体见相关页面。

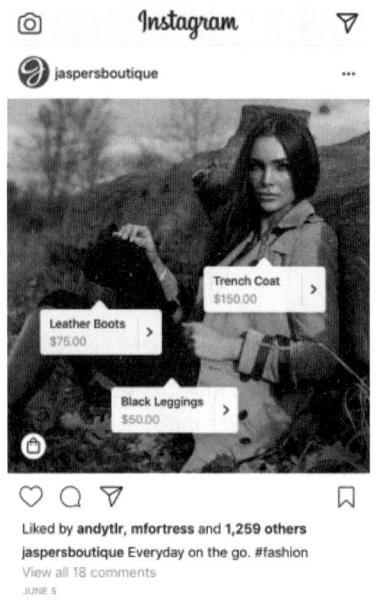

图 6-23　Instagram 中购物帖子展示效果

表 6-1　Instagram 购物的可用国家或地区

地　　区	支持购物功能的国家或地区
北美地区	加拿大、美国
拉丁美洲	阿根廷、伯利兹、玻利维亚、巴西、智利、哥伦比亚、哥斯达黎加、多米尼加共和国、厄瓜多尔、萨尔瓦多、法属圭亚那、瓜德罗普岛、危地马拉、圭亚那、马提尼克岛、墨西哥、巴拿马、巴拉圭、波多黎各、秘鲁、苏里南、乌拉圭、委内瑞拉
欧洲、中东和非洲地区	阿尔及利亚、亚美尼亚、奥地利、比利时、保加利亚、喀麦隆、科特迪瓦、克罗地亚、塞浦路斯、捷克共和国、丹麦、埃及、爱沙尼亚、芬兰、法国、格鲁吉亚、德国、加纳、希腊、匈牙利、肯尼亚、爱尔兰、以色列、意大利、拉脱维亚、黎巴嫩、立陶宛、卢森堡、马耳他、马约特、摩尔多瓦、摩洛哥、荷兰、挪威、波兰、葡萄牙、罗马尼亚、留尼旺、沙特阿拉伯、塞尔维亚、斯洛伐克、斯洛文尼亚、西班牙、南非、瑞典、瑞士、突尼斯、土耳其、阿拉伯联合酋长国、英国
亚太地区	澳大利亚、孟加拉、中国香港、印度尼西亚、日本、哈萨克斯坦、韩国、老挝、菲律宾、马来西亚、蒙古、缅甸、尼泊尔、新西兰、新加坡、斯里兰卡、中国台湾、泰国

数据来源：https://help.instagram.com/

步骤 2：在 Facebook 上创建产品目录。将产品添加到目录中后，就可以在 Instagram 帖子和快拍中对其进行标记。添加产品名称时，需要稍加描述，以便用户了解照片中已经标记出了哪些产品可供购买。例如，"Khaleesi" 只是一个品牌名，没有说明所售商品，而 "Khaleesi Leather Vest（Khaleesi 皮革衫）" 对购物则更有帮助。可以通过目录管理工具上传目录。创建流程可参考动态广告的目录创建流程。同时，如果希望使用商品标记和贴图，那么请选择电子商务目录类别。另外一种产品目标创建方式是通过 Facebook 公共主页添加【店铺】板块。访问 Facebook 公共主页的【设置】→【模块与功能菜单】，选择添加【店铺】功能选项，然后进入【店铺】页面进行相关设置及商品上传。

步骤3：通过Instagram购物审核。设置好产品目录后，就可以提交账户进行审核。进入"设置"，点击"商业"，然后点击"注册Instagram购物"。完成上述操作后，便可以提交账户供审核。审核过程通常需要几天的时间或更久，商家可随时通过"设置"中的"购物"，查看审核状态。账户通过审核后，商家将收到Instagram的通知，届时可以在"设置"中的"购物"下完成其他相关设置，然后开始在帖子和快拍中标记商品。

步骤4：在Instagram应用中开启购物。获得批准后，将在"设置和商业"下看到一个名为"购物"的新选项卡。点击后可以在Instagram应用程序中跳转到Instagram购物。

步骤5：创建Instagram购物帖子。做完前期准备后，进入正式的销售环节。首先，像上传普通帖子一样上传图片。然后，点击要标记的产品。每个帖子最多可以标记5个产品。输入要标记的产品名称，这些名称必须与产品目录中的名称相对应。在输入名称时，搜索框中就会出现对应的商品，点选即可，如图6-24所示。

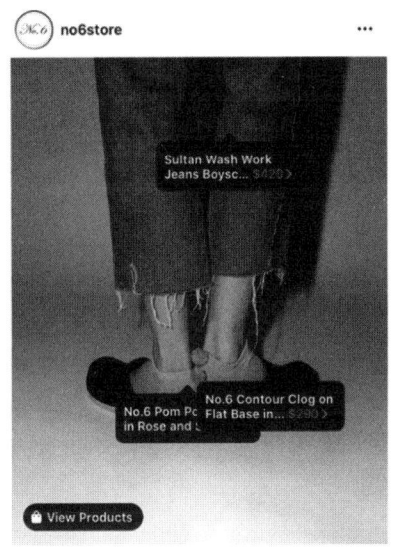

图6-24　Instagram中带标记的购物帖子效果

另外，Instagram购物帖子的右上角会出现"购物袋"图标，以区别于其他普通的帖子。标记过的所有产品将集中显示在个人资料的"购物"标签下，用户也可以在那里进行选购。

3．购物功能应用

（1）商品标记。按通常方式创建帖子或快拍，点击"标记商品"，从目录中添加商品。商家也可对主页上的旧帖添加标记，颜色和文本均可修改。多图片帖子不支持发布后再编辑或删除商品标记。

（2）查看购物成效分析。访问商家主页的"成效分析"，可以了解到用户与商家购物内容互动情况的成效分析，包括商品浏览次数，即用户点击商品标签查看商品页的总次数；以及购买链接点击次数，即用户轻触产品页上的购买按钮的总次数。

（3）购物功能注意事项包括以下几个方面。

①从目录删除商品：将某商品从目录中删除后，将无法在Instagram中主推该商品。并且，删除标记后，相关成效分析也将删除。

②切换目录：如果要更改用于 Instagram 购物功能的目录，那么现有商品标记不会移动、删除或更改。商家可以在"商务管理平台设置"中切换想要的目录。

③缺货商品：如果商品缺货，将移除相关的商品标记。目前，当商品补货后，商品标记不会重新显示。

④商品标记：目前该功能仅支持自然帖子和快拍，无法在付费广告中使用。

⑤商品审核：目录中的每件商品都必须接受审核，确保符合 Instagram 的商业交易要求。如果商家想要标记的商品没有显示出来，那么可能是因为此商品未获得批准或被认为是重复商品。

第四节 Instagram 付费广告

自 2015 年 9 月 30 日起，Instagram 官方的广告服务正式对全球用户开放，Instagram 的广告后台以 API 形式整合至 Facebook 既有的广告系统，不仅有与 Facebook 一样可以支持"Call To Action（CTA，号召性用语）"的按钮，而且沿袭了 Facebook 精准定位等强大的功能。可以利用用户在 Instagram 上的喜好、关注等信息，以及在 Facebook 上的基本信息，来展示更有相关性的广告。

Instagram 的付费推广帖子与普通帖子的区别在于，付费推广帖子注明了"Sponsored（推广）"标识，以及左下方的 CTA（号召性用语）按钮，例如"Learn More（了解更多）"等，以吸引流量或转化。此外，一些 Instagram 广告类型还包含其他电子商务功能。

一、Instagram 付费广告简介

根据 AdEspresso 对 2016 年数千条 Facebook 广告的分析，Instagram 的广告费用相对较高。Facebook 手机上的广告 CPC（平均点击成本）仅为 0.35 美元，但 Instagram 上的 CPC 为 0.70 美元。Instagram 广告的价格受到许多因素的影响，包括但不限于以下因素：

一是年龄，CPC 最高的年龄段为 18~24 岁、25~34 岁和 35~44 岁，Instagram 的用户正处于营销推广中最有价值的年龄段。

二是性别，以女性为目标的品牌在 Facebook 上做广告的成本要高于男性。行业大多认同 Instagram 中有更多的女性用户，这一点导致了竞争的加剧和点击成本的增加。

三是广告位置，Instagram 的广告可以在 Facebook 的后台操作。

四是其他影响成本的因素，包括国家、兴趣定位、广告材料等。

二、Instagram 付费广告类型

Instagram 提供了几种广告类型，包括快拍广告、图片广告、视频广告、轮播广告、聚合广告（Collection ads）、发现页广告（Explore ads）、IGTV 广告、Instagram 购物广告等，前 4 种是中国卖家比较常用的类型。快拍广告主要是通过全屏播放视频讲品牌和产品故事，融入营销内容；图片广告主要展示吸引受众眼球的图片，如美妆类或服装类产品图片；视频广告的时间要比快拍时间长，且可循环播放；轮播广告则能通过多张图片讲述更精彩的故事，让图片广告更有深度。每种广告类型均适用于不同的业务目标，包括 App 安装、品牌知名度、转化次数、吸引潜在客户、传递信息、触达客户、店铺流量、视频播放量等，并具有不同的 CTA 选项，例如：Apply Now/现在申请、Book Now/现在预订、Contact us/联系我们、Get Offer/

获取优惠、Learn More/了解更多、Order Now/现在下单、See Menu/查看菜单、Send Message/发送消息、Send WhatsApp Message/发送 WhatsApp 消息、Shop Now/立即购买、Sign Up/注册、Subscribe/订阅等。

1．快拍广告

Instagram 快拍广告是通过将照片、影片等编辑成短片，能够全屏显示的广告。快拍发布后，会自动在 24 小时之后删除。根据数据统计每天有 5 亿 Instagram 用户观看快拍。通过 Instagram 快拍广告吸引大量受众，品牌可以充分利用快拍中的功能，例如添加滤镜、特效、投票和文本做有创意的推广。快拍广告和普通快拍无甚区别，用户在浏览体验上不会有被打断的感觉。还可以在快拍底部添加"向上滑动"功能，将用户带到品牌商指定的页面。

2．图片广告

图片让卖家和品牌能够通过抓人眼球的图片展示自己的产品和服务。高质量的图片会吸引更多的访客和用户。与其他 Instagram 广告类型一样，需要为广告选择一个最贴近品牌业务目标的 CTA，例如吸引访客到品牌网站，让用户关注品牌的 Instagram 账户，或转化用户为消费者等。

3．视频广告

Instagram 的视频广告时长最长不超过 1 分钟，播放结束后自动重播。视频能让用户更仔细地了解公司的品牌、业务或产品。而且，较短的视频通常会更有效。利用视频广告打造强烈的动态画面和声效体验，可设置内置"视频广告行动号召"，如立即预订、联系我们、下载、详细了解、立即购买、注册、更多视频等。

4．轮播广告

通过使用轮播广告，可以展示多种产品、分享一个多部分的快拍、深入展示一项服务，最多可显示 10 张图片或 10 个视频。轮播广告的方式是让用户可以左右滑动查看一系列图片或视频。在同一个广告中使用多张图片或视频等讲述更丰富动人的故事，并通过 CTA 按钮直接跳转到商品网站进行购买，为网站带来更多流量。

5．聚合广告

聚合广告提供了引人注目的电子商务功能，用户可以选择直接从广告中购买产品。当用户点击广告时，将被定向到 Instagram Instant Experience Storefront（Instagram 即时体验商店）。聚合广告将照片、视频和直接响应营销推广的力量结合在一起，功能性较强。

6．发现页广告

"Explore（发现）"是 Instagram 中的一个"tab（标签）"，用户可以在其中发现新的内容和账户。每个月都有超过半数的 Instagram 用户访问该页面。发现页广告不会主动出现在"Explore"网格或话题中，而是在用户点击"Explore"中的图片或视频后才会显示广告。发现页广告对图片/视频的要求和常规的广告一样，其他 Instagram 图片广告或视频广告中的素材也适用于发现页广告，相当于把"Explore"页面当作额外的展示位置。

7. IGTV 广告

IGTV 是 Instagram 旗下的长视频平台，也是 Instagram 为娱乐多样化所提供的一种新型社交方式。Instagram 建议 IGTV 垂直视频的长宽比最大为 9∶16，最小为 4∶5，水平视频的长宽比最大为 16∶9，最小为 5∶4。2020 年 Instagram 在 IGTV 中提供广告位置。用户在 Instagram 中通过先导片跳转进入 IGTV 观看长视频时，将会出现 15 秒的视频广告。

8. Instagram 购物广告

如果安装了 Instagram Shopping（购物），则可以将购物帖子作为 Instagram 广告投放。Instagram 购物广告将用户直接带到 Instagram App 中的产品详情页。用户可以通过手机端的网站页面进行购买。

三、使用 Facebook Ads Manager 创建 Instagram 广告

通过 Facebook Ads Manager（广告管理）创建的 Instagram 广告能使用许多自定义功能。需要申请一个 Facebook 企业广告账户，首先注册一个 Facebook 个人号，然后在广告账户申请链接里填写对应信息和上传公司营业执照，最后审核通过后，Facebook 企业账户开户成功。

申请了 Facebook 企业账户后，进入 Ads Manager，点击"+Create（创建）"。可以选择两种不同的流程来创建和管理 Instagram 广告。默认使用"Guided Creation（向导创建）"，它会引导用户完成创建典型的 Instagram 广告需要采取的步骤，比较适合新手。另一种"Quick Creation（快速创建）"可以更好地控制 Instagram 广告的制作。以前创建过 Facebook 广告的有经验用户，可以选择"Switch to Quick Creation"切换到快速创建。

接下来用 Guided Creation 演示操作步骤。

第 1 步：选择广告目标。Ads Manager 提供了目标列表。选择目标后，系统会提示命名广告系列。默认名称是选择的目标（如"品牌知名度"），但可以为其指定一个更具体的名称，这样跟踪广告效果的时候会更方便。

第 2 步：确定目标受众。这一点根据目标客户来设置。

第 3 步：选择广告展示位置。有两种方式，自动投放方式的广告将在任何效果比较好的位置展示给受众；手动投放方式可以选择广告的展示位置。例如，如果希望将广告限制为仅出现在 Instagram 快拍中或仅出现在 Instagram 动态中，则可以选择"手动投放"。

第 4 步：选择预算和时间表。可以选择每日最高预算，也可以设置整个广告系列的生命周期预算，还可以选择连续或仅在一天的特定时间投放广告。Ads Manager 提供了广告优化和出价策略选项。这些都可以自定义，具体取决于用户的广告目标。调整这些选项时，通过右侧的"Estimated Daily Reach（预计每日覆盖）"比例可以了解每天大概有多少人看到你的广告。

第 5 步：制作广告。接下来就是广告的制作了，包括选择广告类型、选择图片或视频、制作广告文案、选择广告付款方式、选择 CTA 按钮等。如果要通过网站上的 Facebook 像素或事件跟踪后续的转化情况，那么可以下拉并在"Tracking（跟踪）"部分进行设置。

点击"确认"后，即完成一条 Instagram 广告。

四、推广现有帖子

1. 将个人账户转换设置成企业账户

要在 Instagram 应用程序内直接推广现有帖子,需要先将个人账户转换设置成企业账户。企业账户比个人账户拥有更多的营销推广功能,有一些付费项目。将个人账户转换设置成企业账户的操作非常简单,点击主页面右下角的人头图标,跳转到个人主页,然后点击个人主页的右上角进行个人设置,如图 6-25 所示。

图 6-25 个人账户转换设置成企业账户后的提示

2. Instagram 成效分析

个人账户转换设置成企业账户后,可以查看 Instagram 帖子等的成效分析。成效分析可以了解粉丝及在 Instagram 上与账户业务互动的用户情况。例如,可以获得用户性别、年龄范围和地点等成效分析数据。此外,还可以了解受众查看并与之互动最多的帖子和快拍。账户的成效分析和指标也包括付费活动。覆盖人数、覆盖账户、展示次数和每日展示次数既能反映付费活动,也能反映自然活动。Instagram 成效分析包括商家主页的成效分析、帖子的成效分析和快拍的成效分析。

(1)查看商家主页的成效分析。直接前往商家主页,可以全面了解用户如何与商家主页互动。通过选择想要查看成效分析的特定帖子、快拍或推广,可以了解关于受众的更多信息。在"动态"选项卡中,可以追踪每周的互动次数、覆盖人数和展示次数。借助"内容"选项卡,可以了解帖子、快拍和推广的表现情况。"受众"选项卡提供有关受众的重要分析。

(2)查看帖子的成效分析。第一步,前往商家主页。第二步,轻触想要查看其成效分析的图片。如果右下角显示●,那么说明该帖子已推广。如果帖子已推广,便可以查看原始帖及其推广帖的成效分析。轻触原始帖可查看原始帖的成效分析。轻触推广帖可查看推广帖的成效分析。在通过帖子查看成效分析时,可以了解"互动次数"和"发现"指标。

(3)查看快拍的成效分析。第一步,前往快拍。第二步,在图片或视频上向上滑,点击图标。第三步，查看快拍的成效分析。快拍会按时间顺序自动排序，以便反映用户与内容的互动情况。创建快拍后，通过快拍可以查看最多 14 天内的成效分析。可以查看以往快拍的成效分析，但不可以查看已到期的快拍。快拍的有效期为 24 小时。

3. 企业账户现有帖子推广

如果账户中某个帖子表现不错并且吸引了很多人参与，那么在 Instagram 企业账户的前提下，可以直接在 App 中推广这个帖子。推广的操作过程很简单。

第 1 步：在账户主页面点击推广，如图 6-26 所示。

第 2 步：选择现有帖子或者创建新帖，如图 6-27 所示。

图 6-26　推广页面　　　　图 6-27　推广帖子时选择帖子页面

第 3 步：按照提示选择用户将前往的位置。有三个选择，包括个人主页、网站、Direct 消息，如图 6-28 所示。如果选择"你的个人主页"选项，那么推广活动中的行动号召按钮将显示"访问 Instagram 商家主页"。有兴趣的用户点击后会跳转到商家主页，看到更多内容。如果选择"你的网站"选项，那么将通过 Instagram 内的浏览器把用户链接至对应的网站。还可以为推广选择行动号召按钮，例如"详细了解"或"去逛逛"。如果选择"你的 Direct 消息"，那么会提示用户给推广账户发送 Direct 消息。"发消息"行动号召按钮将显示到广告中，把用户跳转至他们的收件箱给推广账户发消息。

第 4 步：定义你的受众，有自动及自行创建受众两种方式，如图 6-29 所示。"自动"选项定位与粉丝类似的用户，寻找与推广账户的内容互动过并且可能有兴趣查看更多内容的用户。而"自行创建受众"则根据地区、年龄、兴趣和性别创建对应的广告受众。添加更多兴趣，扩大潜在受众规模。

第 5 步：进行预算与投放期的设置，该项根据广告推广预算费用设定，如图 6-30 所示。预算会影响看到推广活动的人数，费用越高，能覆盖的用户群就越大。一般建议预算不低于 50 港元。投放期决定了推广活动的结束时间和投放方式。建议至少设为 6 天，以便投放系统为推广活动找到最佳受众。

第 6 步：创建推广，完成帖子的推广设置，如图 6-31 所示。

图 6-28　推广帖子时选择用户将前往的位置页面

图 6-29　推广帖子时定义受众页面

图 6-30　推广帖子时预算与投放期页面

图 6-31　推广帖子时检查推广页面

本 章 总 结

本章主要介绍了 Instagram 营销应用。首先介绍了 Instagram 的主要功能、营销受众、营销流程，其次介绍了账户注册与内容发布的方法流程。

接着介绍了 Instagram 的品牌营销推广流程、主页营销、图片营销、标签营销、活动营销、红人营销、IGTV 视频营销及购物帖子营销。最后介绍了 Instagram 付费广告的价格、广告类型、在应用程序内如何推广现有帖子、Instagram 购物及使用 Facebook Ads Manager 创建 Instagram 广告等。希望读者能熟练运用 Instagram 对品牌或产品进行营销推广，扩大客户来源。

本章习题

一、选择题

1. 以下（　　）属于Instagram广告的类型。
   A. 快拍广告　　　B. 图片广告　　　C. 视频广告　　　D. 电视广告
2. Influencers在Instagram中是指（　　）。
   A. 良人　　　　　B. 红人　　　　　C. 有影响力的人　D. 大款
3. Instagram的用户偏好具有（　　）品牌调性。
   A. 一致性　　　　B. 相同性　　　　C. 精致性　　　　C. 高端性
4. 以下（　　）是Instagram购物的可用地区。
   A. 拉丁美洲　　　B. 欧洲　　　　　C. 中东　　　　　D. 非洲
5. 以下（　　）是Instagram广告的类型。
   A. 快拍广告　　　B. 图片广告　　　C. 轮播广告　　　D. 聚合广告

二、问答题

Instagram有哪些主要的营销推广手段？

三、实训题

在1688平台（网址：https://www.1688.com/）上任意选择两款不同类别的产品，分析并评估这两款产品是否适合在Instagram上开展营销活动。

第七章　LinkedIn 营销应用

LinkedIn 是跨境电商 B2B 营销首选平台。

第一节　LinkedIn 概述

一、LinkedIn 简介

LinkedIn 是一个面向职场的社交平台。LinkedIn 的注册用户大多数是受过良好教育的专业人士，且外贸、互联网等行业居多。LinkedIn 目前可以通过 20 种语言提供服务，包括汉语、英语、法语、德语、意大利语，以及其他小语种语言。

基于 LinkedIn 职场社交的特性，企业在 LinkedIn 上同样可以拓展人脉网络、建立商务联络、获取询盘。因此，LinkedIn 同时也是市场营销和销售平台。报告显示，LinkedIn 有大约 25%的收入来自市场营销活动。

LinkedIn 公开数据显示，在 LinkedIn 上约有 7.4 亿名职场人士，包括约 1000 万名首席官、8600 万名有影响力的资深人士和 1700 万名意见领袖等，如图 7-1 所示。

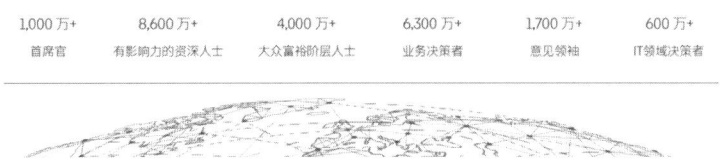

图 7-1　LinkedIn 用户规模

二、LinkedIn 在跨境电商营销中的作用

据统计，在国外 80%的 B2B 营销线索来自 LinkedIn，目标线索可以是：求职者、职场网红、客户、高管等。调查显示，94%的 B2B 内容营销人员使用 LinkedIn 开展内容营销工作，92%的 B2B 营销者更喜欢使用该平台，而不是其他平台。

作为跨境电商重要的营销渠道之一，LinkedIn 营销具有以下三个特点。

（1）丰富、优质的受众。

作为全球知名的职场社交平台，LinkedIn 拥有超过 7.4 亿会员。LinkedIn 的会员经常在 LinkedIn 平台分享有趣的时刻，开展对话和高质量的互动，结识行业领袖并向他们学习。LinkedIn 会员基于 LinkedIn 平台真实可信的用户资源和丰富的公司数据，可以轻松触达商业决策群体。

跨境电商 B2B 具有非常强的行业性和专业性，需要找到能够对产品采购有直接影响的"人"。因此，众多中国跨境电商企业利用职业社会化媒体寻找目标企业的采购决策者，与其建立直接联系，甚至覆盖潜在影响者。

（2）值得信赖的环境。

LinkedIn 已连续三年在 Business Insider 发布的《数字信任报告》（Digital Trust Report）中被评为"全球最值得信赖的社交平台"。作为全球领先的职场社交平台，其会员在 LinkedIn 上积极地维护和发展自己的职业网络和口碑。此外，对于消费者和品牌商，LinkedIn 同样为其提供了被尊重和安全的环境。

（3）强目标性的互动。

活跃在 LinkedIn 平台上的目标用户是独特的，因为他们往往抱着明确的目标访问平台：在 LinkedIn 上投入时间是为了让自己更加高效、更加成功，不断学习和成长。正因为如此，相较于其他平台，LinkedIn 的用户更愿意去了解与品牌相关的信息。

LinkedIn 的 B2B 营销有六大场景，分别是塑造品牌认知、打造思想领导力、发布新产品、参加会展或举办线下活动、挖掘潜在销售机会、维护客户关系与培养客户忠诚度，如图 7-2 所示。

图 7-2　LinkedInB2B 营销六大场景

如果你在从事全球的 B2B 贸易，那么 LinkedIn 是一个特别值得关注的社会化媒体平台，这里聚集了全世界大量的商务人士，包括采购商和供货商。很多外贸营销者已经开始使用 LinkedIn 拓展自己的业务，并获得了不错的询盘和销售转化。

第二节　LinkedIn 公司主页创建与专区管理

一、LinkedIn 公司主页的重要性

使用 LinkedIn 营销，无论营销目的是宣传所在的公司或所负责的产品，还是基于 LinkedIn

拓展商业网络，发掘销售机会，首先都需要建立公司主页。在公司主页可以将个人档案中的公司或产品介绍部分进行关联，并且可以发布产品及进行广告信息推送，与公司的粉丝开展互动和营销活动。

几乎所有在 LinkedIn 上开展营销的公司都有自己的 LinkedIn 主页。不同公司对 LinkedIn 主页的定位差别很大。有的公司在自己的 LinkedIn 主页中发布了大量招聘信息。而更多的公司是把 LinkedIn 主页当作一种社会化媒体营销平台与粉丝开展互动。如果希望通过 LinkedIn 拓展海外市场，进行产品营销，发掘销售机会，那么就要多关注那些使用 LinkedIn 作为营销平台的企业。

从某种程度上讲，LinkedIn 主页的作用和 Facebook 主页的作用非常类似，都是发布动态消息、与粉丝们开展互动的交流工具。

二、LinkedIn 公司主页创建

1. 公司主页布局

LinkedIn 上的公司主页需要使用个人账户进行创建，公司主页的设置包括：公司名称、页面背景图、公司头像、公司描述、业务领域等内容。在页面左上方醒目的位置放置公司 Logo 和公司名称，以及关注（Following）按钮，苹果公司主页如图 7-3 所示。点击"+关注"按钮之后，用户在每次登录 LinkedIn 之后，就能看到动态时报里所关注公司发布的最新资讯。

图 7-3　苹果公司主页

2. 公司主页创建流程

（1）进入公司主页创建入口。

进入英文版的 LinkedIn，选择窗口右上角个人资料图标右侧的"WORK"标签，在弹出页面找到"Create a Company Page+"项，如图 7-4 所示。

（2）选择页面类型。

进入选择页面类型页面，如图 7-5 所示，共有 Small business、Medium to large business、Showcase page、Educational institution 四种类型可供选择。根据公司的类型选择其中一种即可。

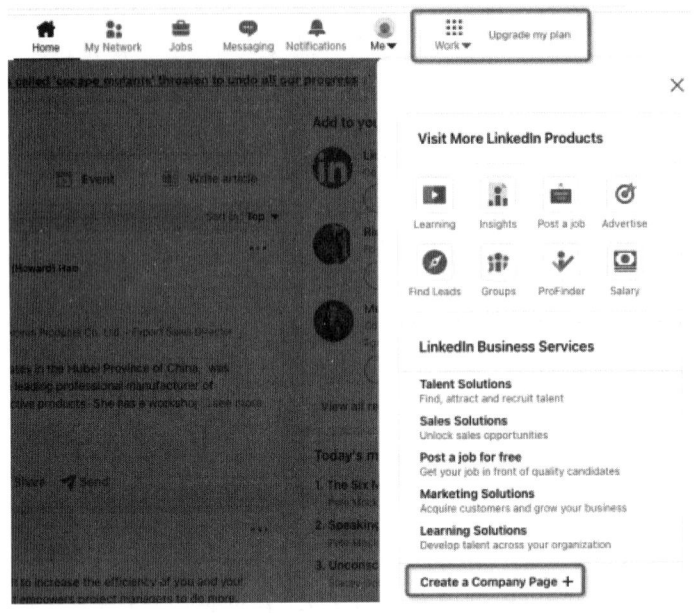

图 7-4　公司主页创建入口

图 7-5　选择页面类型

（3）填写公司主页资料。

选择页面类型之后，进入公司主页资料填写页面，如图 7-6 所示。

● 主页名称。

请确保主页名称是官方公司名称，公开网址后面可以填写公司的英文名或拼音，不要出现汉字。

● 公司详细信息。

确保公司详细信息准确无误，尤其是行业类型。所有这些输入都会影响页面的可见性。

● 档案详细信息。

在填写档案详细信息时，请确保选择与品牌一致的徽标或企业 Logo，并要符合 LinkedIn 的特定要求，即 300 像素×300 像素及 JPG、JPEG 或 PNG 格式。

● 标语。

填写标语时一般使用企业统一的品牌口号或标语。

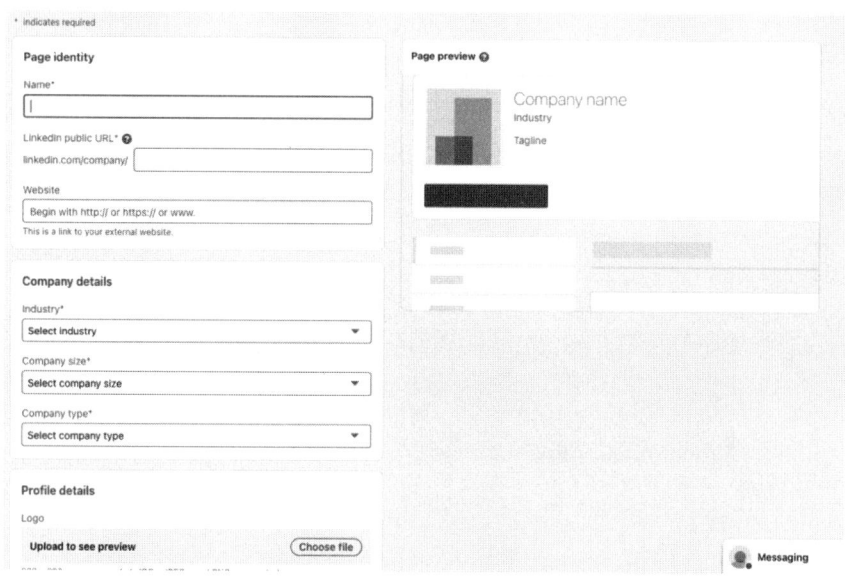

图 7-6　填写公司主页资料

（4）提交资料。

公司主页资料提交完成之后，出现邮箱确认页面。确认邮箱后，即可完成提交资料，并成功创建页面。

（5）编辑公司信息。

当公司信息需要完善时，选择页面右侧蓝色 Edit 按钮，即可以进入编辑页面更新信息，如图 7-7 所示。

图 7-7　编辑公司信息页面

三、专区管理

公司主页通常以发布公司动态为主，并适当推荐产品。针对跨境电商 B2B 卖家，企业可以通过创建产品专区展示产品或关联市场活动。

1. 产品专区（Showcase Page）管理

产品专区是公司主页独立的子页面，用于宣传公司旗下的产品或短期的市场活动。每个公司主页下可创建最多 10 个产品专区页，可以根据自己的产品大分类进行设置，展示产品信息。创建产品专区页的入口在右侧的"管理员工具"下拉菜单的"创建产品专区"页面，如图 7-8 所示。

图 7-8　创建产品专区

创建的产品专区页面和公司主页类似，可以在 Overview 中对专区页添加详细信息。每个产品页面也可以积攒粉丝、发布动态。

2. 附属公司主页（Affiliated Company Pages）管理

如果一个多元化的集团公司旗下有多个子公司，则可以通过"附属公司主页"来互相链接。如三星公司，就是采用附属公司主页的方式来展示多个子公司的。如果要进行附属公司主页的设置，那么请联系你的账户经理。每个公司主页都有相应的账户经理。

第三节　LinkedIn 基础营销应用

一、LinkedIn 动态发布

通过发布公司动态，可以在 LinkedIn 上进行内容营销。

1. 进入动态发布页面

在 LinkedIn 首页，点击"发动态"，进入动态发布页面，如图 7-9 所示。

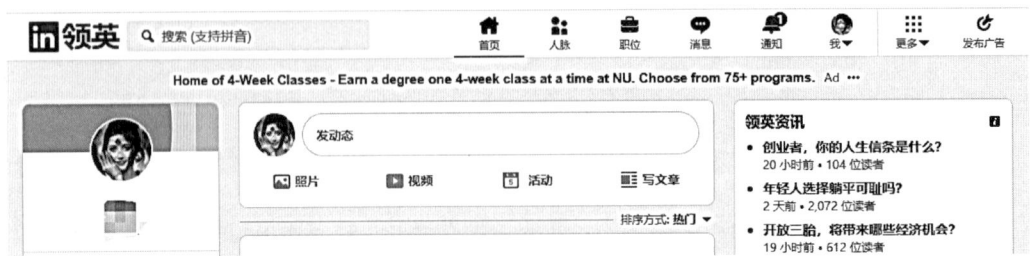

图 7-9　LinkedIn 动态发布页面

2. 选择发布内容角色

在"发布身份"窗口中点击姓名,选择正确的公司主页或产品专区页。

3. 发布内容

(1)发布新内容时,需要在文本框中输入文本,或者点击"照片""摄像机"或"文档"图标,从计算机中上传照片、视频或文档。

(2)分享文章或网站的网址时,只需将网址粘贴到企业快讯窗口中即可。

(3)如果要添加话题,那么需要点击"添加话题标签",并在输入文本,如图 7-10 所示。

图 7-10　添加话题

4. 管理隐私设置

若要管理隐私设置,则可首先点击图 7-10 所示姓名旁边的"公开"按钮;然后选择正确的目标人群,如图 7-11 所示,可见范围默认为"公开"。

图 7-11　LinkedIn 隐私设置

5. 管理评论设置

若要更改评论许可设置,则需要点击图 7-10 所示页面下侧的"所有人"按钮,在出现的评论许可设置中设置"谁可以评论您的动态",如图 7-12 所示,然后选择针对哪个群体开启评论。

图 7-12　LinkedIn 评论设置

完成所有设置之后，点击"发布"按钮，即可完成动态发布。

二、精选群组（Featured Groups）

使用精选群组来开展内容营销，是在 LinkedIn 营销中比较常用的方法。在群组中，可以分享有价值的文章与活动介绍，或者通过群组文章进行讨论互动，从而帮助企业建立商务社交网络，沉淀个人和品牌价值，甚至可将高质量流量导入公司网站。使用群组开展内容营销，之所以能获得不错的投资回报，关键是因为高质量的群组中总是有很多吸引人的高质量内容，而高质量的内容又可以吸引更多高素质的专业人士的参与。群组营销的基础操作一般有申请加入群组、创建群组两种。

1．申请加入群组

加入群组之前，需要先把语言切换为英文，再依次点击"Work"→"Group"，即可进入群组，如图 7-13 所示。

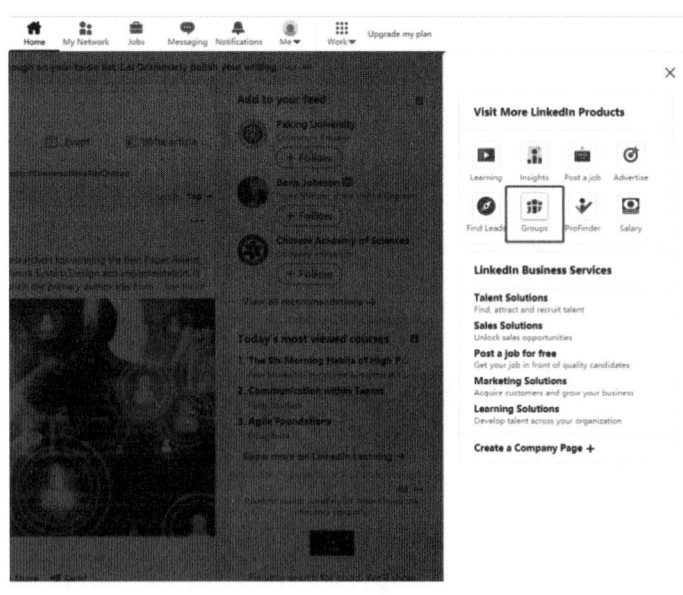

图 7-13　群组入口

第七章　LinkedIn 营销应用

点击"Discover"按钮，进入群组查找页面，如图 7-14 所示。

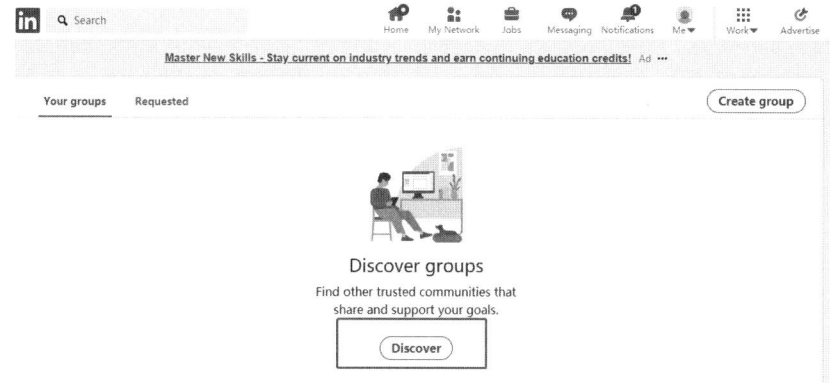

图 7-14　群组查找页面

接下来，可以通过关键字搜索，找到合适的群组，浏览群组的简介，尽量选择合适的群组，以便拓展人脉，如图 7-15 所示。

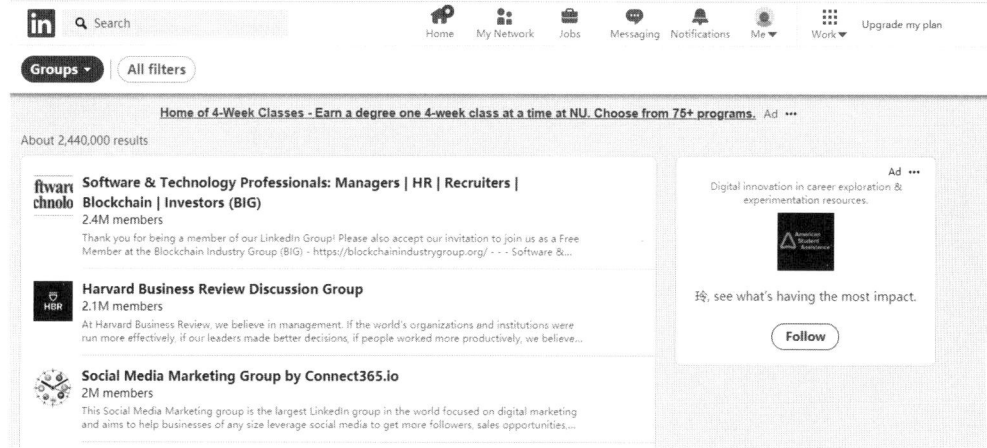

图 7-15　群组搜索列表

选择合适的群组之后，可以点击"Request to join"按钮，申请加入，如图 7-16 所示。

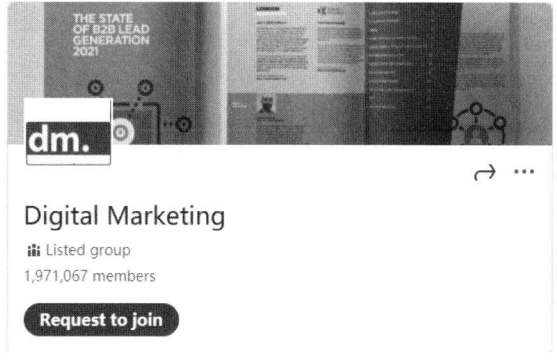

图 7-16　申请加入群组页面

2. 创建群组

创建群组同样要进入群组入口，并需要首先把语言切换为英文。依次点击"Work"→"Group"，然后点击页面右侧的"Create group"按钮创建群组，如图 7-17 所示，进入群组创建页面。在该页面填写群组信息，点击"Create"按钮即可完成群组创建，如图 7-18 所示。

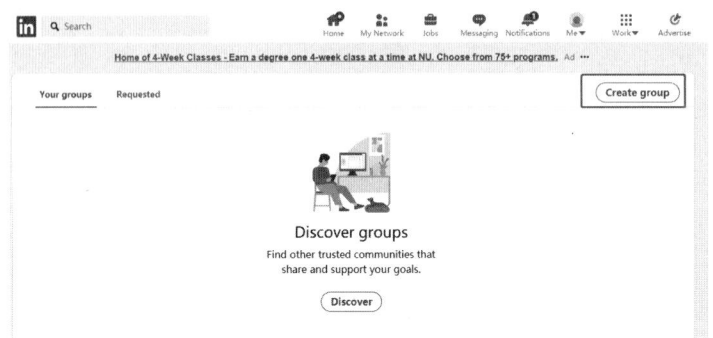

图 7-17 创建群组页面

图 7-18 填写群组信息

第四节 LinkedIn 付费广告

一、LinkedIn 广告类型

LinkedIn 广告主要包括文字广告、单图广告、轮播广告、视频广告、推广消息广告等类型。

1. 文字广告

文字广告出现在右侧的导轨或许多页面的顶部横幅上，如图 7-19 所示。这些广告大部分仅包含文字，点击文字广告链接可以跳转到广告指定的页面。文字广告简单易用，可以用来获取优质流量和销售线索。

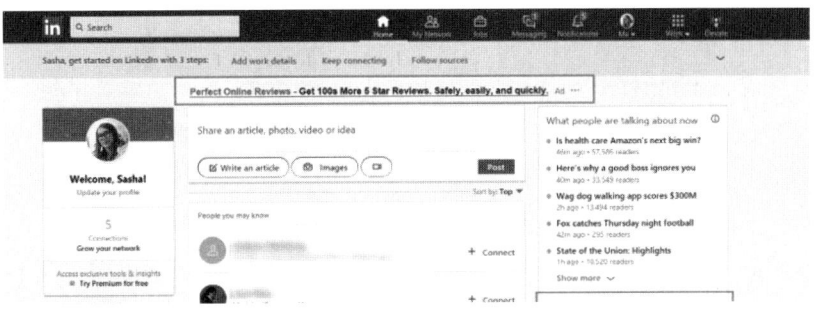

图 7-19　文字广告

2. 单图广告

单图广告包括一张图片，并且直接显示在希望覆盖的专业人士 Feed 中，包括桌面端与移动端，如图 7-20 所示。单图广告的应用场景是在目标客户停留的地方，以便将广告内容有针对性地投放给他们。因此单图广告可以获得优质销售线索，提高参与度，提升品牌认知度。

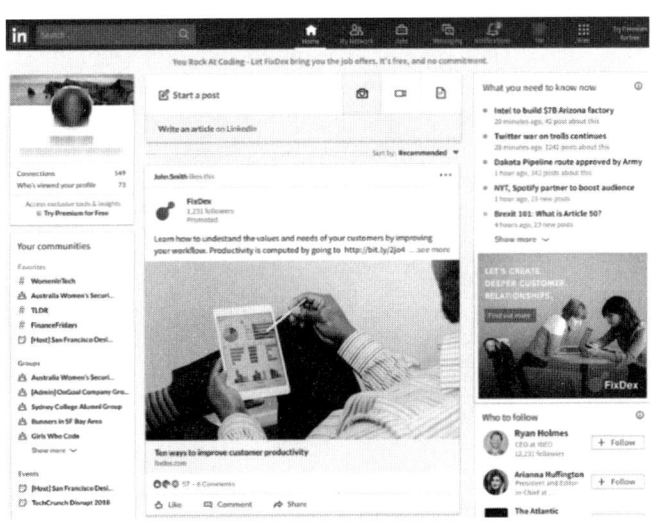

图 7-20　单图广告

3. 轮播广告

轮播广告允许以单一轮播式广告形式连续显示多个图像。可以自定义轮播广告，使其具有独特的图像、标题和目标链接。轮播广告可在桌面或移动设备上讲述交互式故事，并展示多种产品和服务，分享洞察和获取销售机会，如图 7-21 所示。

图 7-21 轮播广告

4. 视频广告

视频广告可以通过发布桌面和移动设备上的本机视频以吸引专业受众,如图 7-22 所示。视频广告允许讲述品牌故事,以及将自己定位为思想领袖或分享客户成功的故事,从而在买方决策历程的各个阶段,用原生视频吸引专业受众的注意力。

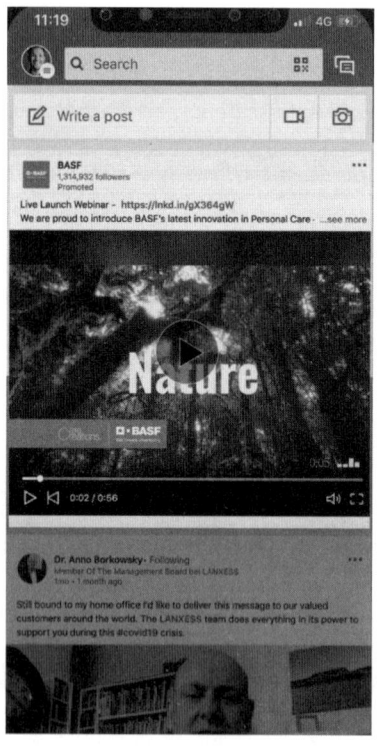

图 7-22 视频广告

5. 推广消息广告

推广消息包括消息广告和对话广告,显示在 LinkedIn 成员的消息或对话中,如图 7-23 所示。推广消息广告一般面向重要的客户，及时、便捷地为他们推送为其量身定制的消息内容。

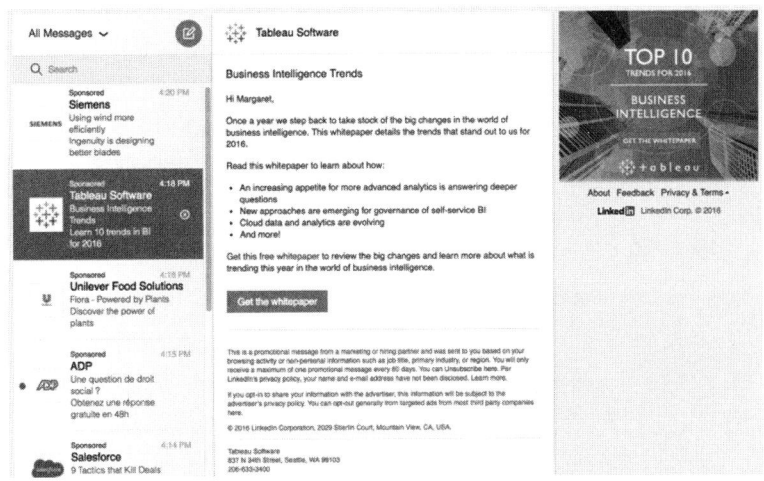

图 7-23　推广消息广告

二、LinkedIn 广告策略

1. LinkedIn 广告目标

LinkedIn 广告一般有三个目标。

（1）提升认知度。此类推广活动通过展示次数最大化提升品牌认知。

（2）提升考虑度。此类推广活动鼓励潜在客户采取行动，了解公司更多具体的业务。常见的表现形式为点击链接访问着陆页，或者点赞、评论、分享、关注公司 LinkedIn 主页等互动操作。

（3）提升转化量。此类推广活动以挖掘销售线索为目标。从网站上可以获取和追踪线索，如白皮书的下载量等，如图 7-24 所示。

图 7-24　LinkedIn 广告目标

2. LinkedIn 广告效果评估

LinkedIn 的广告目标可以细分为七个小类：认知度→品牌参与度、考虑度→网站访问量、考虑度→参与度、考虑度→视频观看量、转化量→销售线索挖掘、转化量→网站转化量、转化量→职位申请者等。提升品牌认知度的目的是提高产品、服务或组织的知名度；提升网站访问量的目的是增加网站或市场营销着陆页的流量；提升参与度的目的是增加内容的参与度，如点赞、评论、分享、着陆页或 LinkedIn 主页点击量和关注量；提升视频观看量的目的是将视频分享给更多人；销售线索挖掘的目的是通过已预填 LinkedIn 档案数据的销售线索表格，获取 LinkedIn 上的销售线索；提升网站转化量的目的是在网站上获取销售线索，或者捕获对业务有价值的销售线索。与之匹配，LinkedIn 广告效果评估同样从认知度、考虑度、转化量三个方面进行，如图 7-25 所示。

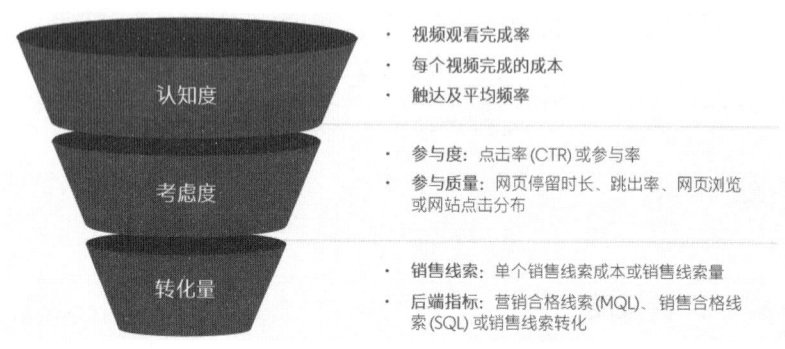

图 7-25　LinkedIn 广告效果评估

（1）评估认知度。

评估认知度有三个指标，包括视频观看完成率、每个视频完成的成本、触达及平均频率。

（2）评估考虑度。

评估考虑度可以从参与度、参与质量两个方面进行。参与度的衡量指标是点击率（CTR）或参与率；参与质量的衡量指标是网页停留时长、跳出率、网页浏览或网站点击分布。

（3）评估转化量。

转化量可以从销售线索及后端指标（包括营销合格线索、销售合格线索或销售线索转化等）进行评估。

3．LinkedIn 广告营销组合策略

采取营销组合策略可以提升广告效果，如图 7-26 所示。

营销目标	领英广告形式			广告定向
	动态汇总	消息	右栏广告	特征及匹配目标客户
品牌（认知度）	视频广告、单图广告、领英广告网络	对话广告	定制广告	职能类别 + 职位级别、技能或职位头衔、兴趣定向、相似目标客户
考虑度和参与度	单图广告、轮播广告、领英广告网络	对话广告	定制广告、关注者广告、文字广告	职位头衔 + 会员特征、上传清单、网站再营销、基于参与度再营销*
效果（转化量）	单图广告、轮播广告、领英广告网络	消息广告	定制广告、关注者广告、文字广告	上传清单、网站再营销、基于参与度再营销*

图 7-26　LinkedIn 营销组合策略

（1）用于提升认知度适用的广告类型是视频广告、单图广告、对话广告。

使用系列视频广告可以提升品牌的认知度，使用单图广告用于分享能引起共鸣的客户案例，使用对话广告进行深度品牌认知营销。

提升品牌认知度的常见广告策略是，针对那些至少观看了 25% 视频广告进度的目标客户，再用一则视频广告或单图广告进行二次营销，在加深参与度的同时，为目标客户提供早期购买阶段的有用信息。

（2）用于提升考虑度和参与度适用的广告类型是单图广告、轮播广告、对话广告。

使用单图广告和对话广告为目标客户提供多个入口，以促使客户采取下一步行动。针对之前访问过网站高意图页面或下载过相关内容的目标客户应进行再营销。

也可以将视频广告和轮播广告相结合，在推广活动中最大化视觉效果，深度讲述品牌故事或展示产品功能。这样的组合可以很好地展示公司正在力推的活动视频。

（3）用于提升转化量的广告类型是单图广告、轮播广告、消息广告。

搭配使用单图广告和消息广告，创造更多高意图的转化机会，如白皮书下载和产品演示。销售线索挖掘组合使用单图广告、消息广告，为产品演示、免费试用和活动注册注入活力。

三、创建广告账户与新建推广活动

在正式投放 LinkedIn 广告之前，需要创建一个广告账户。创建广告账户首先需要登录个人 LinkedIn 账户，点击首页顶部的"工作"按钮，然后选择"发布广告"项。在 Campaign Manager 页面添加账户名称，选择账单币种，并关联公司 LinkedIn 主页，点击"Create account"（创建账户）按钮即可，如图 7-27 所示。

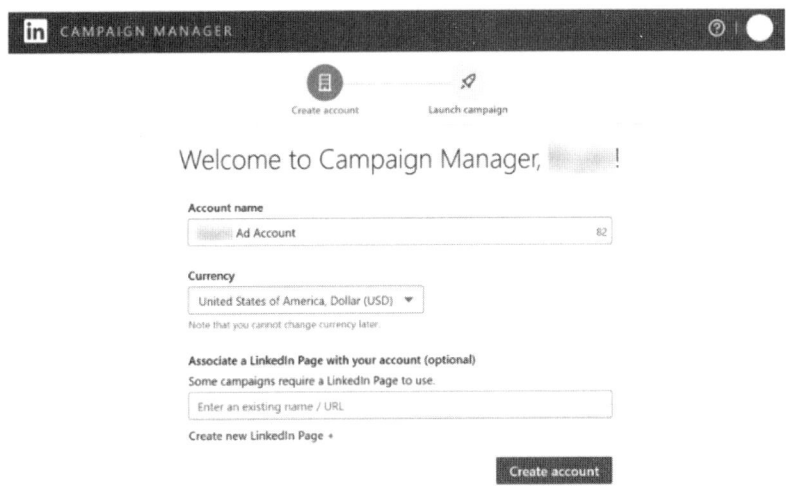

图 7-27 创建广告账户

创建账户之后，需要新建推广活动。新建推广活动包括选择推广活动群组、设置推广活动、添加广告内容、检查预算并启动广告四个步骤。

1. 选择推广活动群组

创建广告，首先需要选择或创建推广活动群组。创建推广活动群组时，需要设置推广活动群组名称、状态、开始和结束日期等，如图7-28所示。

图7-28　创建推广活动群组

2. 设置推广活动

设置推广活动包括推广目标选择、目标客户选择、广告形式选择、确定广告投放、设置预算金额和时间安排等步骤。

（1）推广目标选择。

创建 LinkedIn 广告推广活动时，需要从七个目标中进行选择，包括认知度→品牌参与度、考虑度→网站访问量、考虑度→参与度、考虑度→视频观看量、转化量→销售线索挖掘、转化量→网站转化量、转化量→职位申请者等，如图7-29所示。

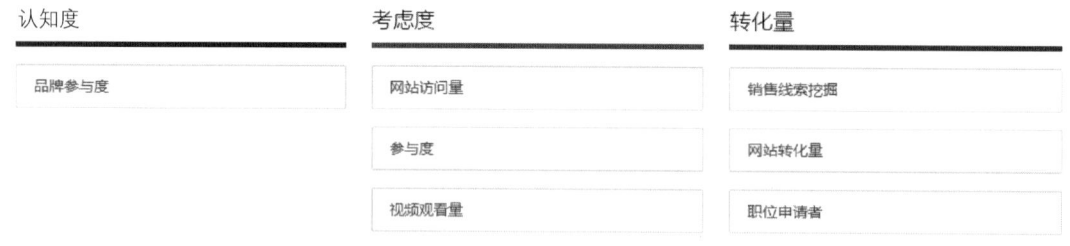

图7-29　推广目标选择

通过选择顶部目标（品牌知名度）、中部目标（品牌关注度）或底部目标（推动转化），创建层层推进式的营销推广活动。

（2）目标客户选择。

接下来，需要从目标客户类型中选择要投放的目标群体。通过地点、目标客户特征（所在公司、工作经历、教育背景、个人特征、兴趣和特征等）进行目标客户精准定位，如图7-30所示。筛选目标客户群体有助于精准锁定目标客户，聚焦客户的意图、行为、参与度、兴趣，并定向触达参与决策的每个人。

图 7-30　目标客户选择

（3）广告形式选择。

接下来，需要选择投放的广告形式，有单图广告、轮播广告、视频广告、文字广告、定制广告、消息广告、对话广告，如图 7-31 所示。

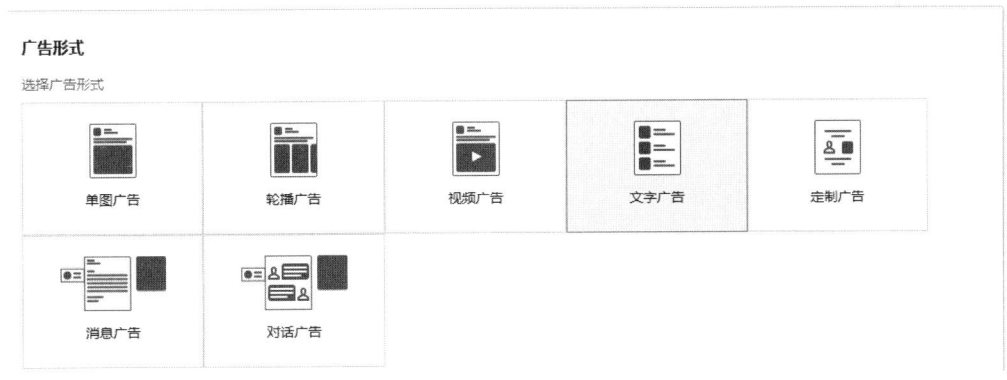

图 7-31　广告形式选择

（4）确定广告投放。

接下来，需要确定广告投放，如图 7-32 所示。

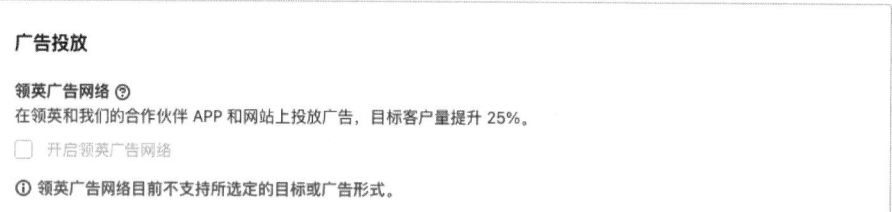

图 7-32　确定广告投放

（5）设置预算金额和时间安排。

最后是设置预算金额与时间安排。需要设置每日预算、开始和结束日期等，如图 7-33 所示。

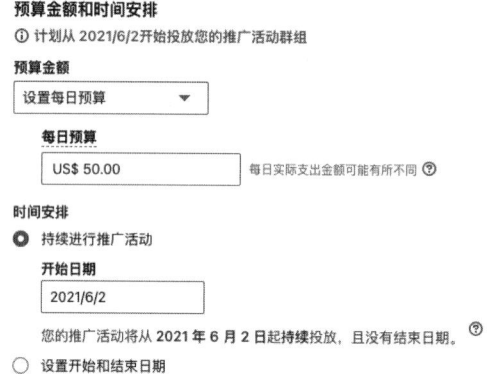

图 7-33　设置预算和时间安排

3．添加广告内容

当完成设置推广活动之后，点击"新建广告"按钮进入广告内容创建页面，如图 7-34 所示。

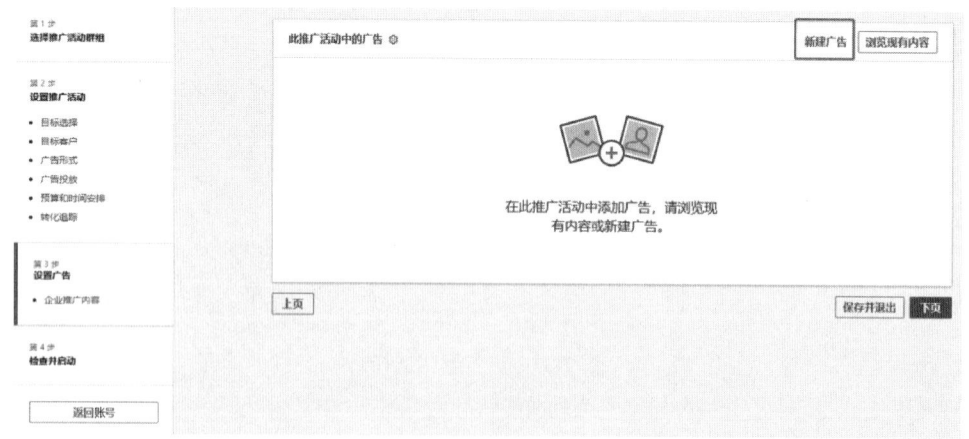

图 7-34　新建广告

在弹出的对话框中添加广告内容，对话框右侧将展示内容的预览，如图 7-35 所示。填写完毕后，点击"保存"按钮进入下一步。

第七章　LinkedIn 营销应用

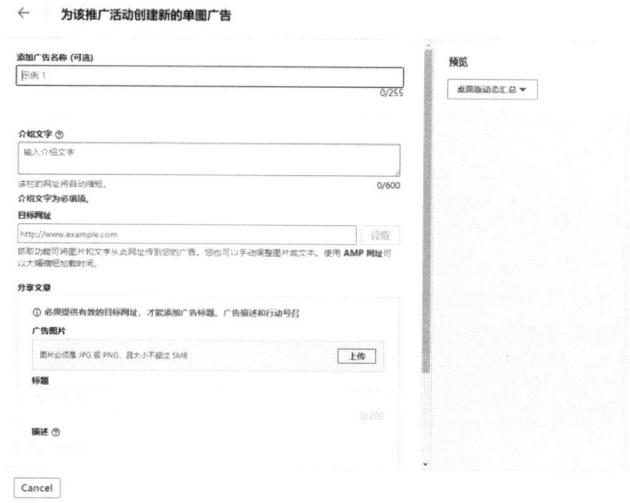

图 7-35　添加广告内容

4. 检查预算并启动广告

最后一步，需要检查预算并启动广告，如图 7-36 所示，点击"启动推广活动"按钮即可完成广告创建。

图 7-36　检查预算并启动广告

本 章 总 结

本章主要介绍了 LinkedIn 营销应用。首先，对 LinkedIn 进行了简单介绍，并说明了其在跨境电商营销中的应用，具体说明了公司 LinkedIn 主页创建与专区页管理的具体步骤；其次，介绍了 LinkedIn 基础营销应用，包括动态发布、精选群组的加入和创建；最后，介绍了 LinkedIn 付费广告，包括广告类型、广告策略、创建广告账户与新建推广活动。希望读者通过本章的学习，能够对 LinkedIn 有基本的了解，并掌握使用 LinkedIn 进行推广的具体方法。

本 章 习 题

一、选择题

1. 相对于其他社会化媒体平台，LinkedIn 营销的特点包括（　　）。
   A. 丰富优质的受众　　　　　　　　B. 值得信赖的环境
   C. 强目标性的互动　　　　　　　　D. 庞大的用户群体
2. 每个公司主页下可创建最多（　　）个产品专区。
   A. 10　　　　　B. 5　　　　　C. 15　　　　　D. 20
3. 公司页面的设置包括（　　）。
   A. 公司名　　　B. 页面背景图　　　C. 公司描述　　　D. 业务领域
4. LinkedIn 广告效果评估指标包括（　　）。
   A. 提升认知度　B. 提升考虑度　　　C. 提升转化量　　D. 增加销售量
5. LinkedIn 广告组合策略中，能提升转化量的广告类型包括（　　）。
   A. 单图广告　　B. 轮播广告　　　　C. 消息广告　　　D. 文字广告

二、实训题

创建一个公司主页，发布动态，并加入和创建群组。

第八章 Twitter 营销应用

Twitter 营销体现企业文化与商业目标的结合。

案例

阿里巴巴国际站应用 Twitter 平台的视频提升业绩

B2B 贸易平台阿里巴巴国际站（Alibaba.com）需要在有采购需求的中小型企业中获取优质的销售线索，为其供应商会员引流，尤其是在每年 3 月和 9 月——全年最主要的采购季期间。2020 年 9 月的采购季为阿里巴巴国际站和 Twitter 提供了一个很好的合作机会。

Twitter 是一个面向移动设备的平台，88%的用户通过移动设备登录 Twitter。由于企业高管等业务决策人（BDM）是 Twitter 的固定用户，因此通过该平台针对这一群体推动应用安装和获取潜在客户，对阿里巴巴国际站来说是有效的引流方式。通过 Twitter，阿里巴巴国际站可以及时了解业务决策人参与的对话。Twitter 还帮助阿里巴巴国际站与适合的 B2B 受众建立了联系。市场研究公司 Global Web Index 的数据显示，在 Twitter 上有 120 万名 45 岁及以上的高管，其中 25%的人负责 IT、电信或科技产品或服务的采购。研究公司 Merit 的另一项研究显示，73%的 20~35 岁人群（主要使用社交媒体研究产品和服务的人群）有权参与他们公司的采购决策。阿里巴巴国际站最初使用图片广告方式来吸引 BDM 目标受众，但逐渐意识到使用视频广告方式的效果会更好。在使用 Twitter 帮助广告商通过视频推动安装应用的 Video App Card 工具时，阿里巴巴国际站发现这是能从功能和促销等多个方面展示应用的有效广告形式之一。

因此，阿里巴巴制作了独特的#superseptember2020 视频来启动其"9 月采购节"推广活动。这段 15 秒的短视频介绍了阿里巴巴国际站上的热门产品及价位，并鼓励用户安装应用。由于 Twitter 通过其广告后台（Ads Manager）对活动进行实时跟踪，使阿里巴巴国际站可以追踪应用的下载和购买情况。视频是 Twitter 过去两年增长的催化剂之一。观看视频的 Twitter 用户在增多，观看时间在变长，平台上的视频总观看时间同比增长了 84%。

阿里巴巴国际站初期使用静态图像开展广告和促销活动，后来通过 Twitter 的 Video App Card 功能在推广活动中改用短视频，结果提升了业绩，实现了投资回报率翻倍。

第一节　Twitter 概述

一、Twitter 简介

1. Twitter 的历史与现状

Twitter（推特）是一家美国社交网络及微博客服务的公司，官网首页如图 8-1 所示。该公司致力于服务公众对话，由比兹·斯通（Biz Stone）、埃文·威廉姆斯（Evan Williams）和杰克·多西（Jack Dorsey）共同创建。

图 8-1　Twitter 官网首页

推特可以让用户更新不超过 280 个字符的消息（除中文、日文和韩语外），这些消息也被称作"推文"（Tweet）。Twitter 被形容为"互联网的短信服务"，这个服务是由杰克·多西在 2006 年 3 月与合伙人共同创办并在当年 7 月启动的。Twitter 在全世界都非常流行。Twitter 发布的财报显示，截至 2020 年第三季度，Twitter 的可货币化日活跃用户达 1.87 亿。

2. Twitter 的产品标志

Twitter 的词义是一种鸟的叫声，创始人认为鸟叫是短、频、快的，符合网站的内涵，因此选择了 Twitter 作为网站名称。

Twitter 的蓝色小鸟图标家喻户晓，如图 8-2 所示，这个小家伙名叫拉里·伯德（Larry Bird）。2011 年 8 月，Twitter 的联合创始人比兹·斯通在与波士顿凯尔特人队的互动媒体总监彼得·斯特林格（Peter Stringer）谈话时确认，这只小鸟的名字是根据前 NBA 波士顿凯尔特人队的球星拉里·伯德（Larry Bird）的名字命名的。2012 年，Twitter 发布新 Logo——简化版蓝色小鸟（不再像之前雏鸟的形象），体现了公司成熟、自信与自豪的形象。这只小鸟由重叠的圆圈设计而成，象征着网友们的兴趣和思想通过网络相连相交。

图 8-2　Twitter 标志

3. Twitter 的产品服务

Twitter 是提供当下全球实时事件和热议话题讨论的平台，有 34 种语言版本。在 Twitter

上,从突发事件、娱乐讯息、体育消息、政治新闻到日常资讯、实时评论、对话,全方位地展示了故事的每一面。

用户可以加入开放的实时对话,或者观看活动直播。Twitter 是一个允许播报短消息给"followers"(关注人)的在线服务,同样允许指定具体想跟随的 Twitter 用户,这样就可以在一个页面上读取他们发布的信息。

二、Twitter 在跨境电商营销中的作用

Twitter 平台的深耕可以通过内容营销提升品牌影响力,以与消费者进行更加有效的互动,提高客户满意度,提高公司业绩,提升品牌形象。

众多品牌使用社会化媒体来提供更好的客户支持。它使企业能够实时响应客户。通过电子邮件获得品牌控制权有时可能需要 48 个小时,但是,在社会化媒体上,响应时间通常要快得多。客户将实时通过 Twitter 反馈,品牌能第一时间收到通知,并可以立即做出响应。通常,当品牌拥有有效的 Twitter 账户时,能及时接收和处理客户反馈的问题,使客户的满意度大幅提升。

因此,Twitter 成为跨境电商重要的营销渠道之一。根据《迈向全球:2020 年 Twitter 中国出海领导品牌报告》,Twitter 极具互动性的广告解决方案为中国出海品牌提供了多样化的选择,广告主可以根据不同的推广需求,定制营销工具组合,从而最大化地实现投放目标。Twitter 大中华区董事总经理蓝伟纶指出:"尤其在非常时期下,企业面临营销预算缩减、运营难度加大的挑战,广告主亟须借助有效渠道,以新颖的传播形式开展营销推广。为此,Twitter 不断优化、更新产品组合以迎合最新的变化趋势,帮助广告主与目标用户展开实时对话,赢得全球的发展。"

三、Twitter 营销策略

1. 企业新账户运营

如果是 Twitter 营销新手,那么进行 Twitter 营销的最重要方法之一是观察和学习他人的 Twitter 营销方法,如图 8-3 所示。在 Twitter 平台进行推广之前,可以尝试花一些时间去观察别人做的好的营销号,特别是商业用户的页面。然后结合自己的特点创建自己的推文内容。当绝大多数的推文可以引起转发、回复、点赞等互动时,就意味着已经和粉丝建立了良好的关系。推文营销计划的下一步,可以发送一些与自己的网站相关的内容,附加网站链接,吸引粉丝点击链接,跳转到网站购买产品。

2. 品牌展示

推特的用户名建议使用品牌名,以达到营销推广的目的。同时,推文内容中应多使用品牌名称,使得品牌名称得到更多的曝光。

3. 发文内容

发布推文的时候,图片比文字更容易吸引用户。对比带有图片的推文与未带图片的推文可以发现,带有图片的推文的参与度是未带图片的推文的 3 倍左右,而且能获得更多用户的"点赞"或"喜欢"。如果将链接放在图片上,那么不仅能减少链接反复出现所造成的反感,

而且在一定程度上让浏览者更愿意通过点击图片看到营销链接。同时，要重视视频营销。数据显示，有视频的 Twitter 吸引了超过 10 倍的参与度。由于 93%的 Twitter 视频是在手机上观看的，因此要重视视频移动端的优化。

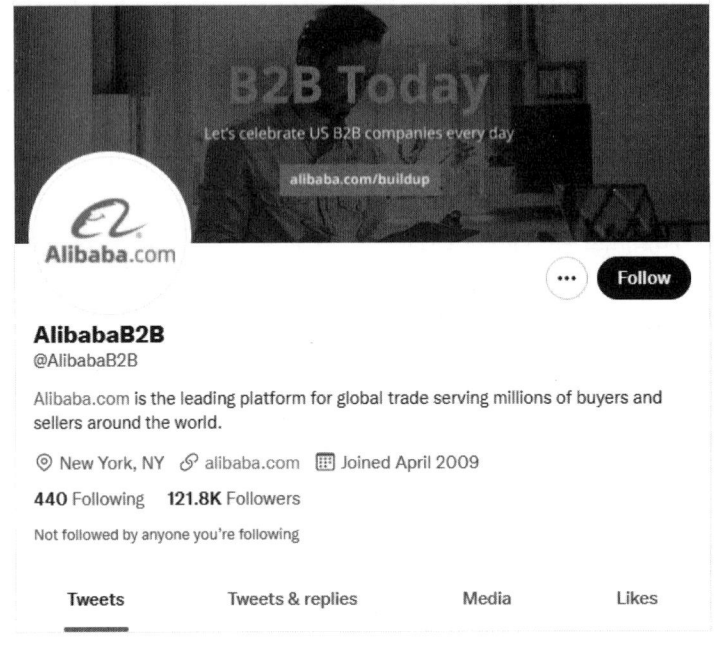

图 8-3　Alibaba 的 Twitter 账户 AlibabaB2B

4．发文时间

在一周中的某些天或一天中的某些时段，用户在 Twitter 上会更加活跃，这意味着他们实际上更有可能参与到推文当中来。通过确定这些天数和小时并在期间进行发布，将使用户获得更多的印象，从而提高参与度，并获得大量的点击次数。据统计，周五、周六和周日发布的推文的点击率高于一周中其他几天的推文。但是不同账户的粉丝活跃度不同，因此需要通过数据分析统计粉丝的在线时间，做好重点时间段的发文准备。

5．推文内容个性化

使用 Twitter 营销的关键是展现个性。在发布的内容中应体现所营销推广品牌的个性化特点，如使用特别的颜色自定义帖子和链接，为个人资料图片和封面图片拍摄专业照片，或者使用带有书法风格的徽标使自己的页面脱颖而出。

6．获取更多关注的标签

如果想在 Twitter 上获得更多的关注，一定要善于使用"#"标签，这样做能加强和粉丝的联系，如图 8-4 所示。Hashtagify 和 RiteTag 是两款好用的标签工具。一是可通过 Hashtagify 寻找合适的标签。在 Hashtagify 的搜索栏中输入目标标签关键词，Hashtagify 会生成符合这个关键词的标签（以 socialmedia 为例）。输入完毕后，在"basic mode"中显示生成的相关的标签。同时点击其中的"table mode"按钮，会显示各个标签的流行度排行榜，这有利于分析并选择合适的标签。二是可通过 RiteTag 检查标签的关联性。当确定了某个标签后，通过使用 RiteTag 工具检查这个标签和公司 Twitter 账户的关联性。首先进入 RiteTag 中，并授权它访问公司 Twitter 账户。进入账户之后，在"compose new tweet"中将要分析的标签输入进去，这样就可以得到该标签的关联性。RiteTag 用颜色来区分关联性的强弱，绿色表示这个标签关联性强，蓝色表示关联性一般，而红色表示关联性不佳，不建议使用。通过将两个工具结合使用，会得到有效的适合自己的标签，以此加强与粉丝的互动，吸引更多对这些标签内容感兴趣的人。

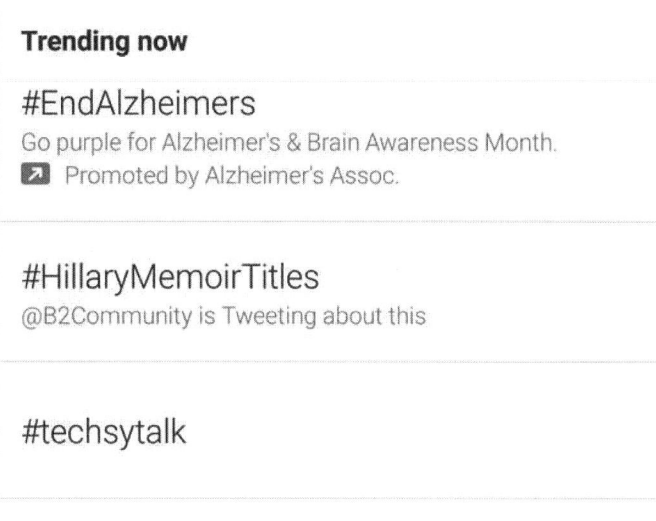

图 8-4 #标签

7. 分析数据，归类特点

Twitter 为广大用户提供了分析器（Twitter Analytics）功能，在这里可以查看近期账户最热门的推文是哪几条。通过分析这几条热门推文的布局、内容等元素，可以获得一套制作推文的方式。同时，可以借鉴其他热门推文的优点，并和自己的优点相结合，这样就可以创作出更受粉丝喜爱的推文了。

第二节　Twitter 账户创建与内容发布

一、创建 Twitter 商业账户

1. 创建 Twitter 商业账户的必要性

Twitter 是最强大的社会化媒体营销工具之一，是介绍新产品和服务、接触新受众并推广品牌的理想工具。

全球有 13 亿人拥有 Twitter 账户。一方面，74%的人使用 Twitter 追踪自己喜欢的品牌，而 47%的追随者在看到某一推文后更有可能访问对应的网站；52%的 Twitter 用户声称购买了他们在该平台上首次看到的产品。

另一方面,现在许多人使用 Twitter 来抱怨自己不满意的公司。如果公司不在 Twitter 上,那么这些投诉将被分享。许多企业现在将 Twitter 当作其客户服务的一部分,如果有客户抱怨,就会立即在 Twitter 上进行处理,并经常将潜在的破坏性宣传转变为成功的公关活动。

2. 创建 Twitter 商业账户

第 1 步:使用浏览器访问 Twitter 首页或在手机端下载 Twitter App。在 Twitter 官网首页点击"注册"按钮,在创建账户页面填写名字、手机或电子邮件和出生日期,然后点击右上角的"下一步"按钮,如图 8-5 所示。注册商业账户时,可使用公司名称,如果公司名称很长,那么最好使用缩写形式,或者使用品牌名称。

图 8-5 创建账户页面

第 2 步:选择是否勾选"跟踪你在网络上看到 Twitter 内容的位置",这一步完全是自愿选择。点击右上角的"下一步"按钮,如图 8-6 所示。

图 8-6 定制你的体验页面

第 3 步：确认账户相关的信息，点击"注册"按钮，初步完成注册，如图 8-7 所示。

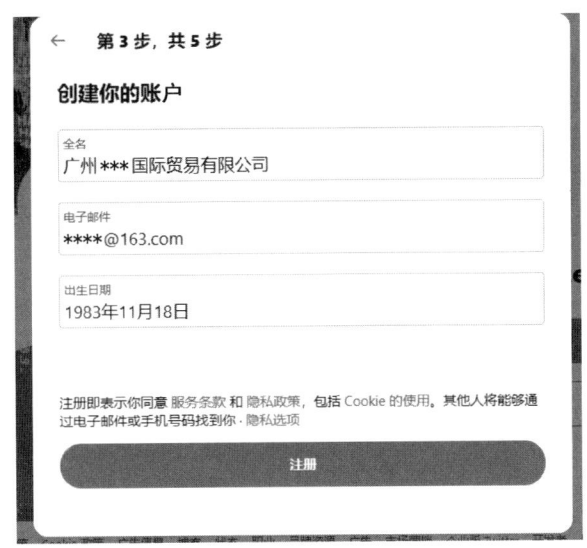

图 8-7　确认账户相关信息页面

第 4 步：选择关注的用户，然后进行邮箱验证。Twitter 要求确认电子邮件。检查你的电子邮件，然后点击来自 Twitter 的电子邮件中的链接。验证完毕后，Twitter 账户就基本上可以使用了，如图 8-8 所示。

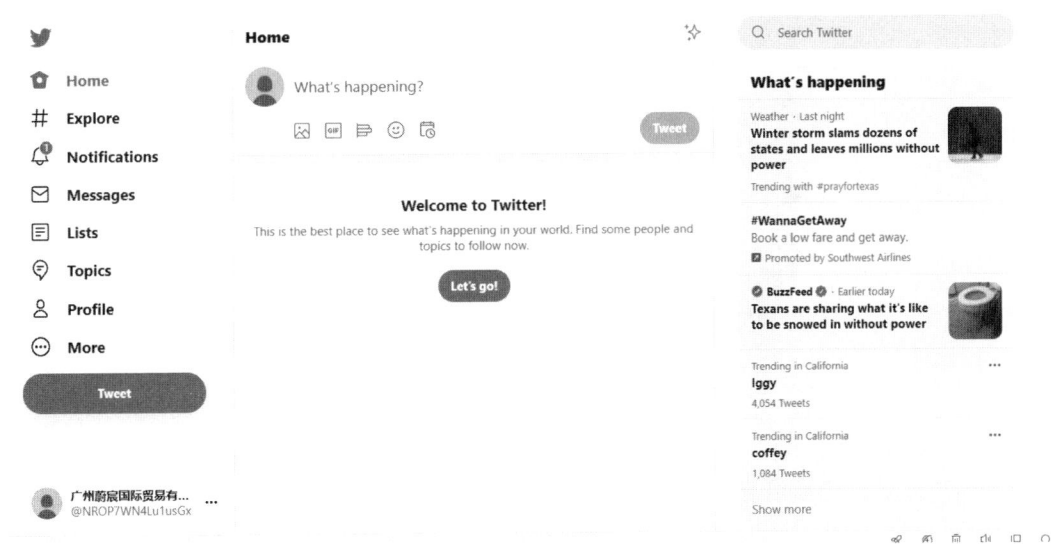

图 8-8　注册后新账户的网页端页面

第 5 步：编辑账户资料。通过初步注册后，Twitter 会引导完成一些操作，如增加账户头像、填写自我描述、关联通讯录、填写兴趣、关注建议等。建议在注册时完成填写，因为资料完善度和真实度越高，越有利于后期账户的运营。

编辑 Twitter 个人资料和主页。品牌拥有专业的 Twitter 个人资料可以给新关注者留下良好的第一印象，因此应利用好个人资料中的每一个元素，以达到扩大品牌影响力并通知受众的目的。如图 8-9 所示，某公司的品牌页面展示了日化用品的图片及公司悠久的历史。

图 8-9　某公司的 Twitter 账户

个人账户的资料要体现品牌的营销功能。首先是账户名，这是用户在 Twitter 上找到公司账户的方式。头像照片也是如此，因为账户资料照片显示在所发送的每条推文的旁边，因此头像照片最好是品牌的标志或体现品牌特性。另外，标题图片的设置也非常重要，可频繁地对其进行更新。标题图片会显示在个人资料页面上，它可以反映当前的活动，提供信息，或者提供对公司文化的见解。例如，某公司的标题图片突出了汉堡快餐的品牌特性，如图 8-10 所示。

图 8-10　某公司的标题图片

同时，在个人账户资料里链入企业网站，以便 Twitter 关注者可以轻松地点击进入公司网站，也可以随着营销需求的变化改变网站的链接。

提供位置可以使个人资料对访客而言更具个性和更加真实。这对于拥有实体店面的小型企业尤其重要，可以使客户在线下也能找到门店。如果是一家跨国企业，那么可写上自己的总部位于哪个城市。

二、Twitter 内容创建与发布

1. 移动端内容创建与发布

在 Twitter App 中创建内容非常简单，只需要在 Twitter 首页右下角点击带"+号和羽毛的"

蓝色圆形图标，如图 8-11 所示。进入编辑页面，输入需要营销的内容，然后点击"发推"按钮即可。

图 8-11　Twitter 移动端主页

2．网页端内容创建与发布

登录 Twitter 网站，在账户主页最左侧显示了各项功能，点击左下角的"Tweet"按钮进行内容的编辑和发送，如图 8-12 所示。

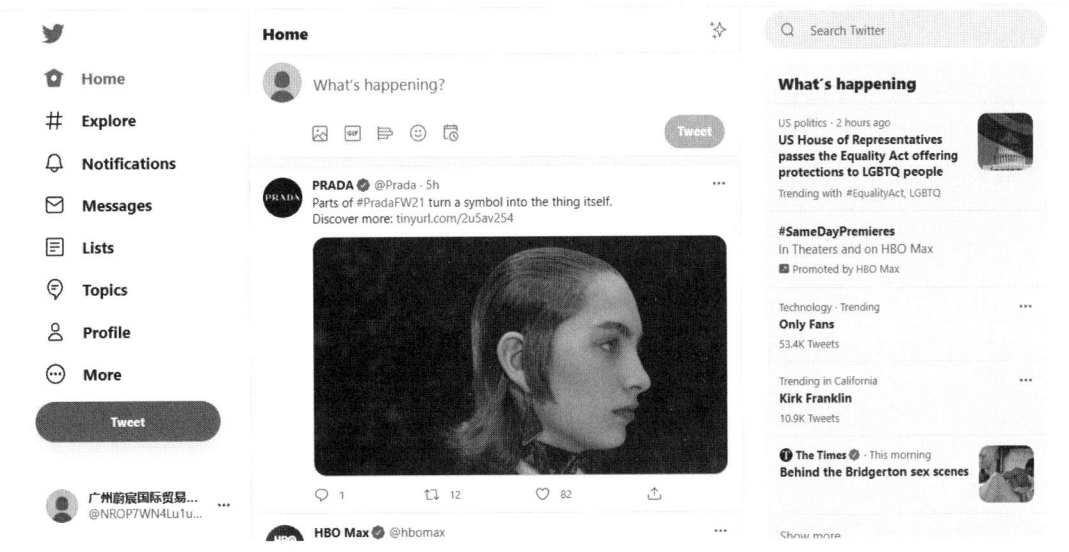

图 8-12　Twitter 网页端页面

三、Twitter 推文转发

转推是 Twitter 上最常用的功能之一。此功能可以促进用户间交流并在 Twitter 上发展熟人网络。有两种推文转发方法：一种是经典方法，只需按一下转发按钮；另一种是在转发信息中添加一条消息。

打开 Twitter，通过新闻提要或主题标签选择要转发的推文。点击位于相关推文底部的"Retweet"图标，将打开一个带有两个选项的下拉菜单："转推"和"引用推文"，如图 8-13 所示。

图 8-13 转推功能图标

若要简单地转发，则可点击"转推"。若要将消息添加到转发，则可点击"引用推文"。这将打开一个推文撰写窗口，允许添加消息，然后点击"转推"按钮。在营销过程中，建议选择带有评论的转发，可以在这里体现自己的思想和提供有价值的信息。最有效的方法之一是选取转发的文章中最有代表性和价值的文字，这样会让粉丝更想阅读这篇转发的推文。

第三节　Twitter 专页管理

一、获得 Twitter 粉丝

如果要让 Twitter 的强大功能产生积极的营销影响，包括产生销售线索、提高品牌知名度并与客户和用户建立联系，那么就必须拥有 Twitter 关注者，即粉丝。

以下一些方法能增加 Twitter 的追随者，并有助于 Twitter 账户和品牌发展。一是确保所发布的内容不仅有趣，而且对 Twitter 追随者有帮助、有价值。这样将有更多机会转发和共享所营销推广的内容。二是遵循策略。更多地关注其他人，以便他们可以在 Twitter 上也关注你的账户。三是推广 Twitter 账户。如果有其他社交平台账户，那么多曝光 Twitter 平台的徽标。

四是在 Twitter 个人资料中包含搜索引擎优化（SEO）关键字。五是将 Twitter 徽标添加到公司的网站，将 Twitter 链接放在新闻中，如图 8-14 所示。六是将 Twitter 作为联系选项。七是激励 Twitter 追随者，包括举办比赛，以吸引更多 Twitter 关注者。使用 Twitter 广告在 Twitter 上吸引关注者，招募有影响力的人，通过推文获得创意，优化个人资料，充分利用标签，掌握在 Twitter 上发帖的最佳时间等。

图 8-14　Facebook 平台上的 Twitter 链接

二、增加帖子互动

1．使用热门标签

#标签功能最早是由一位名叫 Chris Messina 的网友在 2007 年提出来的，当时人们普遍不看好这个功能，认为用户并没有那么多耐心使用#标签功能。但随着使用的人越来越多，这一功能逐渐定型，Chris 本人现在 Twitter 上的粉丝已经达到 75000 人。在社会化媒体帖子中加入趋势性和热门的 Twitter 标签是一种非常好的方式，可以让推文信息不仅局限于自己的粉丝。当在帖子中使用流行的标签时，该消息将会展示给讨论该主题的所有人，以便其查看与该主题相关的消息。根据统计数据，当推文包含最多两个标签时，互动率能大幅度提升。但是当标签数超过两个时，互动率反而会下降。

2. Twitter 本地查询标签法

查看趋势标签显而易见的地方是 Twitter 网站本身，因为它拥有关于此主题的准确信息。这不仅是基于数据的最佳来源，而且 Twitter 还根据用户的位置和关注对象为每位用户提供"量身定制的趋势"性标签内容。进入搜索标签，Twitter 将显示账户中个性化的热门话题。如果滚动到"趋势"部分的底部，那么请点击"显示更多"，如图 8-15 所示。

Twitter 的主题标签唯一不利的地方在于只能提供最热门主题的标签，如果需要更多主题标签，那么需要使用第三方的一些工具。

3. 热门主题标签的第三方工具查询法

第一种是 trendsmap.com 工具，这是一种导航工具，可按位置查找趋势标签。这对营销人员来说非常有趣且功能强大，因为通过这种工具可以了解不同地点在线讨论不同事件的方式，并将这些信息用于地理定位所在地的消息。利用在当地发生的事情去营销是直接与受众群体对话的好方法。例如，上海的热门话题可能与旧金山的趋势不同。无论品牌是在全球任何位置，这是一个方便的标签，帮助用户发现更广泛的乃至全国的趋势性标签。

第二种是 RiteTag 工具，它在其网站上提供趋势标签列表，可以利用该列表来实时营销。RiteTag 还会在输入时提供关于所需话题标签的反馈，能分析 Twitter 话题标签的实力。

第三种是#tagdef 工具，Tagdef 是一个按时间表列出热门话题标签的站点，包括当前、每周和全时标签。Tagdef 网站为每个 hashtag（标签）提供了定义，使得营销人员在潜入创建内容之前更容易熟悉该主题。使用 Tagdef 能避免很多尴尬和无效流量。

第四种是 hashtagify.me 工具，这是一个标签搜索器，可以轻松搜索与想要定位的标签相关的标签。将这些主题标签与你的原创文章一起使用，从而可以提高访问量，为帖子带来更多点击和转化。

第五种是可视化标签的工具 Tint 和 Tagboard。当创建和管理主题标签广告系列时，可视化发生的所有互动可能具有令人难以置信的价值。这些工具能进行广告系列预测，从而轻松监控标签周围的所有活动。一旦开始了你的标签话题活动，就可以使用 Tint 将包含该标签的所有社交帖子聚合到一个设计精美的社交中心。Tagboard 是所有标签研究网站中最美观的一种。对于创建的每个"标签板"，都可以指定一个标签供其跟踪。Tagboard 会在与下面类似的主板上显示包含该主题标签的热门帖子。用户可以轻松地阅读包含特定主题标签的所有帖子。Tagboard 工具还集成了"Feature Post"功能，可将该帖子拖到单独的面板上，使响应变得轻松。

三、创建 Twitter 列表

打开 Twitter feed 就像走进一个巨大的、嘈杂的聚会，一百万次对话在同一个时间内不断地爆炸再爆炸。面对的信息太多，人就很难专注于任何一个主题。这就是为什么"list"（列表）是一个有用的工具的原因，它可用于整理与你的业务真正相关的对话。列表是来自选定账户的精选供稿，可以让你收听相关的讨论或有影响力的人。列表工具显示在 Twitter 左侧，如图 8-16 所示。

第八章　Twitter 营销应用

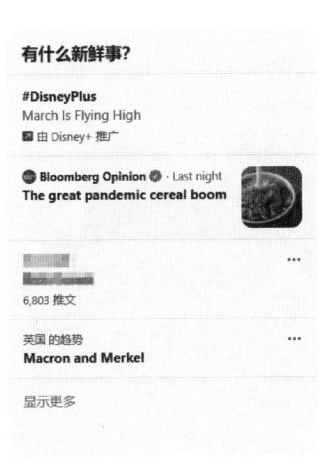

图 8-15　热门趋势　　　　　图 8-16　列表工具

即便 Twitter 是一个非常有效的营销工具，但使用 Twitter 列表的品牌也不多。其实使用 Twitter 列表会大大提升营销工作效率，包括创建一组有计划的 Twitter 账户；订阅由其他品牌创建的同行业或市场营销相关的列表，随时在"同行"列表的时间线上查看行业相关账户的推文提要；帮助用户找到合适的追随者；及时获得专家的见解和新闻；列表中的推文按时间顺序排列，轻松跟踪不断发展的问题和时事；轻松地对 Twitter 上关注的人员和品牌分组等。

1. 直接在 Twitter 上创建列表

直接在 Twitter 上创建列表时，列表可以设置成公开的（任何用户都可以看到它）或私有的（只有自己可以看到它）。在 Twitter 个人资料页面，点击"列表"项，然后找到"创建"新列表按钮，具体步骤如图 8-17 和图 8-18 所示。

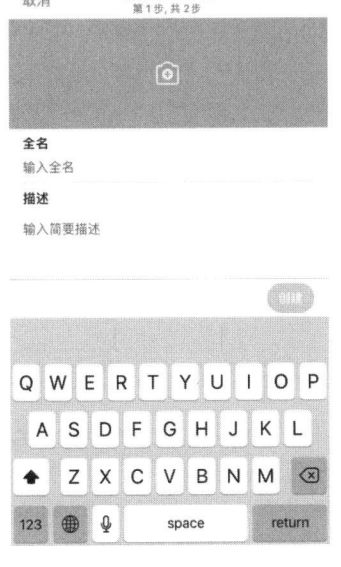

图 8-17　创建列表第 1 步　　　　图 8-18　创建列表第 2 步

创建列表后，Twitter 会提示搜索用户或访问正在关注的账户的页面进行列表用户的添加，可通过点击想要添加用户位于右侧的三个垂直圆点跟踪按钮进行操作，如图 8-19 所示。

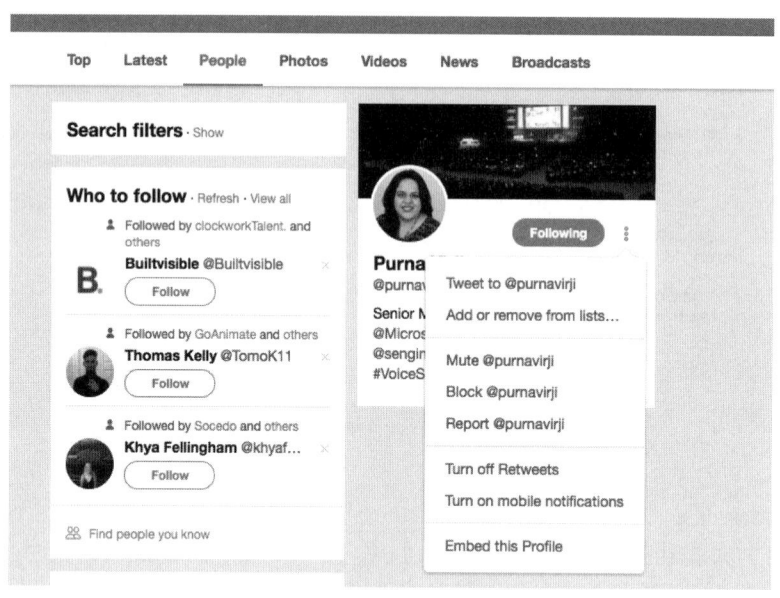

图 8-19　添加用户到列表中

可以选择添加或从列表中删除选项，但需要进行手动操作，效率会较低。

2．利用第三方工具创建列表

成功而高效地执行日常任务的关键是自动化。Twitter 本身的功能非常有限，但可通过第三方工具管理列表，使得列表的使用高效、有趣。

一是 Listpedia.org 工具，专门为在 Twitter 和 Instagram 上搜索和创建列表而设计。用户一旦创建了自己的列表，就可以通过以下方式增加列表：添加用户的 Twitter 账户或个人资料网址，用逗号分隔。通过工具进行列表管理，使得 Twitter 账户上的用户管理不再复杂。二是 ScoutZen 工具，使用特定的标签或搜索查询共享某些内容进行批量添加。与 Listpedia 工具不同的是，ScoutZen 工具可以查看即将添加的人员列表，并可查看这些人是否值得加入列表。

3．寻找潜在客户

将与企业产品或市场相关的 Twitter 联系人添加到列表中，并利用 Twitter 列表来追踪任何事件的潜在线索，开发潜在客户。同时，可以通过查看竞争对手的追随者，进行相应账户的资料研究，也能发掘潜在客户。

4．查看有影响力账户的列表

在 Twitter 上查找本行业有影响力的行业成员，其建立的列表是企业需要重点关注的账户列表。通过导航到他们的个人资料页面，点击其 bio 上方带有三个点的图标，然后选择"查看列表"，可以看到他们创建的列表，包括他们自己账户的列表及其订阅的列表，点击要关注的列表并点击"订阅"按钮。再通过对这些列表的分析，发现商机。

第四节 Twitter 营销管理工具

衡量 Twitter 营销效果和投资回报率是至关重要的，除 Twitter Analytics 外，还有许多第三方工具。Twitter 的强大功能需要借助这些第三方应用程序，以满足主应用程序中缺少的功能。特别是对于互联网营销人员和希望增加销售额或增加覆盖面的商家来讲，更应了解这些 Twitter 工具以充分利用社会化媒体。

一、Twitter 内容营销效果分析工具

1. Twitter Analytics

Twitter 的数据分析向所有人开放，是一项免费的服务。在 Twitter 账户中发布推文后，即可获得有关推文和关注者的完整的 Twitter 分析。在浏览器里登录 Twitter 分析页面后即可访问该功能；或者在 Twitter 的网页版左侧边栏，点击"Analytics"（分析），同样也可以访问 Twitter Analytics，如图 8-20 所示。

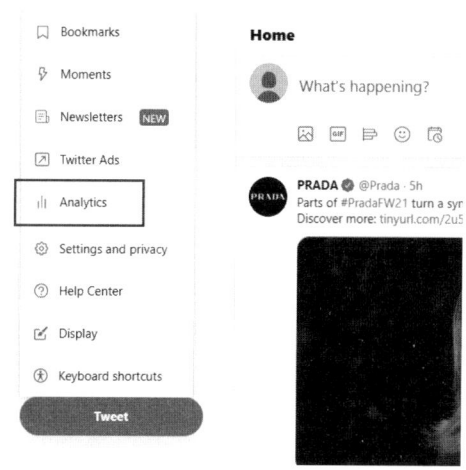

图 8-20 Twitter 页面访问"Analytics"（分析）

基于 Twitter Analytics，利用新数据、新视角分析推特和观众状态，作为可将分析的结果营销活动中的常规数据进行参考。通过分析成功的原因，可以更好地规划在平台上花费的时间，从而获得最大的营销效益。在 Twitter Analytics 页面，包括"主页""推文""视频""转化跟踪"标签的数据分析。

（1）主页标签每月数据分析。

主页标签可即时呈现当月的推特状况，包括当月推文发布数、推文阅读量、个人资料访问量、当前粉丝数量（关注量）等，如图 8-21 所示。这些指标仅能反映账户当前的活跃度，并不能说明营销策略是否获得成功。但如果推文发布数有所下滑，那么账户的广告印象、粉丝数及推文提及次数也会随之减少，因此，需要维持一定的发文频率。同时，可以查看之前月份的数据摘要，这里汇聚了每月的优秀推文、成功推文（由参与度决定），以及每月的超级粉丝（由粉丝数决定）。分析粉丝互动状况时，如果无法了解粉丝或浏览访客是如何互动的，

那么可以通过 Twitter Analytics 获取互动次数、互动率数据，分析什么样的推文内容比较容易让访客参与互动，包括点赞、评论、转发等。

图 8-21　主页数据分析

将数据汇集在一个页面上有助于分析趋势。随时查看推特的实时动态，分析是何种策略发挥了作用。如果新发起了一场推特推广，阅读、参与度和推文提及数都随之提升，那么很可能是新策略正在发挥着积极作用。另外，通过分析每月的优秀推文，总结优秀推文的共同点，如内容特点、知识性、个性化等，能为未来的推文营销奠定基础。

（2）主页标签粉丝数据分析。

推文的成功并不能全靠参与度和广告印象，同时还由粉丝决定。在主页里，可以查看粉丝的个人资料，从而了解粉丝的细节情况，如图 8-22 所示。通过这些粉丝的个人资料信息，可以进一步分析所拥有的粉丝是否为正确的受众。如果吸引了正确受众，那么可以通过这份数据更好地了解他们。可以利用 Twitter Analytics 上的数据升级策略，并在其他渠道上收获大量粉丝。因为粉丝与企业的推文进行互动，继而关注了公司的品牌，但是这不意味着一定会产生消费行为。那么，就需要制定买家角色优化策略，来进一步吸引这些潜在消费者。

图 8-22　主页里的粉丝信息

粉丝数量的增长或减少可直接体现推特账户的表现，应当实时关注。如果某段时间内粉丝数量大幅增长或者急剧减少，情况反常，那么需要分析该情况出现的原因。另外，借助Twitter Analytics，还可以获取"Top Follower"的名单，即自己本来就拥有强大粉丝基数的推特用户（网红）。建议将这些推特用户整理出一份名单，将来可以考虑合作。

（3）推文标签数据分析。

在推文标签中，深度挖掘每条推文的状态有助于账户的营销。根据推文阅读量、参与度（包括转发、点赞及回复），以及参与率，实时掌握推文的点赞、回复、点击及转发数，如图8-23所示。这些指标可以用于更好地分析优秀推文，并用以确定不同类型的推文是否会带来不同的反馈。通过分析这些具体结论，以达成推文营销目标。如果希望获得更多转发或回复，那么可以观察到底是推特活动或策略的哪部分实现了最大的功效。此外，分析每天及每周发推文的最佳时间，以获得更好的效果。

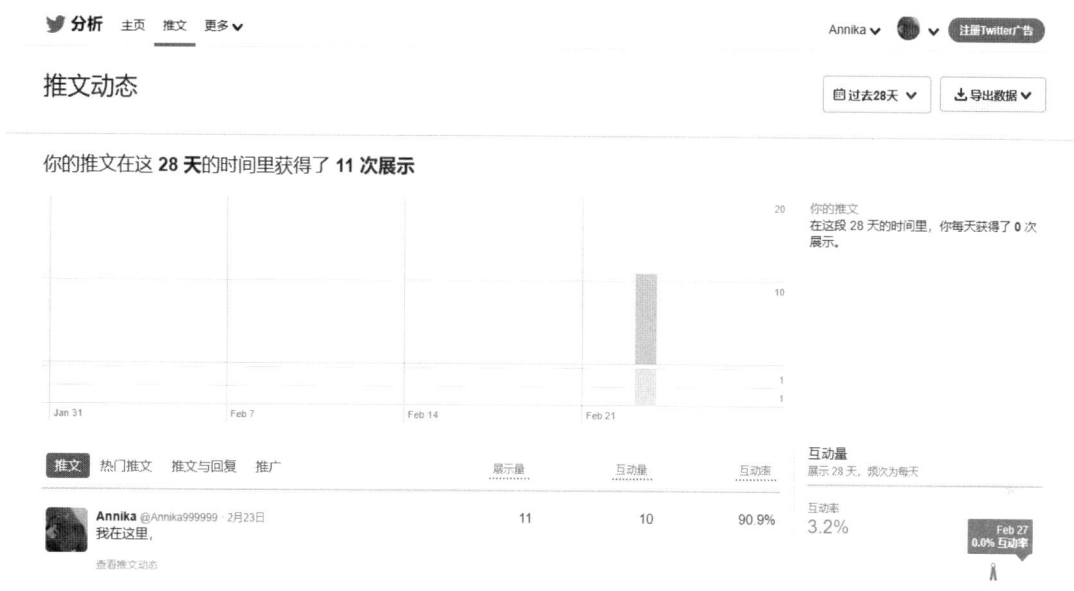

图8-23　推文数据分析

同时，分析展示次数最多的推文，利用Analytics，获取卖家当月所有推文的数据，整理后查，看展示次数最多的帖子有哪些，分析它们有何共同点。并把共同点应用到之后的推文内容里，如这些帖子是否使用了相同主题，是否包含热门标签、表情或者特别的广告语等。

（4）视频标签数据分析。

视频的数据分析与推文的数据分析类似。在视频数据页面，能查看推文的观看次数、视频观看量、完成率等，如图8-24所示。同样可以查看使用广告付费视频的表现情况，即使用Twitter广告增加视频的展示量和互动量的表现。

（5）转化跟踪标签数据分析。

通过转化跟踪，可以跟踪人们在Twitter上查看或参与广告后所采取的行动，从而衡量广告支出的回报，如图8-25所示。设置转化跟踪后，还可以跟踪跨设备转化。这意味着，即使有人在移动设备上查看了"推荐推文"，但在笔记本电脑上进行了转化，该转化也将准确地归因于广告系列。转化跟踪是和付费联系在一起的，能提供更多的营销数据，包括订单量、金额等。

图 8-24　视频数据分析

图 8-25　转化跟踪数据分析

2. Tweepi

Tweepi 能快速轻松地获取更多 Twitter 关注者，同时使用 Tweepi 的工具清理 Twitter 账户，摆脱不相关、不受欢迎或不活跃的用户。还可以使用工具里的 Twitter 统计数据来了解所有的 Twitter 社交价值追随者和账户的整体生产力。Tweepi 社媒工具网页如图 8-26 所示。

二、精准营销工具

1. Audiense

Audiense 是一种流行的企业级 Twitter 管理工具，操作简单。Audiense 提供的功能可以帮助用户充分利用 Twitter 账户，如找到有影响力的人，找到合适的时间来发布最高点击率的推文，运行自动化的直接留言广告系列等。还可以轻松批量关注、取消关注和发现志同道合的 Twitter 用户。Audiense 社媒工具网页如图 8-27 所示。

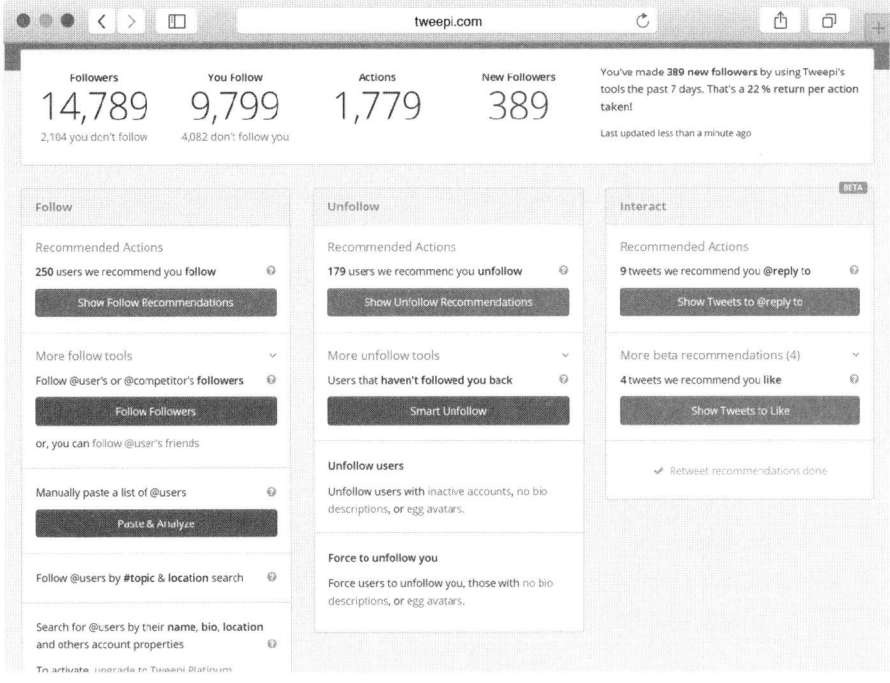

图 8-26　Tweepi 社媒工具网页

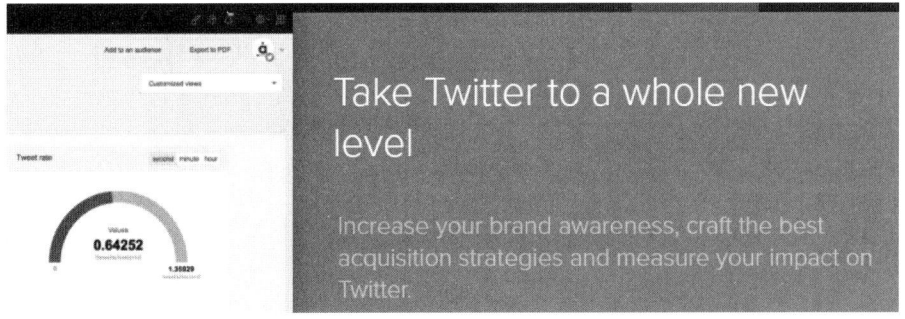

图 8-27　Audiense 社媒工具网页

2．ManageFlitter

ManageFlitter 能智能管理 Twitter 账户。该工具提供高级分析，并提供独特的功能，如 Powerpost。Powerpost 将自动安排帖子，以获得最佳的可见性和参与度。还可以使用 ManageFlitter 取消关注所有不活跃的 Twitter 账户。ManageFlitter 社媒工具网页如图 8-28 所示。

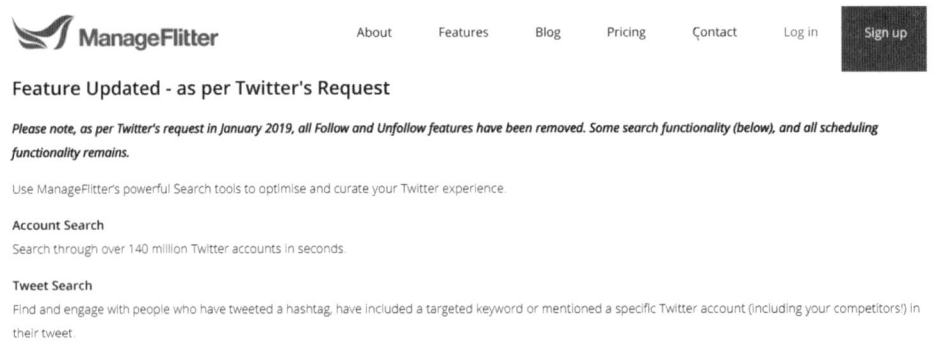

图 8-28　ManageFlitter 社媒工具网页

三、营销自动化工具

1. SocialPilot

SocialPilot 是一个多用途工具，它使推文变得简单，特别是能一次编写所有推文并且分不同时段进行发布。通过创建大量推文并将其添加到 SocialPilot 队列中，根据所选推文发布的时间，推文将被自动发送出去。同时，可以使用 SocialPilot 管理多个 Twitter 个人资料。SocialPilot 社媒工具网页如图 8-29 所示。

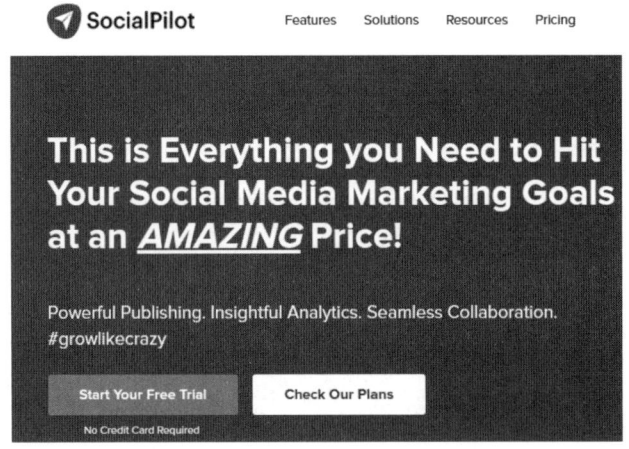

图 8-29　SocialPilot 社媒工具网页

2. Commun.it

Commun.it 是 Twitter 营销工具，可以向粉丝转发感谢，在粉丝关注 Twitter 个人资料时表示欢迎，进行粉丝排名公布，以及通过许多自动化功能以提高 Twitter 个人资料参与度。免费账户可与 20 个人进行互动。Commun.it 社媒工具网页如图 8-30 所示。

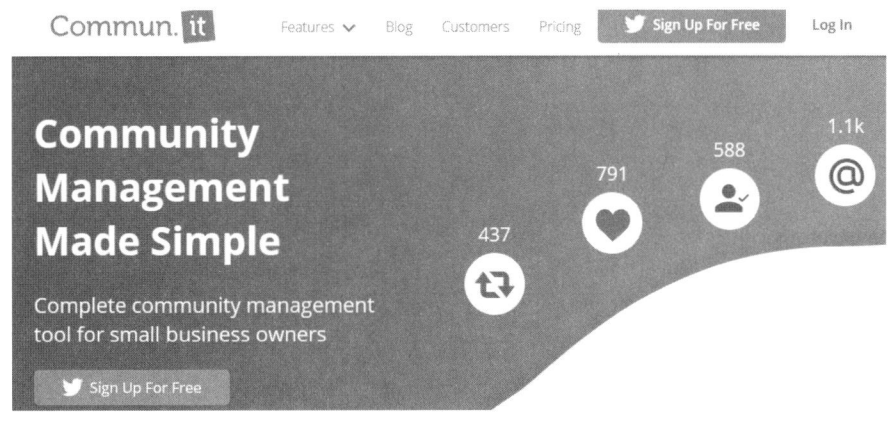

图 8-30　Commun.it 社媒工具网页

3. SocialOomph

SocialOomph 工具相当于 Twitter 工具的瑞士军刀，有自动化 Twitter 配置文件所需的几乎所有工具。它的主要功能包括自动向新粉丝发送 DM、自动关注新粉丝、发送定期推文、删除所有 DM 或推文、RSS 订阅推特等。SocialOomph 社媒工具网页如图 8-31 所示。

图 8-31　SocialOomph 社媒工具网页

本 章 总 结

本章主要介绍了 Twitter 营销应用。首先，介绍了 Twitter 及其在跨境电商营销中的作用及营销策略，其次，介绍了 Twitter 的账户创建与内容发布、Twitter 专页管理、Twitter 营销管理工具的使用等。希望读者能掌握 Twitter 营销的基础技能，提高客户满意度，提高公司业绩，提升品牌形象。

本 章 习 题

一、选择题

1. 以下（　　）数据分析工具是 Twitter 本身自带的。
 A．Commun.it　　　　　　　　　　B．Tweepi
 C．SocialPilot　　　　　　　　　　D．Twitter Analytics
2. Twitter Analytics 的数据分析的标签有（　　）。
 A．主页标签　　　B．推文标签　　　C．视频标签　　　D．转化跟踪标签
3. 除自有营销管理功能外，以下（　　）是专门的 Twitter 营销管理工具。
 A．Commun.it　　　B．Tweepi　　　C．Twitter　　　D．SocialPilot

二、问答题

Twitter Analytics 工具对营销推广有什么作用？

三、实训题

任意选择一款产品，在 Twitter 注册一个商业账户，对该产品进行营销推广，并查看 Twitter Analytics 的数据，了解 Twitter 的基本功能。将所获取的成果形成一份报告，并分享展示。

第九章　Reddit 营销应用

提前于新闻发声，来自互联网的声音

> **案例 9-1**
>
> **肯德基情人节广告**
>
> 　　肯德基于情人节之即在 Reddit 上策划了一系列广告活动，活动内容包括绘画、写作和 P 图竞赛。肯德基在 Reddit 上分别发了 3 个主题帖，共征集了大约 900 条评论和几十条意见。
>
> 　　每一个主题帖的获奖者，将赢得肯德基的终极约会之夜套餐，里面有一款限量版仿熊皮白色地毯，形似肯德基著名炸鸡创始人哈兰·桑德斯上校，以及炸鸡睡衣、肯德基的礼品年卡等奖品。这种广告策略可以说是很奇葩，但是肯德基的目标受众很准确，主题帖均发在创意类社区。
>
> 　　最重要的是，肯德基意料到会有一些人在帖子底下挑衅。营销团队会跟 Redditor 们开开玩笑，即使整个过程中免不了要自黑，但最终该社区围绕肯德基品牌产生了大量的原创内容。
>
> 　　他们会花时间回复评论，为了能更好地和 Redditor 们的对话，尝试去融入到社区当中。通过提供用户会喜欢的奖励。像肯德基这样的大品牌，如果会在帖子中回复某个人的话，Redditor 们会觉得很接地气，然后这条帖子就会被"昭告天下"，回帖一般是带有很多表情包的内容。
>
> 　　这样一来，肯德基凭借这条广告帖直接跳到首页，获取曝光率。但同时也对 Reddit 社区做出了贡献。肯德基的姊妹品牌 TacoBell 有自己的看板，里面都是一些含金量较高的内容。

　　2005 年，Condé Nast Digital 公司（Advance Magazine Publishers Inc 的子公司）在美国成立了 Reddit（也称"红迪网"）。Reddit 被称为"互联网首页"，Reddit 是一个"非主流"的、综合性的社交新闻论坛网站。Reddit 是美国本土最活跃的线上社区之一，它是新鲜时间和热点时间的信息源头。用户（redditors）能够在网上社区内浏览、提交内容的链接或发布自己的原创或评论有关用户提交的文本帖子。其他的用户可对发布的链接进行点赞或点踩的投票，得分突出的链接会被放到首页。另外，用户可对发布的链接进行评论并回复其他评论者，以此形成一个在线社区。

第一节　注册 Reddit

在 Reddit，用户可以关注喜欢的话题，可以对别人的帖子评论或进行投票，也可以自己发帖子。如果想完成上面的工作，首先必须要有一个 Reddit 的账户。注册了账户后，所呈现的信息都是以你的兴趣为主的，可以大大节省搜索时间。

打开 Reddit 网站首页，如图 9-1 所示。

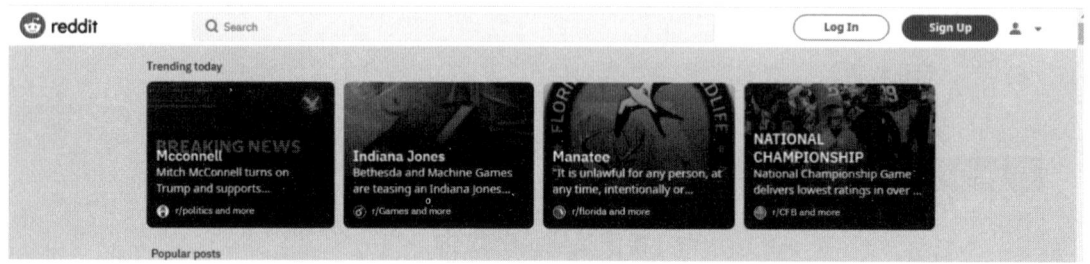

图 9-1　网站首页

注册步骤如下：

（1）点击首页右上角的按钮 Sign Up，弹出注册页面，如图 9-2 所示。

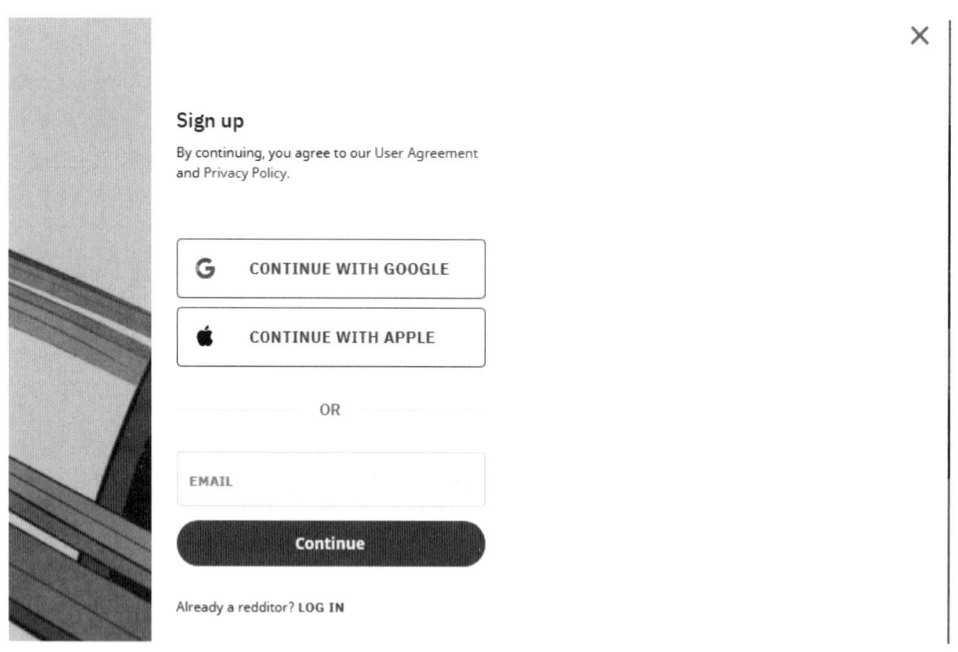

图 9-2　注册页面

查看用户协议后点击"User Agreement"项，弹出用户协议窗口，如图 9-3 所示。用户协议中说明了网站的功能、创建账户规则、账户的安全性、如何使用 Reddit、广告和促销规则、版权、需要注意的问题等。

第九章　Reddit 营销应用

图 9-3　用户协议窗口

点击"Privacy Policy"项查看隐私政策，如图 9-4 所示。隐私政策中包含对网站如何使用和共享、如何保护自己的信息、用户的选择和权力等内容。

图 9-4　用户隐私政策窗口

注册选择。注册时，用户可以点击"CONTINUE WITH GOOGLE"或者"CONTINUE WITH APPLE"用 GOOGLE 或 APPLE 账户直接进行注册，也可以使用邮箱地址进行注册，如图 9-5 所示。

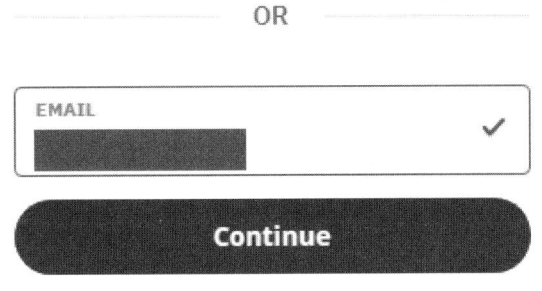

图 9-5　输入邮箱窗口

（2）点击"Continue"按钮，弹出"Choose your username"窗口，如图 9-6 所示。在"Choose

177

a username"文本框中输入用户名,或者在"Here are some username suggestions"下面蓝色字体中选择推荐的用户名。用户名是公开的,不必与自己真实姓名相关。用户名设置完成后不能进行修改,所以设置用户名时可以选择包含品牌关键字或个人名称的内容。密码建议长度至少为16个字符,并包括大写和小写字母及数字和符号。

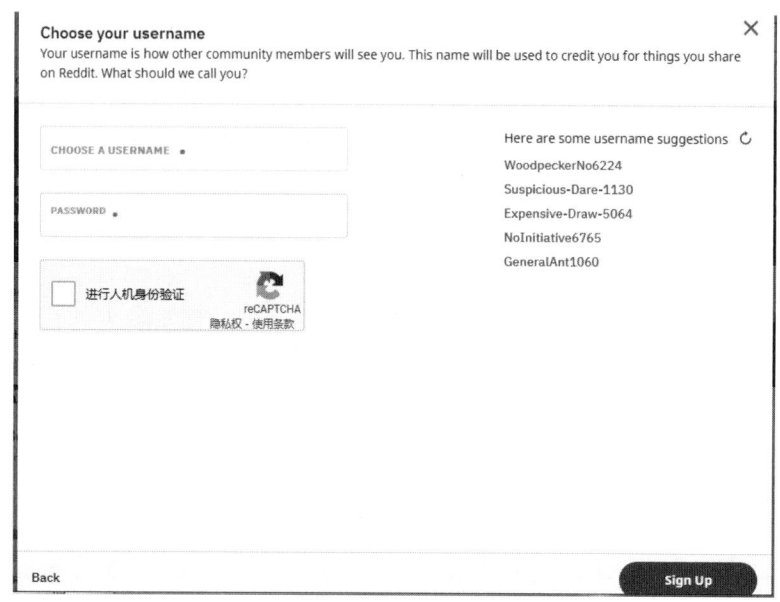

图 9-6　选择用户名窗口

(3)用户名、密码设置完成后,点击"进行人机身份验证",弹出验证页面,如图9-7所示。根据提示选择需要验证的内容。

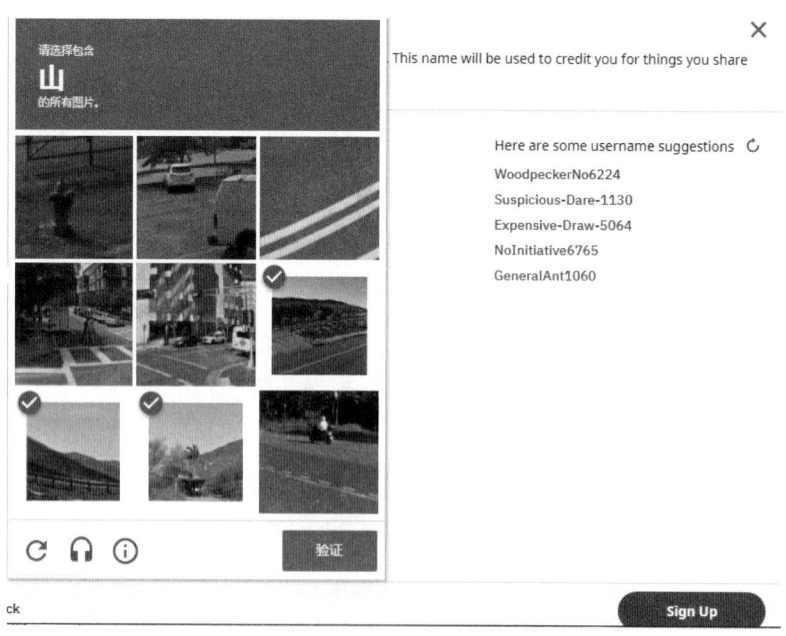

图 9-7　验证页面

（4）点击验证按钮，验证通过后点击"Sign Up"按钮，弹出订阅页面，如图9-8所示。在订阅页面中，左侧栏是行业领域，右侧栏是对应的社区，根据用户情况选择行业领域和社区，点击"join"按钮加入感兴趣的社区。

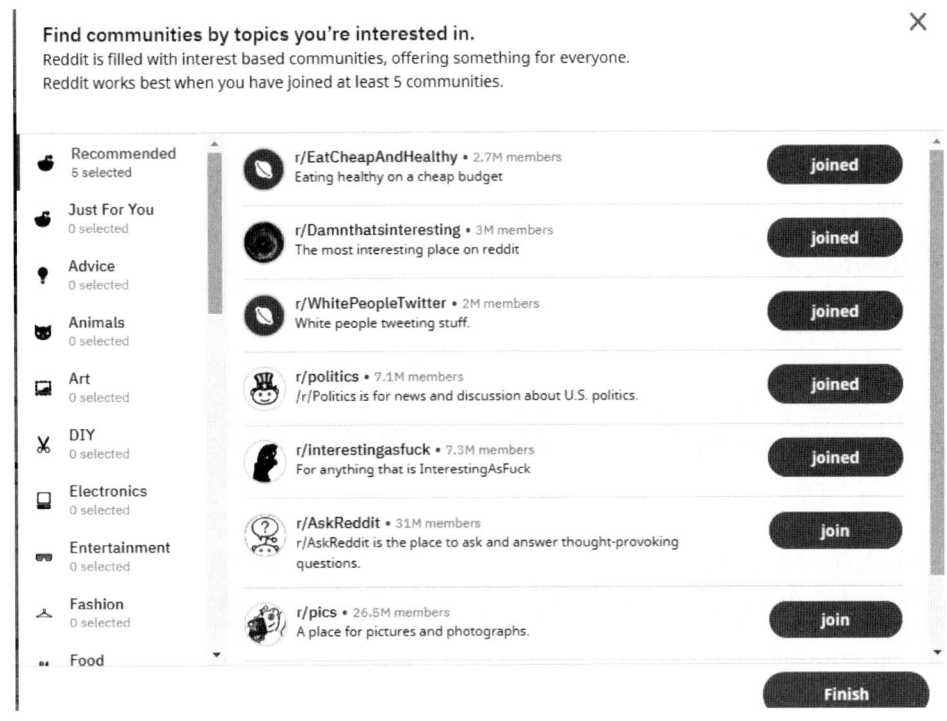

图9-8　订阅页面

（5）社区加入完成后，点击"Finish"按钮，进入自己账户的页面，如图9-9所示。用户就可以在Reddit网站发帖、评论了。

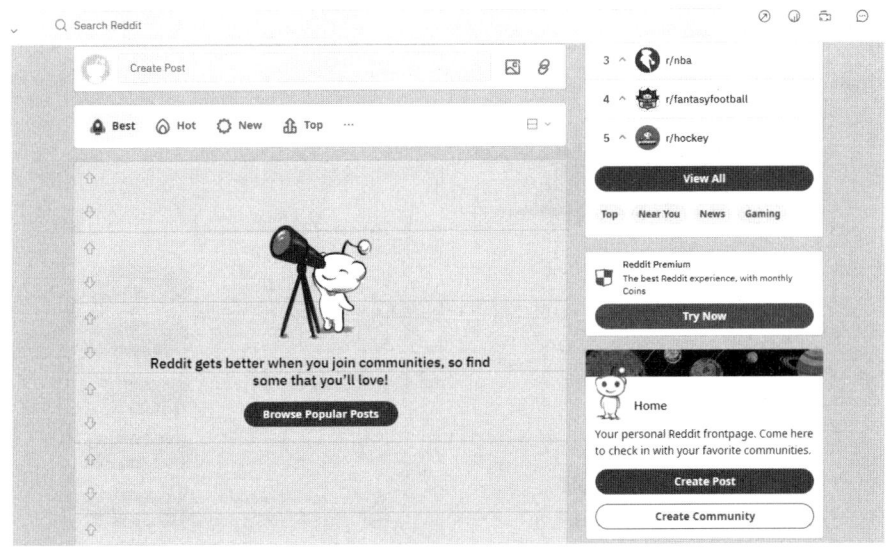

图9-9　注册完成用户页面

Reddit 没有限制注册账户的数量，用户可以拥有多个账户，或者在有需要的时候创建几个"一次性"账户。但要注意，Reddit 规定，13 岁以下的儿童不允许创建账户或以其他方式使用服务；某些服务要求年满 18 岁。

Reddit 在移动端的注册操作可以参照以上步骤进行。

第二节　内容创建与互动

一般认为，Reddit 是未被充分利用的社会化媒体营销平台之一。利用 Reddit 从内容创建与互动开始。

一、Reddit 术语

卖家要在 Reddit 平台发展业务，首先要熟悉 Reddit 相关术语。

（1）Redditors：Reddit 上的用户；Redditors 能够在互联网上社区内浏览、提交内容的链接或发布自己的原创或评论有关用户提交的文本帖子。

（2）Subreddit：Subreddit 是专门讨论特定主题的论坛，您可以在其中发布链接、创建帖子、讨论其他人的帖子。

（3）upvote/downvote：类似点赞/点踩。用户可以在平台上发布帖子，其他用户可以对该帖子点赞或点踩，这决定了帖子的人气；最火的帖子会被顶到首页最前列。

（4）threads：用来发表、讨论的主贴。

二、在 Reddit 创建内容

Reddit 上的用户大多将该网站当成一个论坛，但 Reddit 其实是一个交流平台，用户可以在该平台上发表帖子。在 Reddit 上发布的帖子要是足够吸引眼球，可以获得成千上万次的点击量。发帖的类型可以是文本、链接、图像、GIF 动图和视频等。Reddit 按话题和兴趣分成多个独立的社区。例如，r/pictures 社区专注各种图形图像，用于展示景色或者事件；r/sports 社区专注于发布与运动相关的内容。Redditors 在发帖前最好先了解一下最近热门社区和社区趋势，用户登录后可以进入自己的页面，通过窗口右侧栏的"Today's Top Growing Communities"查看今日最快成长社区排行；通过"Trending Communities"了解社区流行趋势。如图 9-10、图 9-11 所示。

图 9-10　今日最快成长社区排行

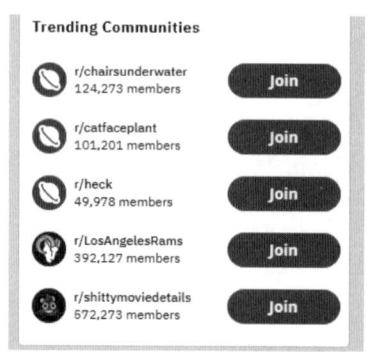

图 9-11　社区趋势

1. 发布帖子

建立了账户之后,用户在进行内容营销之前,可以在各种主题下发帖。发帖步骤如下所述。

第一步:创建新帖。用户可以在窗口右侧选择"Home",在 Home 页面点击"Create Post"按钮创建帖子或者点击"Create Community"按钮创建社区,如图 9-12 所示。如果只想发布帖子,也可以快速点击页面顶部的 "Create Post"文本框,如图 9-13 所示。

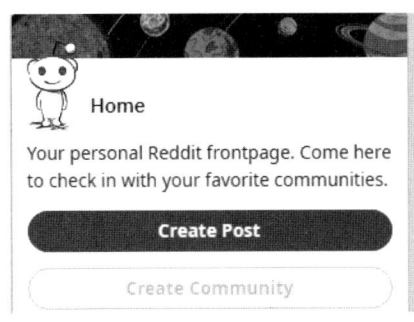

图 9-12 创建帖子或社区

图 9-13 Create Post 文本框

如果不自定义主题,在首页上,用户只能看到一些热门的帖子,要想找到对自己感兴趣的受众,需要积极参与小的社区 Subreddit;用户要在大社区和小社区之间寻找平衡做出选择。大社区用户多、话题多;但是小社区更具有针对性,对用户发布的内容感兴趣的用户集中度更高。

第二步:点击"Create Post"按钮或者"Create Post"文本框,打开"Create a post"窗口,如图 9-14 所示。

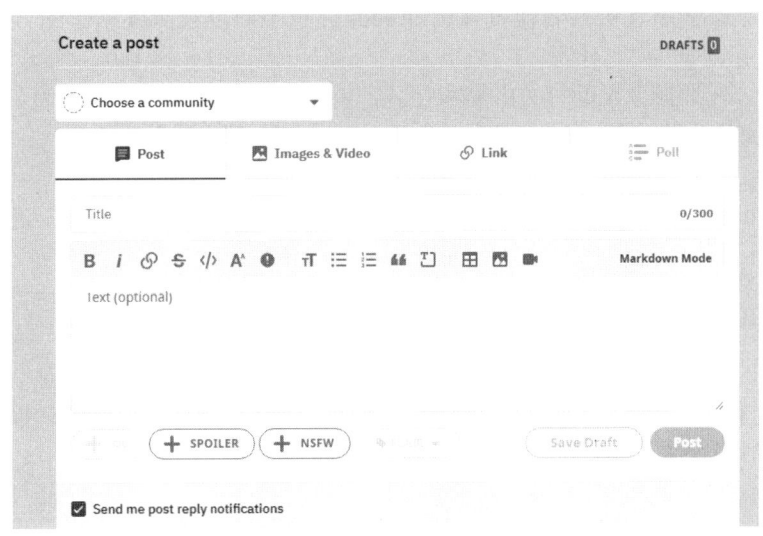

图 9-14 创建帖子窗口

在"Create a post"窗口中，点击"Choose a community"右侧的下拉箭头，选择一个感兴趣的社区。创建的帖子主要有三种类型："Post""Images & Video""Link"。

（1）"Post"。在Post中可以创建文本帖。文本是Reddit中最常见的一种发帖形式，许多主题下面的帖子都是文本帖。Redditors喜欢用文本讨论令人深度思考的内容。除了可以输入文本之外，在"Post"类型下可以设置文本的字体格式、插入链接、表格、图像、视频等。

（2）"Images & Video"。图片是一种直观展示内容的方式。在发帖之前，用户应先找好有趣、吸引眼球的图片。该类型支持Gif动图。视频在各大论坛网站正在兴起。发布视频对用户视觉冲击力非常大，但要视频加载可能要花费较长时间，建议可以将视频中最精彩的部分截成Gif动图，然后在评论中放上完整的来源链接，以收到更多的点赞和评论。

（3）"Link"。链接类型的帖子会链接到其他网站、图片、视频等。注意输入正确的"url"地址。

不管什么类型的帖子，除内容本身外，标题也非常重要。早期可以观察Reddit上的热门帖子标题，通过模仿借鉴提升标题质量。标题、内容设置完成后，点击"Post"按钮，发帖成功。

2. 发帖规则

Reddit是一个多层社区网络，平台规则非常简洁。

规则一：Reddit是创建社区和归属感的场所，而不是攻击边缘化或弱势群体的地方。每个人都有使用Reddit的权利，应不受骚扰，欺凌和暴力威胁。

规则二：遵守社区规则。将真实内容发布到您个人感兴趣的社区中，不要欺骗或从事内容操纵（包括垃圾邮件、投票操纵、逃避禁令或订户欺诈）或以其他方式干扰或破坏Reddit社区。

规则三：尊重他人的隐私。禁止通过揭露某人的个人或机密信息来煽动骚扰。未经他人同意，切勿发布或威胁发布私密或其他涉及隐私的内容。

规则四：请勿发布或鼓励发布涉及未成年人不适宜的内容。

规则五：不必使用真实姓名即可使用Reddit，也不必以误导或欺骗的方式冒充个人或实体。

规则六：合理举报令人反感的内容和社区，以确保用户在Reddit上有良好的体验。

规则七：避免发布非法内容或招揽或促进非法或禁止的交易。

规则八：不要破坏网站或做任何妨碍Reddit正常使用的事情。

此外，Reddit上的每个子社区均由其用户定义，进入该子社区的用户要遵守该子社区的规则。

三、Reddit内容互动

一篇典型的Reddit帖子及其评论如图9-15和图9-16所示。用户可以对帖子进行评论、分享、收藏、打赏等操作，评论还能继续进行点赞、点踩、评论、分享、举报、收藏或打赏操作，这些操作就是Reddit的内容互动。

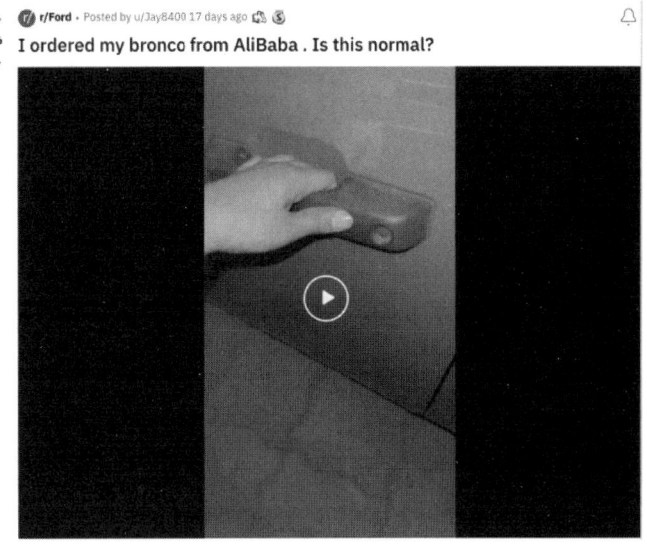

图 9-15　Reddit 网站帖子

图 9-16　Reddit 网站帖子评论

在 Reddit 创建内容并参与互动的基本步骤如下。

1）寻找合适的 Subreddit

在发布内容前，首先必须找到合适的 Subreddit。发布的内容应与 Subreddit 的主题相契合，类似于电商平台产品不能类目错放一样。寻找合适的 Subreddit 主要有两种方法。

a. 在 Reddit 首页的 "Search" 搜索栏中输入关键词搜索主题，如图 9-17 所示，输入关键词 "mask"，系统会在下拉框中提示相关子社区及其成员数量。

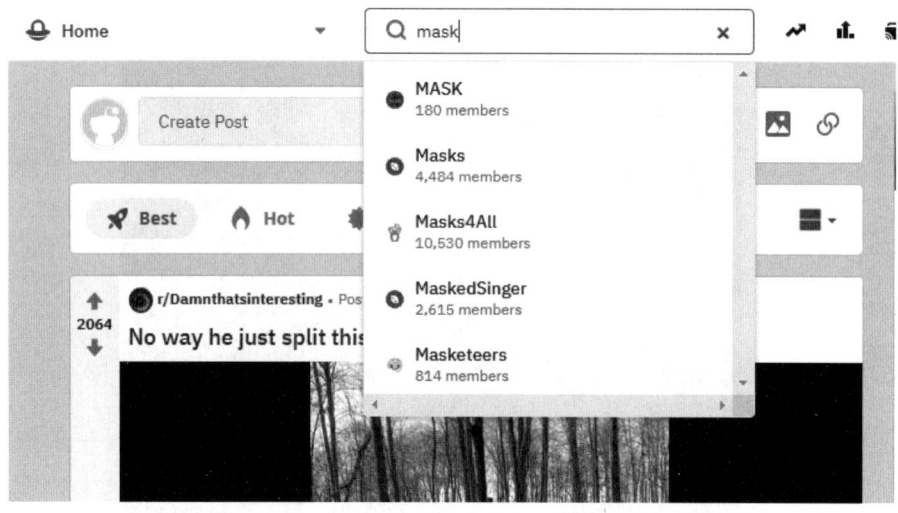

图 9-17　输入关键词"mask"结果

b. 在浏览器地址栏中输入 redditlist 网址，打开"redditlist"页面，如图 9-18 所示。

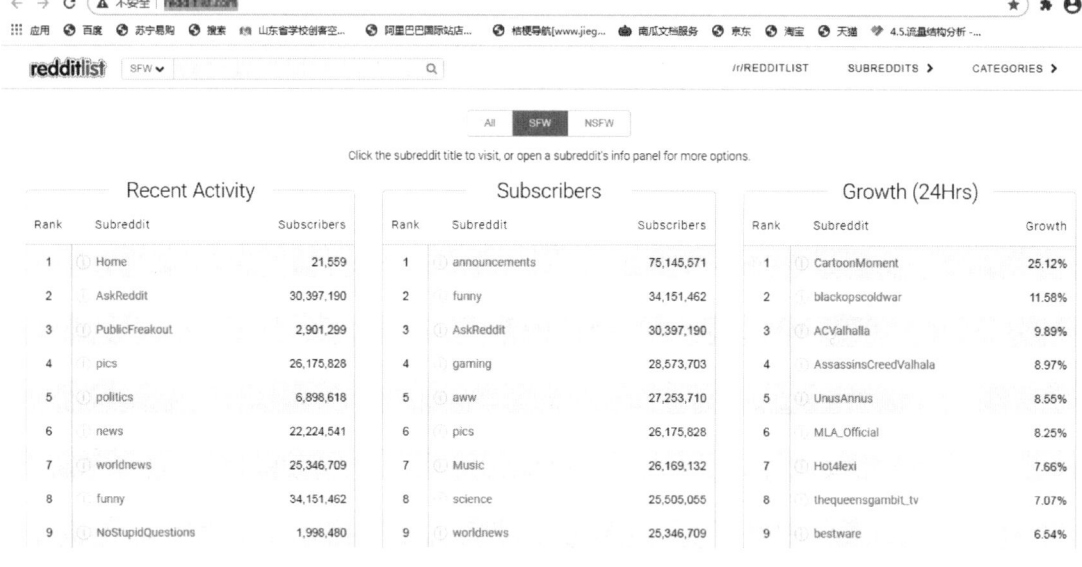

图 9-18　redditlist 页面

Redditlist 汇总了最流行的 Subreddit，还能根据关键词搜索，此外还提供一些关于 Reddit 的数据。通过这些数据，用户可以了解自己有多少订阅用户及增长速度，了解人们关注的主题、未来的趋势和竞争对手的产品等信息。用户可以在这里寻找自己喜欢的话题或 Subreddit。

2）发布原创内容并积极参与帖子讨论

Reddit 社区里的用户，大多是因爱好、事业而聚集在一起，他们非常欢迎原创内容。如果想在 Reddit 取得成功，必须要真正尊重用户，发帖时要考虑受众的价值观和偏好。例如，如果在漫画主题社区中大肆宣传你的 T 恤，是不合时宜的。Christine McConnell 通过在手工社区发布自己的手工创意作品,在 Reddit 上收获了一大群粉丝,引起了相关人员的注意,随后才有了自己的节目。

找到与自己相关的社区,并积极参与帖子讨论,努力成为社区的积极贡献者。

3)安排最佳发帖、评论时间

了解子社区发布及推送热门帖子的时间点,在同时在线用户多的时候发布或评论帖子,有利于内容传播。

4)提高评论质量

提高评论质量是与 Redditors 互动的重点,优秀的评论可能激发参与热情,甚至得到打赏。This Week in Startups 电台主持人及天使投资人 Jason Calacanis,积极在 Reddit 上对创业和投资的相关话题进行评论和回复,在 Reddit 为自己的电台问答环节收集问题。

5)不要做违规的事情

要严格按照 Reddit 网站的规则发帖、评论、点赞等,否则可能会受到其他 Redditors 的抵制,甚至受到管理员处罚。

第三节　Reddit 付费广告

由于 Reddit 用户流量与日俱增,流量可观,因此也成了很多广告主的投放选择。

一、创建 Reddit 广告账户

在 Reddit 上投放广告,首先需要创建一个 Reddit Ads 账户,过程如下。

(1)在 Reddit 首页右侧下方辅助面板(如图 9-19 所示)中点击 "Advertise" 选项,打开 "Get started with Rdddit Ads" 页面(如图 9-20 所示)。

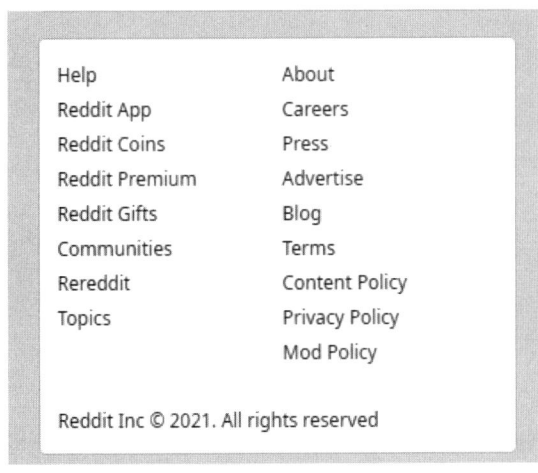

图 9-19　广告进入页面

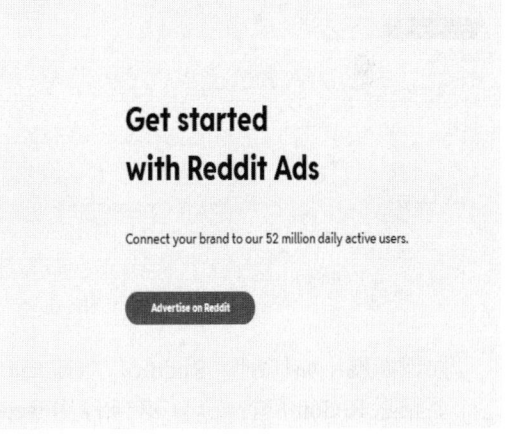

图 9-20　在 Reddit 做广告页面单

(2)点击 "Advertise on Reddit" 按钮,打开 "reddit 广告账户注册" 页面,如图 9-21 所示。

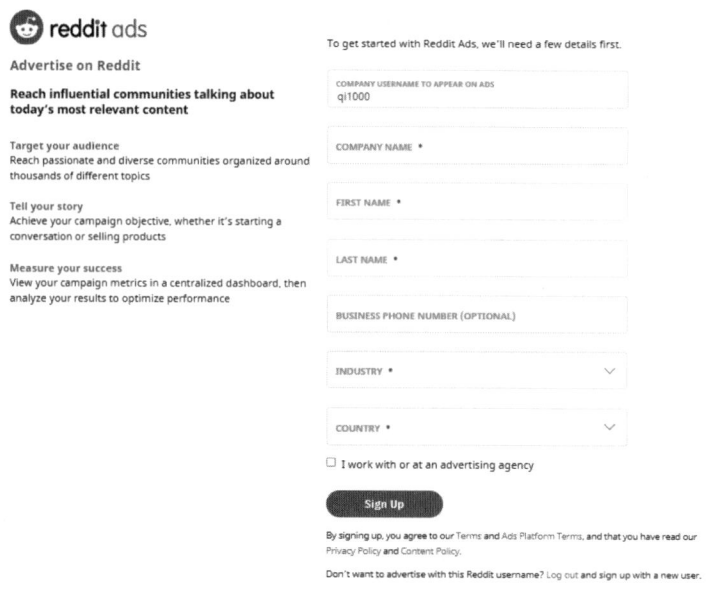

图 9-21　广告账户注册页面

（3）设置广告账户信息。在图 9-21 中输入 Reddit 广告账户的用户名。注意，一旦创建了用户名，就无法修改，请留意用户名设置规则。

（4）用户名设置完成后，添加公司名称，选择行业和国家，点击"Sign Up"按钮，完成注册，跳转至 Reddit ads 首页，如图 9-22 所示。

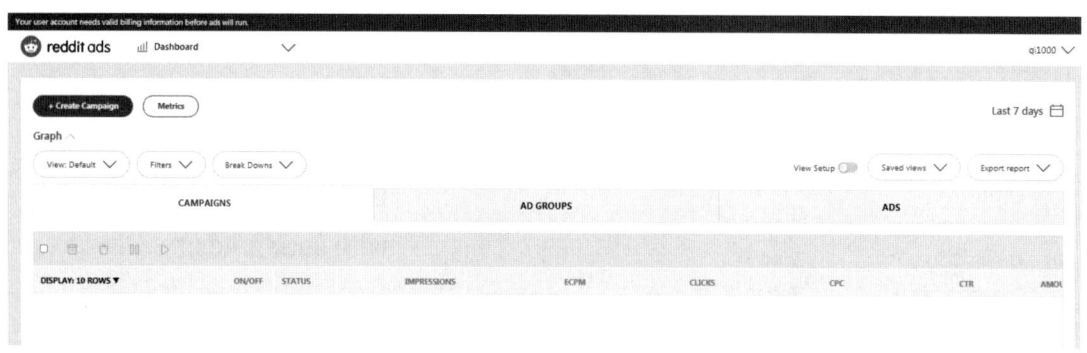

图 9-22　reddit ads 首页

知识拓展：如何删除 Reddit 广告账户？

要删除 Reddit 广告账户，必须停用 Reddit 账户。停用 Reddit 账户后，Reddit 广告账户也将被删除。在"用户设置"中点击"停用账户"即可。账户被停用后任何人都无法再次使用该用户名。

二、Reddit 广告设置

Reddit 广告设置包含 "CAMPAIGNS（活动）"、"AD GROUPS（广告组）"、"ADS（广告）"三个选项卡。

1. 设置 CAMPAIGNS（活动）

在"CAMPAIGNS（活动）"选项卡中点击"Create Campaign"按钮，打开"Campaign"对话框，如图 9-23 所示。输入广告系列的名称，选择用于活动的金融工具（图中选择的是信用卡），然后在"Objective"中选择广告目标。可用的广告目标简介见表 9-1。

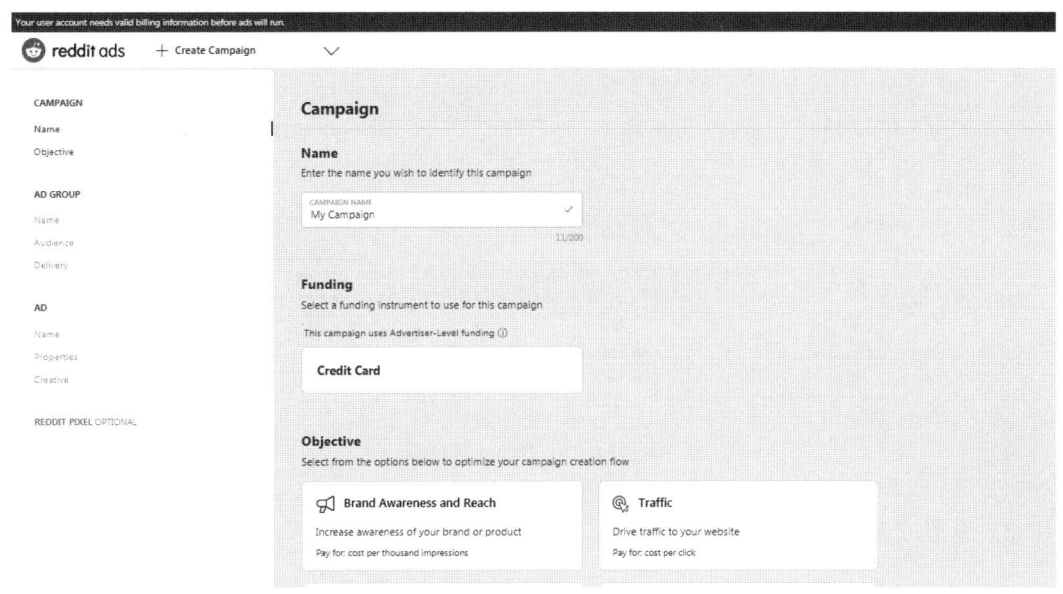

图 9-23　Campaign 对话框

表 9-1　广告目标简介

选　项	目　标　定　义	计　费　方　式	支持的帖子类型
Brand Awareness and Reach	提高您的品牌或产品的知名度	每千次展示费用	文本、链接（可以包含图像）、视频
Traffic	为网站增加流量	每次点击竞价	链接（可以包含图片）、视频
Conversions	在网站上推动有价值的行动	每次点击竞价	链接（可以包含图片）、视频
Video Views	增加视频的观看次数	每次观看视频费用	仅视频
App Installs	为应用增加安装量	每次点击竞价	链接（可以包含图片）、视频

2. 设置 AD GROUP（广告组）

点击"Continue"按钮，打开"Ad Group"对话框，如图 9-24 所示。为广告组命名，根据具体情况设置受众，定义参数，包括位置、兴趣、Subreddit、设备和时间。

注意：Reddit 是一个基于拍卖的平台，实际投放的展示次数取决于广告目标、出价和流量。每日预算是指每天在广告系列上花费的预算金额，终身预算则是在指定日期范围内支出的预算金额，建议刚投放的广告主选择每日预算设置，可以更加灵活调节。要注意：保存广告组后，无法在每日预算和生命周期预算之间进行切换。在时间表设置里可以选择广告系列的开始日期，也可以从广告系列创建之日起持续投放，所有广告系列开始/结束时间均采用美国东部标准时间。

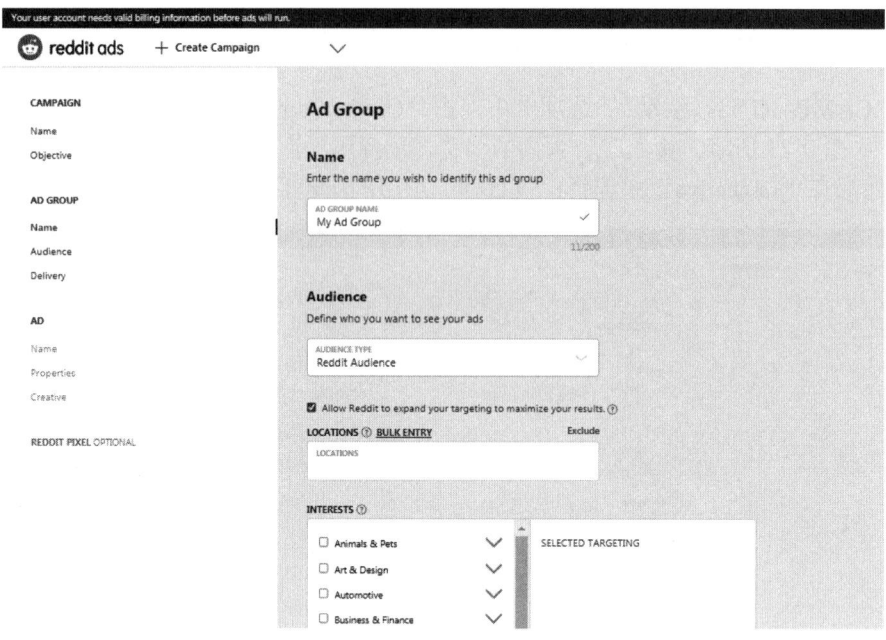

图 9-24　Ad Group 对话框

3. 设置广告

点击"Continue"按钮，打开"Ad"页面，如图 9-25 所示。首先命名广告，根据广告系列的目标，选择运行特定的帖子类型。如选择了品牌意识和影响力，则可选择运行文字、链接（可包括图像）和视频等广告帖子类型。

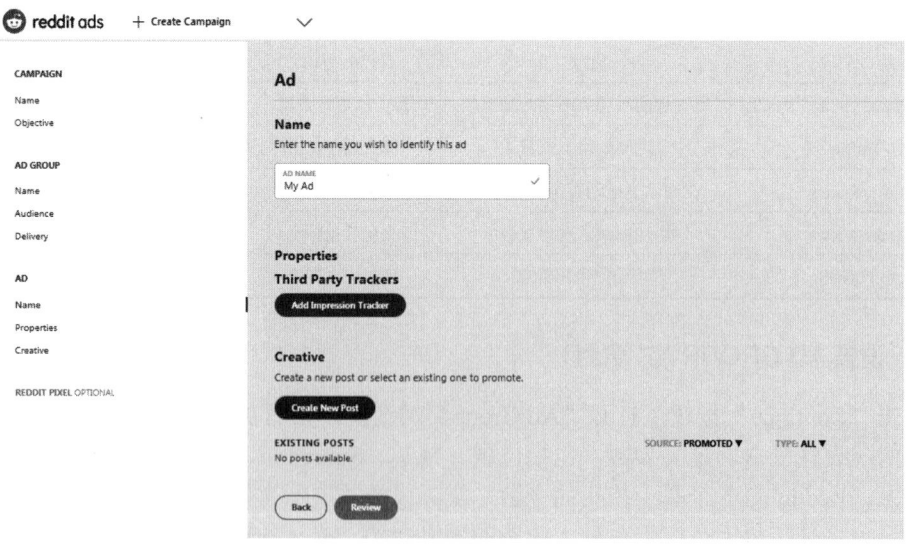

图 9-25　Ad 页面

下一步点击"Create New Post（创建新帖）"按钮进行推广。在创建新帖窗口中可以创建 Video（视频）、Text（文本）和 Link（关联）类型的帖子，如图 9-26 所示。创建完新帖点击

"Save Post"按钮保存完成后，回到图9-25页面，预览新帖广告，确认无误之后点击"Review"按钮提交审核。

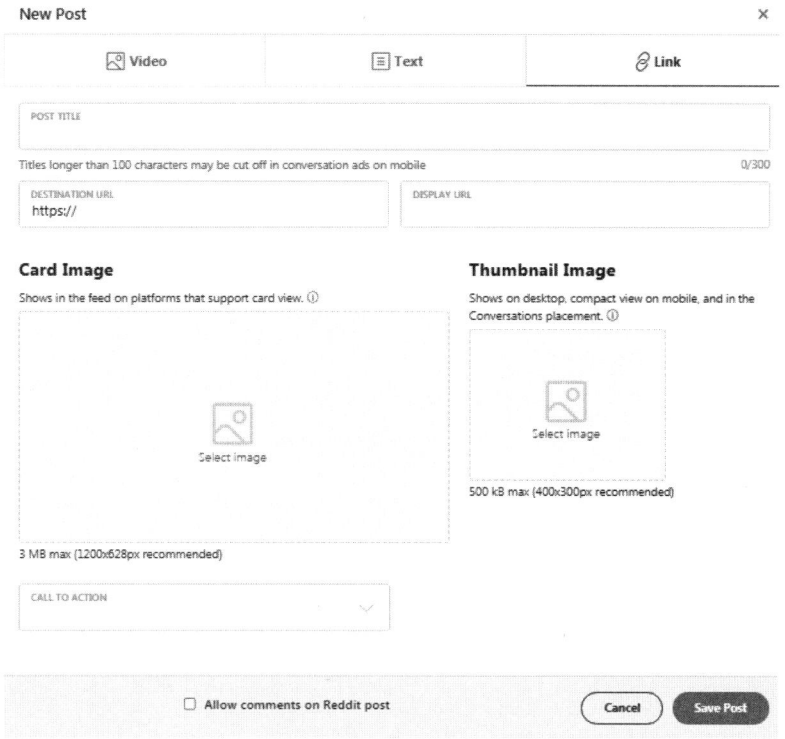

图9-26 创建新帖窗口

注意：用户账户需要有效的账单信息才能投放广告。

三、Reddit Ads 实践

使用Reddit Ads投放广告，应追求ROI（投入产出比）的提升，实践中须注意以下要点。

1. 通过兴趣精准定位受众

Subreddit已经将广告受众做了分流，通过认真筛选Subreddit，找到与广告目标匹配的Subreddit，然后按活跃度和订阅人数进行排序，关注目标匹配，订阅人数多，且活跃度高的Subreddit，有利于比较精确地定位广告受众。要特别留意分析受众兴趣，兴趣对广告产出有巨大影响。广告客户可以针对15个不同兴趣组进行定位，每个兴趣组都由几个子组组成，如图9-27所示。如推广一个新的健康食谱应用程序，选择"健康生活"兴趣组，其中包括"健身与锻炼""健康""户外"子组。

2. 突出品牌，传递价值主张

Reddit用户更看重真实的内容，普遍喜欢简单、直接的互动。在广告中明确告诉人们卖的是什么，如何获得，往往广告效果较好。虽然有些广告非常有趣，本身可以兼作内容，但最有效的广告始终向观众展示清晰而直接的价值主张。在Reddit账户中添加公司徽标（公司徽标将显示在广告单元中）也是有效突出品牌的技巧。

图 9-27　按兴趣定位

3. 提高帖子质量

用户访问 Reddit 的主要诉求是获取内容，故提高广告帖子质量是改善效果的重要方式。只要帖子的内容足够吸引用户，帖子上的广告就会深入人心。以下一些策略有利于提升帖子质量。

（1）参考优秀帖子案例

在 Reddit 平台上有很多成功的广告贴，如 MeUndies 服装品牌，通过有趣的信息来推动购买，如图 9-28 所示。

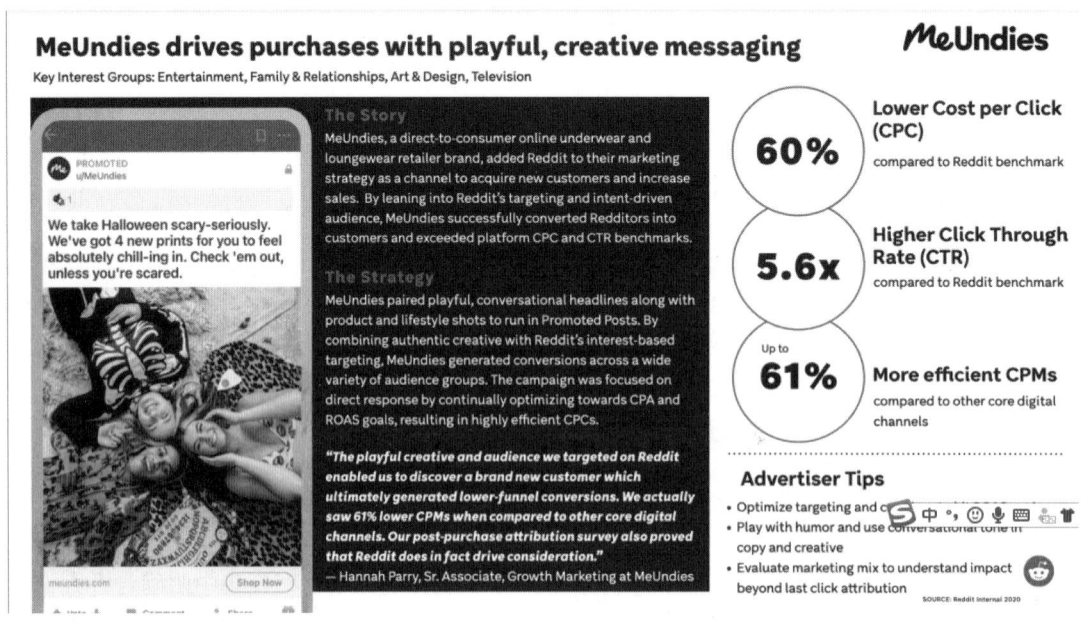

图 9-28　好贴示例

因此在发广告贴前，可以参考优秀帖子，分析帖子的内容和发布形式，推陈出新，找到适合自己帖子的内容和发布形式。

（2）重视广告素材的选择

用户对广告有天然的排斥，需要不断根据用户的反馈定制、修改广告素材。可以适当使用长标题、视频、Gif 动图增强广告效果。应特别留意，视频可以传达的信息量更大且更直观。为确保有效性，视频在 3 秒钟内应有醒目的品牌展示，应有产品的关键属性展示，最好有字幕保证声音关闭时仍能传递足够信息。

（3）使用真实的、对话式的语气，适当使用幽默

建议使用真实的、对话式的语气撰写帖子。Redditor 阅读帖子如果能像与知识渊博的朋友一样交谈，体验会更好。如果还能适当幽默，或可激发 Redditor 参与，收到最佳效果。

（4）防止广告疲劳

对于同一条广告，受众通常会在 4~6 周内产生疲劳，建议每月刷新广告创意。如标题更新、剪辑新的视频资源、图片和视频的颜色变化、添加新的文本等。

（5）采用 AMA 问答模式

AMA 是 Ask Me Anything 模式的缩写。AMA 是 Reddit 于 2014 年推出的新型栏目，这款应用基本的功能就是可以跟任何人提问。在 Reddit 首页"Search"搜索栏中输入"AMA"，打开"Ask Me Anything"窗口，如图 9-29 所示。在 AMA 不仅有各行各业的专业人士，如科学家、艺术家等；也有很多小人物，如汽车推销员；甚至各大明星也都乐于加入其中回答粉丝们抛来的问题。只要对某个领域有自信，就可以在 AMA 中提出一个话题，迎接 Reddit 用户的提问，在线回答社区问题，询问用户关心的问题和顾虑，从而提升公司的品牌认知度。

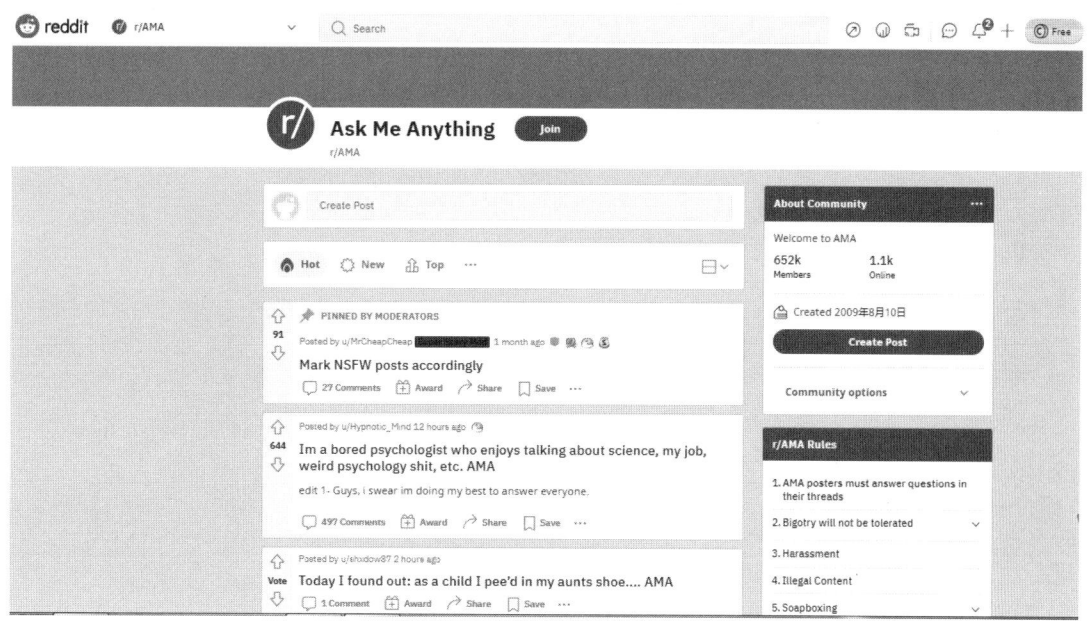

图 9-29　AMA 窗口

4．遵守规则

为了保证用户体验，Reddit 对广告设置了严格的投放规则，如违反规则，会被处罚直至

封号，所以发广告贴一定要注意遵守规则。

本 章 总 结

本章主要介绍 Reddit 的营销应用。首先介绍了 Reddit 用户注册及注意事项。然后介绍了发帖和互动的具体操作及相关技巧。最后介绍了 Reddit 付费广告基础，包括广告账户的创建、发布广告贴，以及 Reddit Ads 实践。

本 章 习 题

一、选择题

1. Reddit 网站规定年满（　　）岁才可以注册账户。
   A．15　　　　　　B．18　　　　　　C．13　　　　　　D．16
2. Reddit 允许创建（　　）账户。
   A．1 个　　　　　B．3 个　　　　　C．5 个　　　　　D．不限制
3. 下列不属于 Reddit 内容互动规范的是（　　）。
   A．发布原创内容　　　　　　　　　　B．求赞
   C．对帖子积极进行讨论　　　　　　　D．尊重用户
4. 下列不属于发帖规则的是（　　）。
   A．尊重他人隐私
   B．遵守每个社区的规则
   C．不发布或鼓励发布涉及未成年人的不适宜内容
   D．必须实名进行注册

二、问答题

Reddit 用户内容创建和互动有哪些技巧？

三、实训题

在 Reddit 网站完成注册之后，选择一个社区发布帖子。

第十章　WhatsApp 营销应用

WhatsApp 是跨境电商私域流量运营的重要工具

> **案例导入**
>
> ### WhatsApp 的营销活动
>
> 蛋黄酱品牌 Hellman 推出了名为 WhatsCook 的 WhatsApp 营销活动，旨在为巴西消费者提供个性化的体验。当客户在线注册此广告系列时，他们被要求发送放入冰箱的物品照片，以便 Hellman 的厨师指导他们使用可用的食材烹制食品。通过 WhatsApp，用户可以得到更直接、更个性化的服务和指导，并及时解决他们的问题。它证明了通过 WhatsApp 进行的移动消息传递如何成为解决消费者特定需求的最佳平台。这项广告活动产生了 13,000 次注册、获得了 99.5% 的"可信息群发用户"，在巴西取得了巨大成功，然后在智利、乌拉圭和阿根廷启动。
>
> 问题：什么是 WhatsApp 营销？WhatsApp 营销有哪些好处？

第一节　概述

一、WhatsApp 简介

WhatsApp 是国际上一款使用非常广泛的智能手机之间的通信应用程序，页面如图 10-1 所示。除正常的沟通交流功能，如发送消息、图像、视频、文档、地理位置之外，还可以实现跨平台之间的沟通连接。此外，WhatsApp 有面向企业的 WhatsApp Business 版本，能让企业和顾客方便地建立个性化的联系，突出产品和服务特点，并在顾客购物过程中随时回应他们的问题。WhatsApp 在全球范围内有着广泛的用户群体，也成为跨境电子商务领域常见的营销与沟通工具。全球已有超过 20 亿名用户在使用 WhatsApp，每天有将近 650 亿条消息通过 WhatsApp 发送。

二、WhatsApp 基本功能

（一）语音通话功能

众所周知，在跨境电商客户沟通过程中，如果使用普通的传统电话进行联系，不但通话漫游费用昂贵，通话时差也令人感到很难受。但是，使用 WhatsApp 的话就完全可以避免这种情况，正常使用 WhatsApp 与国外客户进行语音通话是完全免费的，且通话质量很高。因此，在国际贸易中，如果有些重要的事情需要与外贸客户进行电话联系的话，通常都会使用 WhatsApp 这个社交工具。

图 10-1　WhatsApp 的功能页面

（二）聊天功能

用于聊天工具的社交软件很多，为什么用户都喜欢使用 WhatsApp 呢？其实这与 WhatsApp 自身的优点有关。相较于其他社交软件，WhatsApp 可以实时保存所有的信息。即无论 WhatsApp 是在线状态还是离线状态，或是手机处于关机状态，只要我们打开 WhatsApp，之前客户发送的所有信息都会显示出来，不会漏掉客户发的每一条重要的信息，这是为什么很多外贸人士喜欢使用 WhatsApp 来联系和维护外贸客户的原因。

也正是因为 WhatsApp 便捷的聊天功能，很多企业把 WhatsApp 作为客户服务系统的重要工具。

（三）建立群组

WhatsApp 群组是 WhatsApp 中使用最广泛的功能之一，许多用户加入了与朋友、家人、同学、同事、个人兴趣有关的群，这是建立志趣相投者社区的最有效方法。

总之，WhatsApp 是一个重要的跨境电商社会化媒体营销工具，但是，无论是用 WhatsApp 联系客户，还是建立群组维护客户，都是通过对 WhatsApp 的积极使用，从而切实助力公司外贸业务的深远发展。

三、WhatsApp 基础操作

（一）WhatsApp 下载

在手机应用商店搜索 WhatsApp 并下载或者在电脑上输入 WhatsApp 下载，找到官方的下载渠道下载 WhatsApp 的 apk 文件。

接下来，用手机号在设备上进行注册，填写验证码，即可进行登录。

（二）WhatsApp 添加好友

通常只要将客户的手机号保存在通讯录中，登录 WhatsApp 就可以添加导入了。

但要注意的是：

（1）确保对方手机上也安装了 WhatsApp；

（2）确保你输入的手机号是正确的；

（3）如果这个是国际电话，注意不要使用前缀。

（三）发送广播列表

广播列表是一组联系人列表，在用户广播消息时，这组联系人将自动接收消息。广播列表营销可以帮助用户一次向多个联系人（最多 256 个）发送消息。消息通信是一对多的，所有接收人都会收到您的消息。

广播列表创建步骤：

（1）打开 WhatsApp 并点击右上角（ ⋮ ）—广播列表。

（2）点击（广播列表）屏幕底部的（+）新建。

（3）可以输入联系人姓名或点击（+）添加收件人以从联系人中选择。

（4）点击屏幕底部的创建图标。

当用户将消息发送给广播列表的联系人时，所有收件人都将以普通消息形式接收该消息，当他们答复时，也将以普通一对一聊天形式呈现出来，其他接收人将不会看到别人对原始消息的任何回复。

四、WhatsApp Business

WhatsApp Business 是面向企业的 WhatsApp，此应用程序创建时充分考虑到了企业的业务需求，可以说它是基于企业的需求而创建的。

企业版 WhatsApp 的增强功能包括：

（1）可以使用公司信息创建企业资料；

（2）可以使用标签进行联系人分类（线索、潜在客户、客户等）；

（3）可以建立问答库，快速回答客户的常见问题；

（4）设置工作时间，并在非工作时间当客户与企业互动时自动进行回复和问候；

（5）可使用 WhatsApp Business 链接引流。

第二节　WhatsApp 营销功能及应用

一、WhatsApp 营销功能

最初，很多人都认为 WhatsApp 仅是简单的消息传递工具，后期因其拥有庞大的用户群体，WhatsApp 在商业中的作用已不容忽视。WhatsApp 营销是一种新型的营销方式，在 WhatsApp 上能够与客户进行实时沟通，通过在线沟通、语音交流、建立群组来触达和吸引潜在客户，实现"一对一"或"一对多"传播企业形象和产品信息，解答用户疑问，解决客户问题，并最终产生转化。

因此，WhatsApp 具有引流、开发潜在客户、进行产品推广、引导用户购买、客户关系维护、语音交流，群组营销等作用。总之，WhatsApp 营销是一种跟进客户进行即时服务的简便方法，也是一种进行精准营销的触达方法。

1. 构建私域流量池

公域引流、私域沉淀已经成了跨境电商客户运营的标配。WhatsApp 是一个典型的私域流量运营工具。通过第三方平台、Facebook、Google 广告投放等渠道获取的意向客户，可以被引流到 WhatsApp 上，以帮助企业获取大量的初始用户，构建私域流量池。用 WhatsApp 构建的私域流量池有三个特点：实时在线、实时可触达、可成交。

可以通过 WhatsApp 查找客户手机号，添加客户为 WhatsApp 好友，从而进一步跟进客户。从展会上获取的名片、B2B 平台的后台询盘信息获取的客户名称、老客户的成交信息获取的手机和姓名、Google 搜索到客户信息、Skype 上获取的客户信息，都可以通过 WhatsApp 进行统一管理。

2. 引流

WhatsApp 允许用户发布有效期为 24 小时的故事/状态更新，类似于 Instagram /Facebook Stories，可以发布视频、照片、带有链接的文字。可以使用状态更新来促销商品，并要求用户提供优惠券代码的屏幕截图进行优惠购买。通过在 WhatsApp 状态更新中放置链接，可以从 WhatsApp 上获取流量。

3. 客户生命周期运营

沟通工具的特性，使得 WhatsApp 营销可以保持很高的参与率，超过 95%的移动消息都可以被打开阅读。大约 90%的 WhatsApp 消息收到后是在三秒钟内打开的。在 WhatsApp 上通过发送简单明了的信息来促进互动，有助于在客户和销售人员或客服人员之间建立交流桥梁、获得客户信任。

基于 WhatsApp 社交营销构建让客户重复购买和社交裂变的商业运营模式，挖掘和经营客户的终身价值和社交价值，从而更有针对性地进行客户维护。

4. 新业务开发

WhatsApp 聊天是在网站上与潜在客户联系的最有效、最简便的方法。可以吸引访客发起 WhatsApp 聊天，从而为发展业务带来可能。

5. 营销自动化

一些需要向客户提供最新信息和定期促销信息的大型企业使用 WhatsApp 来实现营销自动化。例如，电子商务网站可以使用 API 集成来更新有关产品状态、运输状态的信息，还可以向目标客户发布促销消息。这些企业使用 API，将现有应用程序、CRM 与 WhatsApp 系统集成在一起以把最新信息及时更新给客户，同时开发 WhatsApp 聊天机器人，来实时回复客户疑问。

二、WhatsApp 营销操作思路

使用 WhatsApp 营销的思路包括以下四个阶段。

1. 多渠道引流

在 Facebook/Google/Tiktok 等平台广告投放的流量、老客户的流量都可以导流至 WhatsApp。甚至是部分商家原本已经在海外线下构建了自己的用户渠道，如门店、网站，这部分基础流量可以被导入 WhatsApp 私域流量池，为商家提供精准的种子用户和社交分销会员，如图 10-2 所示。

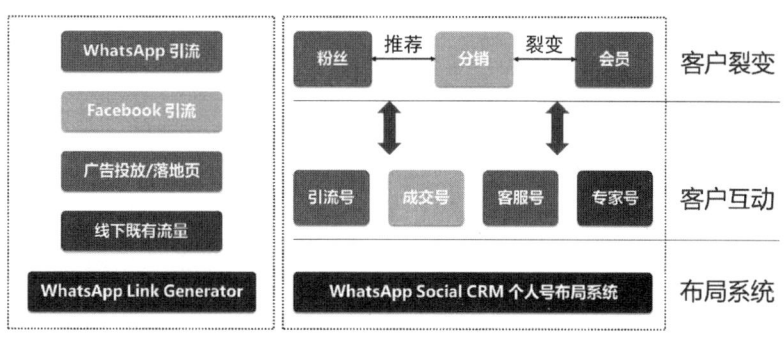

图 10-2　WhatsApp 引流矩阵图

2. 布局 WhatsApp 个人号矩阵流量承接

账户连接客户的基本经营单位，也是公司最重要的数字资产，不是无感情的客服账户，是具备情感互动的真实客服。每个账户经营单位通过 WhatsApp 好友、WhatsApp 群组、WhatsApp Status 等方式，和客户进行持续沟通，完成客户关系的递进。

WhatsApp 进行流量承接，需要批量布局个人账户矩阵。批量个人账户需要设计多角色（引流号、成交号、客服号、专家号等）、多层次（从引流到运营到成交，不同阶段有不同的个人账户）、多数量的个人账户，这是私域流量池的载体，也是公司的核心数字资产。

3. 在线沟通，对客户分组，促成转化

依据客户的递进关系，设计不同的产品队列，从吸粉产品、低客单价、高客单价，到会员权益、分销裂变产品。用不同的产品匹配不同阶段的客户。客户关系递进的产品及服务设计如图 10-3 所示。

4. WhatsApp 社交网络群发吸引新客户

WhatsApp 社交网络目前也是流量的蓝海，尤其是 WhatsApp 陌生好友之间可以直接发送消息，广告触达效果类似而又优选于短信营销，这个特点给广告营销开辟了广阔的空间。

5. 电商平台裂变

电商企业运营社交营销需要借助社交电商平台来完成商城营销活动和社交裂变分销的构建。WhatsApp 社交营销运营矩阵如图 10-4 所示。

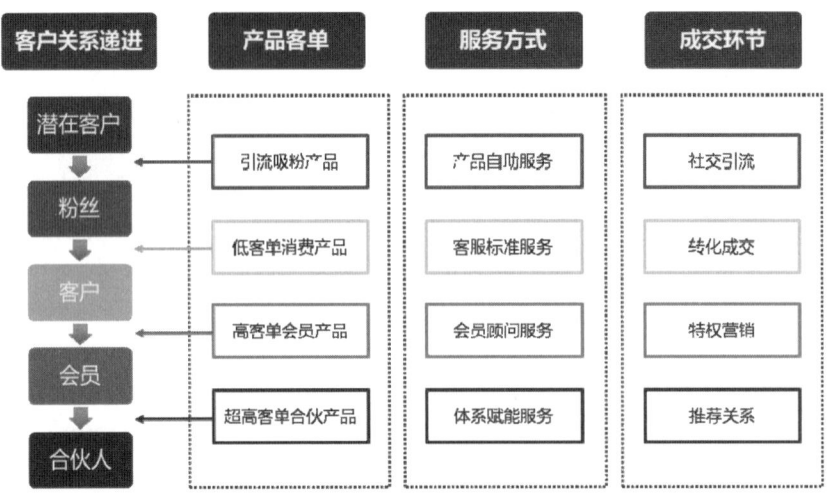

图10-3 客户关系递进的产品及服务设计

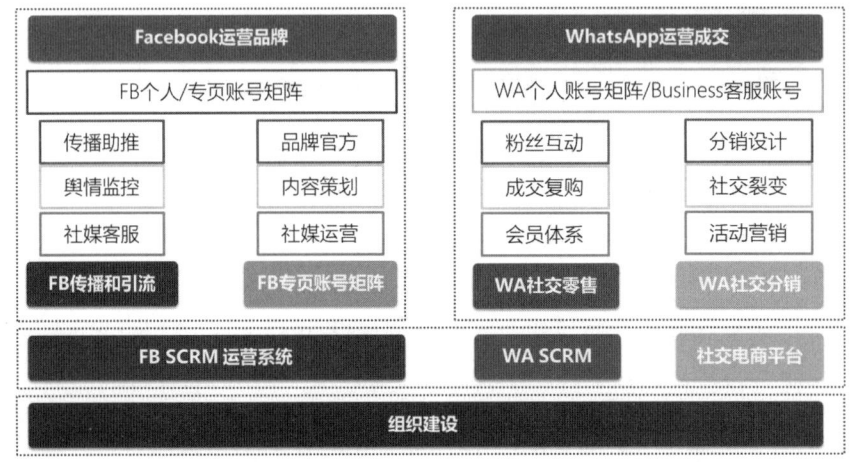

图10-4 WhatsApp社交营销运营矩阵

从图10-4可以看出,将Facebook专页账户矩阵作为品牌宣传阵地,利用Facebook个人账户矩阵进行品牌传播和社媒引流,然后设计巧妙的吸粉诱饵产品,将客户导入到WhatsApp个人账户矩阵进行成交运营,在WhatsApp私域流量池的打造过程中,完成客户关系递进,实现社交零售和社交电商两个阶段的运营。

三、WhatApp营销注意事项

由于WhatsApp不直接销售广告空间,因此靠创新来吸引人群和引起关注显得尤为重要。商家在营销活动中须加入个人风格,让用户的消费者与朋友互动,并确保在受众群体中的信誉更好。

1. 建议升级WhatsApp企业账户

商家可以充分利用Business API商业功能配置自动化社交电商,为WhatsApp创建一个吸引人的品牌角色（企业账户），专门负责与用户沟通和咨询。WhatsApp 企业账户页面如图 10-5 所示。

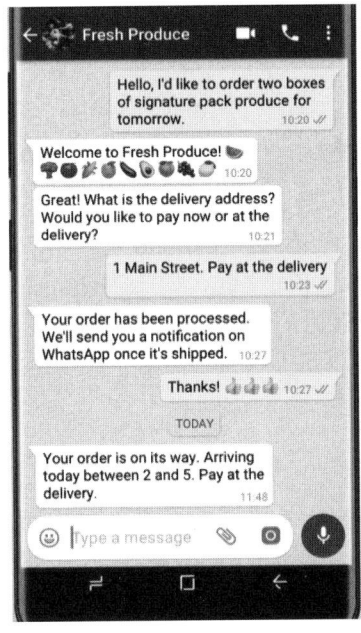

图 10-5　WhatsApp 企业账户页面

2．多渠道引流与 WhatsApp 私域流量池的分流桥接

WhatsApp 社交网络群发引流、Facebook/Instagram/Tiktok 等社媒平台引流、线下既有流量，要将流量分流到整个个人账户矩阵中，而不是集中到某一个运营客服账户之上。

3．利用 Group 的力量

正如我们上面所说，WhatsApp 用户可创建最多 256 个成员的组。通过此功能，用户可以生成"群组聊天"，其中所有成员都可以进行交互。这为调查特定受众和为您的市场研究获取第一手资料提供了多对一的帮助，并可以更好了解公众对推出新产品的看法，以激发产品的新用途。除此之外，WhatsApp 小组对于组织销售活动和与具有特定配置文件（如有特定需求或兴趣）的客户共享信息也非常有用。

4．保证信息质量

（1）建立并完善电话数据库。
通过平台订单收集客户电话号码。因此用户必须注重信息的质量和对客户的尊重。
（2）信息简要、清晰、相关性。
在给客户发送信息的时候，需要注意尽量发送包含许多段落的单个消息，而不是发送多个单独的句子，因为你的每条消息都会在客户的手机上发出提示音，如果你不想打扰他们，就应该思考清楚用一段话去表达。
（3）语法正确。

（4）为高价值客户提供谨慎的建议和服务。

5. 执行实时客户服务

无论是通过聊天、语音通话还是视频通话，WhatsApp 都能为用户提供与客户沟通的机会，并实时解决他们的疑虑。

6. 丰富字体，并利用多媒体

为了吸引和维持客户注意力，建议使用 WhatsApp 来处理你手中的所有资源。在编写短信时，建议使用斜体和粗体作为突出显示信息的方式。

对于斜体，可将短语放在低连字符之间，如：_Hello_；对于粗体，可将短语放在星号之间，如：*Hello*，它也是非常有用的丰富您的消息与视频、GIF、照片和连结。

四、WhatsApp 常用营销工具

1. WhatsApp Bulk Sender

这是一个 WhatsApp 营销软件，可让用户从移动联系人的主要列表中找到最活跃的 WhatsApp 号码，然后通过 WhatsApp 使用文本，视频，图像，音频文件和 GPS 位置发送计划的消息，还可提供选项，如更改状态、使用自动答复回复任何传入消息、更改个人资料照片等。

2. Bulk WhatsApp Sender

这是最好的 WhatsApp 营销活动工具和解决方案之一，可帮助用户成功运行 WhatsApp 营销活动，通过批量 WhatsApp 发送器，可以找到各种 WhatsApp 营销解决方案。WhatsApp 发送器的类型主要有：WhatsApp 频道、WhatsApp 营销套件、WhatsApp 营销小组、WhatsApp 营销服务。

3. WAPanel

这是一个基于网络的 WhatsApp 营销脚本，是应用程序的桌面版本，是最好的基于 Web 的 WhatsApp 营销小组之一，可让用户在云上成功运行 WhatsApp 营销活动。利用 WhatsApp Web 来优化沟通方式，用户可使用键盘、麦克风和 PC 摄像头，不仅能够执行实时的客户服务，提高服务质量，还可以通过直接和个人化的方式让用户对客户忠诚。这个方法会更便捷和更有成效，可以将用户的 WhatsApp 广告系列扩展到更大数量。

第三节　WhatsApp 群组营销活动

一、创建群组

建立群组功能是 WhatsApp 的基础功能之一。可以根据客户行为标签，及客户社会化分类标签进行群组建立。在建立了群组之后，外贸业务员应负责经营好这个群组，确保群组中的信息热度，从而不断深化外贸客户对企业的印象，批量进行群组类型客户维护。

营销群组从建立到成熟包括群组创建、邀请客户、群组推广、群组运营四个过程。

（1）群组创建：要使用与行业相关的主题创建 WhatsApp 群组，为群组进行独特的命名并上传合适的群组图片，如果有品牌 LOGO，应将其添加到群组图标中。

（2）邀请客户：邀请相关潜在客户加入该群组。

（3）群组推广：保存群组二维码并在网络上进行推广。

（4）群组运营：通过有用的内容、媒体文件等吸引客户，如果该群组只用于信息更新，则可启用"仅管理员发言"功能以避免信息混乱。

二、群组营销的优势

根据很多客户的实践证明，群组比点对点群发的威力更大。群组可以多次营销、反复触达，而点对点群发是一次到达的，要解决信任问题，一次到达是远远不够的，群组可以很好地弥补这个缺陷。

WhatsApp 群组可用于与潜在客户或现有客户互动。

群组目前是即时通讯和社交平台的标配。Facebook、Wechat、Linked-in、Tiktok、VK…都有群组，并且有些平台的群组最多人数很高，如 Telegram 就可以创建 20 万人的群组。相对来讲，WhatsApp 群组人数不算多，常见到 256 个人的群组。

WhatsApp 群最多可容纳 256 人，使用 WhatsApp 及其营销活动的操作可参考微信群及其推广维护。WhatsApp 营销第一件事就是让潜在客户保存电话号码，这样就可以使用广播方式群发营销信息。在客户下单后，告知买家通过添加您的 WhatsApp 来跟踪最新订单状态或者进行售后服务，以便提供售后服务。

WhatsApp 群组营销具有如下优点：

（1）群组是一对多的沟通，所以相对于点对点沟通，群组沟通效率会比较高；

（2）利用群组可以对群组的客户群体反复营销，多次到达；

（3）相对于点对点沟通，群组可以通过群管理员和群成员的相互配合营造营销气氛。

因此，WhatsApp 群组营销是目前受欢迎的营销方式。

三、群组营销注意事项

1. 建群时间点

群的创建时间比较关键，但这个时间点和营销的时间点也可以有不同。一般选择在夜深人静的时候建群，因这时是发言最活跃的时候。

2. 群描述

群描述指群名、群头像，群描述让成员一看就知道建这个群的目的。这样也可以让群成员有心理准备，以免纷纷退群。

3. 群欢迎语

建好群，可以先发送一条群欢迎语。群欢迎语可以是广告营销文案，可以是问候语，也可以是简单的一个表情符号。当然也可以以几句话开明宗义地阐述建这个群的目的。

4. 群禁言

适当的时候，还需要进行群禁言，如做直播时，在宣讲产品时，以免个别人扰乱秩序，必要时，或许还会移除一些人出群。

5. 话术

群的活跃，需要设计营销话术，需要想办法留住客户，不要一下子就上来丢产品，可以多思考如何建立信任关系。

6. 反复营销

群组运营，需要安排专门人力，不是在群里发一条信息就可以，需要做好反复营销，制定好营销计划。

7. 管理员

如果加的人太多时，群的创建者是有一定风险的，群管理员同样有风险。

一个管理员管理多少群为宜，要看作为管理员其账户的健壮程度，我们建议，一个账户一天最多新做 10 个群的管理员。因此要求作为群管理员的账户，要养一段时间为好。

8. 精准数据

精准的数据会对营销有事半功倍的效果，可能通过 Google 搜群、Facebook 搜群、应用商店搜群、工具搜群，找到相关主题的群，进入获取其群成员列表，导出这些数据，这是个比较快捷的方式。

第四节 WhatsApp 营销成效分析

对 WhatsApp 进行营销成效分析，可以基于 WhatsApp 社交营销构建让客户重复购买和社交裂变的商业运营模式，挖掘和经营客户的终身价值和社交价值。常见的分析包括测算客户总价值、规划客户成长路径。

一、测算客户总价值

对业务目标客户进行总价值测算，包括会员人数，终身消费和可裂变人数等方面，得到业务运营的总体规模。

关于客户总价值的测算公式为：

$$销售额 = 会员人数 \times 终身消费 \times 裂变人数。$$

其中，会员人数=触达人数粉丝转化率×成交转化率×会员转化率。

会员人数是社交营销的基础数据，从潜在用户到会员用户，有几层转化率，社会化媒体运营必然要规划好这个转化率。

$$会员终身消费 = 购买频次 \times 平均寿命周期 \times 平均客单价。$$

$$裂变人数 = (会员推荐 \times 裂变级数)^n。$$

WhatsApp 营销区别于单次广告投放之处，是通过社交互动，和客户保持情感连接，挖掘客户的终身消费价值。每一个会员都有终身消费价值，同时也有社交资源价值，而社交裂变将会带来几何级的用户数量增长。

二、规划客户成长路径

客户的关系是逐步递进的，关系越深度，客户价值越高，不同阶段的客户需要匹配不同的产品体系和服务体系。对客户关系递进角度考虑，一般是从粉丝、客户、会员、到合伙人的递进。

随之，产品体系需要适配粉丝成长路径，规划从吸粉、低客单价、到高客单价的递进。服务体系适配粉丝成长路径，从标准服务到体系赋能服务递进。因此，需要在其中进行客户成长路径，实现不同的客户阶段之间的匹配分析。

本 章 总 结

本章主要介绍 WhatsApp 营销应用。首先介绍了 WhatsApp 的基本功能、基础操作与企业端应用；接下来介绍了 WhatsApp 的营销功能、营销操作思路、营销注意事项、营销工具；并具体介绍了 WhatsApp 群组营销的具体操作方法；最后介绍了 WhatsApp 营销成效分析的方法。希望读者能通过本章的学习，能用 WhatsApp 实施有效营销。

本 章 习 题

一、选择题

1．WhatsApp 的基本功能是（　　）。
A．搜索　　　　　　　　　　　　B．聊天
C．广告　　　　　　　　　　　　D．营销

2．站外有影响的视频营销社交平台是（　　）。
A．Facebook　　　　　　　　　　B．Twitter
C．LinkedIn　　　　　　　　　　D．YouTube

3．WhatsApp 是外贸人员常用的一款社交工具，可以免费与国外客户（　　）。
A．电话　　　　　　　　　　　　B．发送和接收信息
C．发送和接收图片　　　　　　　D．发送和接收音频文件和视频

4．WhatsApp 通过（　　）营销工具进行营销。
A．WAPanel　　　　　　　　　　B．Bulk WhatsApp Sender
C．WhatsApp Bulk Sender　　　　D．WhatsApp 广播

5．WhatsApp 的营销方法有（　　）。
A．网站集成营销　　　　　　　　B．群组营销
C．广播列表营销　　　　　　　　D．WhatsApp Business 营销

二、判断题

1．WhatsApp 是国内的一款免费聊天软件。（　　）

2．在 WhatsApp 上可直接销售广告。（　　）
3．WhatsApp Business 是适用于企业主的 WhatsApp。（　　）
4．WhatsApp 与 Facebook、Twintter、Linkedin 等都是跨境电商站外营销工具。（　　）

三、实训题

分别在手机端和 PC 端下载安装 WhatsApp，至少创建两个群组和一个广播列表，并与群组和广播列表的客户发送信息互动。

参 考 文 献

[1] 阿黛尔. 用户画像. 北京：机械工业出版社，2017.
[2] 苏朝晖编著. 客户关系管理 客户关系的建立与维护（第 3 版）. 北京：清华大学出版社，2014.

反侵权盗版声明

电子工业出版社依法对本作品享有专有出版权。任何未经权利人书面许可，复制、销售或通过信息网络传播本作品的行为，歪曲、篡改、剽窃本作品的行为，均违反《中华人民共和国著作权法》，其行为人应承担相应的民事责任和行政责任，构成犯罪的，将被依法追究刑事责任。

为了维护市场秩序，保护权利人的合法权益，我社将依法查处和打击侵权盗版的单位和个人。欢迎社会各界人士积极举报侵权盗版行为，本社将奖励举报有功人员，并保证举报人的信息不被泄露。

举报电话：（010）88254396；（010）88258888
传　　真：（010）88254397
E-mail：　dbqq@phei.com.cn
通信地址：北京市海淀区万寿路 173 信箱
　　　　　电子工业出版社总编办公室
邮　　编：100036